校企协同大学生科技创新教育模式探索与实践

马学条　张晓琪　王秋兰　著

中国纺织出版社有限公司

图书在版编目(CIP)数据

校企协同大学生科技创新教育模式探索与实践 / 马学条，张晓琪，王秋兰著. -- 北京：中国纺织出版社有限公司, 2020.10（2022.8 重印）

ISBN 978-7-5180-7534-8

Ⅰ.①校… Ⅱ.①马… ②张… ③王… Ⅲ.①大学生－创造教育－教育模式－研究 Ⅳ.①G640

中国版本图书馆CIP数据核字（2019）第115343号

责任编辑：郭　婷　　责任校对：高　涵　　责任印制：储志伟

中国纺织出版社有限公司出版发行

地址：北京市朝阳区百子湾东里 A407 号楼　邮政编码：100124

销售电话：010—67004422　传真：010—87155801

http://www.c-textilep.com

中国纺织出版社天猫旗舰店

官方微博 http://www.weibo.com/2119887771

佳兴达印刷（天津）有限公司印刷　各地新华书店经销

2020 年 10 月第 1 版　2022 年 8 月第 2 次印刷

开本：787×1092　1/16　印张：14

字数：300 千字　定价：79.00 元

前　言

党的十九大报告指出，要“坚定实施科教兴国战略”，“培养造就一大批具有国际水平的战略科技人才、科技领军人才、青年科技人才和高水平创新团队”。自 1995 年科教兴国战略提出以来，我国把科技创新和教育事业摆在重要位置，一大批重大原创成果领跑全球。经过长期努力，中国特色社会主义进入了新时代，“科学技术是第一生产力”的论断深入人心，全民科学意识觉醒，中国科教事业发展的良好环境，成为国家发展、民族振兴永不枯竭的重要源泉。高校人才培养工作与产业发展密切相关，科技进步推动着产业升级，产业结构的升级转型也为高校科创人才培养提供方向。2017 年国务院办公厅出台《关于深化产教融合的若干意见》，提出要着力构建教育和产业统筹发展格局，探索多方协同育人模式的改革与实践。当前国内产教融合的研究重点主要集中于职业教育，对于普通高等教育领域开展校企协同育人的研究则不多。针对传统科技创新实践教学存在信息化技术运用不足、内容脱离工程实际、开放共享机制匮乏等问题，本书将视角聚焦普通高等院校校企协同育人模式的研究。

作者在多年的一线实践教学中意识到，如何有效激发学生的学习兴趣，培养实践动手能力强、具有科技创新精神的专业人才是高等教育首要解决的问题。以培养学生科技创新能力为目标，从提升教育质量入手，通过分析国内外校企协同育人模式、探索电子类专业科创人才培养方案、校企共建科技创新社团、开展科技创新实践活动等内容，形成培养目标引领、育人模式配套、优质资源支撑的校企协同实践育人体系。

本书以德国“双元制”模式、美国“合作教育”模式和日本“产学研合作”模式为例，对校企合作模式的一些成功经验做了深入的比较研究；在此基础上以杭电—美国微芯科技创新孵化器（2016 年获全国大学生“小平科技创新团队”称号）的课外科技创新相关工作为研究基础，系统地阐述了电子类专业科技创新人才培养的途径及方案。本书对科技创新育人模式、科技创新孵化器建设、科技创新活动探索等内容进行了详细剖析并给出了相关的实例，旨在为电子类大学生参与课外科技创新活动提供一定的启发，并为电子类学科教育工作者实施大学生科技创新能力培养工作提供一定的借鉴。本书涵盖了科技创新教育的内涵及意义、国外校企协同教育模式分析、我国工程教育校企协同育人模式分析、电子类专业科技创新人才培养模式探索、校企协同杭电—美国微芯科技创新孵化器建设、课外科技创新活动探索、学生感想摘编共七章内容，具体如下：

第 1 章为科技创新教育的内涵及意义，主要介绍了科技创新教育的内涵和特点、校企协同科技创新教育现状、科技创新人才培养的作用及意义，揭示了本书研究背景和研究意义，让读者了解科技创新的重要性。

第 2 章为国外校企协同教育模式分析，介绍了德国“双元制”教育模式、美国“合作教育”模式、日本“产学研合作”模式等内容；通过梳理和分析国外先进教育模式的内涵、特点、运行机制及对我国高等教育的启示，指出学习和借鉴国外教育对提升我国校企深度合作的重要意义。

第 3 章为我国工程教育校企协同育人模式分析，介绍了我国工程教育校企协同育人的发展概况、我国工程教育产教融合实施措施、我国工程教育校企协同育人面临的挑战和思考，对当前教育模式给出了看法和建议，政府应发挥统筹作用，同步规划产教融合和经济社会发展，优化高等教育布局结构，促进教育和产业联动发展。

第 4 章为电子类专业科技创新人才培养模式探索，通过介绍电子类专业科技创新教育概况、电子类专业科技创新教育改革目标及措施、支撑科技创新教育改革的优质资源建设、产学合作协同育人模式的深化及实践，借助信息化技术，重构实践教学环节，通过建设“高阶性、创新性、挑战度”的实践项目，探索适应新技术发展的科技创新人才培养模式，为科技教育工作者如何培养好科技创新人才提供解决思路。

第 5 章为校企协同杭电—美国微芯科技创新孵化器建设，通过杭电—美国微芯科技创新孵化器介绍、杭电—美国微芯科技创新孵化器制度建设、杭电—美国微芯科技创新孵化器 3X 培养计划、杭电—美国微芯科技创新孵化器示范辐射、杭电—美国微芯科技创新孵化器社会服务等内容介绍，对学生科技社团的建设和运行给出了看法和建议，为科技教育工作者如何建设学生科技社团提供解决思路。

第 6 章为大学生科技创新实践活动，介绍了国家级大学生创新创业计划、“挑战杯”全国大学生课外学术科技作品竞赛、浙江省大学生科技创新活动计划、全国大学生电子设计竞赛、全国大学生 FPGA 创新设计竞赛、全国大学生智能互联创新大赛的组织形式和项目实例，通过介绍多个科技活动的实施过程，总结该类活动取得的经验收获，展现科技创新活动缤纷多彩的魅力，激发读者科技创新兴趣，为相关学科的大学生或对此领域感兴趣的青年朋友开启创新之门。

第 7 章为杭电—美国微芯科技创新孵化器青春记，以孵化器学生的四年学习生涯为内容，分享了学生参与科技创新活动的一些真实体会和学生的真实情感，更展现出科技创新活动缤纷多彩的魅力。

本书第 1 章、第 2 章 2.2 节、第 3 章 3.1 和 3.3 节、第 4 章 4.2 和 4.3 节、第 6 章第 6.6 节由马学条编写，本书第 2 章 2.1 节、第 3 章 3.2 节、第 4 章 4.4 节、第 5 章 5.1、5.2 和 5.4 节、第 6 章第 6.1 和 6.4 节由张晓琪编写，本书第 2 章 2.3 节、第 4 章 4.1 节、第 5 章的 5.3 和 5.5 节、第 6 章的第 6.2、6.3 和 6.5 节、第 7 章由王秋兰编写。在素材整理方面本书得到了电工电子国家级实验教学示范中心副主任郑雪峰老师和孵化器实验室周彦均、郭奔峥、陈静等同学的帮助，在此一并表示感谢。编写过程中，还引用了许多学者的观点和成果，由于难以查明文献来源而未标注，在此一并致以敬意。

限于编者水平，书中难免有欠妥、疏漏和错误之处，恳请读者指正。

编者

杭州电子科技大学

2020 年 2 月

目　录

第1章　科技创新教育的内涵及意义

1.1　科技创新教育的内涵和特点

1.1.1　科技创新教育的内涵

1.1.1.1　科技创新教育的概念

伴随着信息时代的到来，科学技术的创新开始代表着一个国家的实力，以知识技术创新为特征的新经济时代即将来临，也将成为当代各国竞争的主要方面。在知识经济时代，知识、技术已经成为推动人类社会进步的主要动力，经济的发展与知识的创新密切相关，高新技术产业将成为经济增长的支柱产业。高新技术产业的发展在很大程度上是依赖于科技创新人才，正因为有科技创新成果的发现，科学技术才能得到发展。科技创新人才资源是科学技术这第一生产力的集中体现，其水平直接体现着一个国家科技发展的强弱。在当今知识经济时代，科技创新人才作为社会发展的人才资源，对科技创新人才的培养刻不容缓，也将成为知识经济时代发展的首要目标。

党的十九大报告中提出，"坚定实施科教兴国战略、人才强国战略"、培养造就一大批具有国际水平的战略科技人才、科技领军人才、青年科技人才和高水平创新团队。可见，我国已经把人才培养提升到了国家战略层面，所以培养一大批具有创新精神的科技创新人才是我国发展的必然要求。

实施高等教育是我国实现现代化建设的重要途径，高等院校的基本职能有人才培养、科学研究和社会服务，在这三方面都发挥着不可替代的作用。人才培养是高等院校的根本职能，对我国建设创新型国家有着战略性和指导性的作用。在政府颁布人才战略、创新战略之后，我国各大高校积极响应，对高等教育的规模做了量的扩张，使我国高等教育的规模跃居世界首位。但是，高等院校在进行扩张时，政府、企业等用人单位也对人才培养的质量提出了疑问。钱学森在晚年所提出的"钱学森之问"，也是表达了他对高校人才培养问题的担忧。可以看出，现阶段我国高等院校所面临的已不再是教育发展规模问题，而是我国高校在当代国情下，如何对创新人才培养模式做出转变的问题。

1.1.1.2　科技创新教育的内涵

科技创新教育的内涵主要体现在人才培养、科技创新、经济发展、文化传承和社会进步等方面，具体阐述如下：

①从人才培养的角度来看，科技创新教育是一种重要的教学实践活动，是创新教育、素质教育的重要载体和平台。高等教育以高深、专门、实践性区别于其他教育类型，其教学过程实际上是一个教学科研和社会实践多种活动形式相结合的过程；教育的成效以大学生这一主体的科技创新能力提高与否和提高程度为标志。这是大学生科技创新教育最基本的内涵。

②从科技创新的角度来看，大学生科技创新教育是整个大学科技创新体系乃至国家创新体系的重要组成部分，教育活动的积极有效，可以有力地、直接或间接地促进科技进步与发展。

③从经济发展的角度来看，大学生科技创新教育取得的成果，应用到生产、建设的实践中，可以推动生产力的发展，产生直接的经济效益。因此，科技创新教育在知识经济条件下占有越来越显著的地位。

④从社会进步的角度来看，大学生科技创新教育可以引导和推动社会的发展和进步，可以有效地促进科技创新，可以对社会的创新、创业起到示范、启示和推动作用。因此，社会的内涵是一种潜在的功能。

1.1.2 科技创新教育的特点

科技创新教育是由科技学术活动来体现的，并具有多样性和系统性。由于大学生自身各方面条件的限制和大学生所在学校不同而受到的教育和影响不同，导致大学生科技创新教育既有一般科技创新的共性，又有自身的特性。

1.1.2.1 教育的层次性

首先，大学生群体有不同的学历层次，包括专科生、本科生和研究生。即便是同一学历层次，高年级学生与低年级学生之间的科技创新能力也是有差别的。

其次，从客体来说，不同地域的高校，所在地的人文环境、社会环境、经济环境的不同也会导致学生科技创新能力的不同。不同学校的教师教育水平、科研水平不同，对学生科技创新能力也会产生重要影响。

最后，文科院校和理科院校之间的差异，也是影响学生创新能力的一个重要因素。

1.1.2.2 教育的宽广性

随着教育体制的改革和学校、社会、家庭育人体系的完善，学生科技创新教育不再局限于校园，已经延伸到广阔的社会，教育的空间越来越大、范围越来越广。特别是随着高校教育理念的转变，尤其是创新教育、素质教育的蓬勃开展，课内与课外的界线逐渐模糊，形成了课堂内外紧密结合的整体培养体系。

此外，教育的内容也越来越丰富，不单单局限于学术讲座和交流，已逐渐扩大到科学研究、发明制作、撰写学术论文，进而延伸到科技咨询、技术开发等科技的推广应用方面，使得教育的内涵越来越丰富。

1.1.2.3 教育的多样性

教育目的是与教育内容紧密相连的。

育人的目的，即通过培养大学生的创新意识、创新精神和创新能力，引导大学生关注社会、了解社会、进入社会、服务社会。

应用的目的，即多出科研成果，并把科技成果转化为现实生产力，为国家的经济建设提供直接的理论和技术支撑，创造出更多的经济和社会效益。

文化的目的性，即将科学与人文统一起来，营造浓厚的学术氛围和高层次的文化品位，造就学生将科学文化与人文文化相融合的理念，塑造具有时代特征的精神文化环境。

教育目的的多样性，必然导致教育过程的复杂性。科技创新从学习到创新再到应用，其本身就是一个复杂的过程。

1.2　校企协同科技创新教育现状

1.2.1　校企合作双方认知差异

在进行校企合作时，企业与学校之间也存在矛盾。校企合作本应是一种有利于我国人才资源发展的新模式，但可能因合作双方的认知存在差异而使得合作双方之间出现矛盾。有很多企业不愿意进行校企合作，认为校企合作需要前期投入太高的成本，且收益无法预期。这些企业认为，即使不进行校企合作也可以获得所需人才。这是企业合作积极性不高的主要原因。对于学校而言，渴望能够改变校企合作的固有模式，为社会培养出更多能够迅速适应社会所需的人才。此外，合作办学培养科技创新型人才理应以培养人才为目标，但一些学校把这视为创收的门路，忽略了合作办学的根本。企业与学校对合作办学存在认知错误或差异时，就可能影响合作的正常进行。政府应着力向企业和学校宣传合作办学的宗旨，使二者对合作办学培养高层次应用型人才都有清晰的认知，使这项利于解决我国人力资源问题的事业得以进行下去。

企业对校企合作的认知通常包括三个方面：一是校企合作有助于提升企业的社会形象；二是校企合作有助于为企业招聘到合适的人才；三是校企合作能够使企业的固有知识得到更新。这三种有利于企业发展的因素促成了企业接受与学校进行合作培养人才，否则不会有企业愿意花费时间和精力投入到校企合作的各项事务中。但是，这三个因素都存在替代因素，也就是说企业能够通过其他形式实现同样的效果。企业社会形象的提升可以通过捐助各种慈善事业，制造高品质的低价格产品等形式实现；企业采用广泛的招聘形式也能招到适合岗位所需的人才；企业可以通过聘请专家通过讲座的形式改善企业的固有知识结构。这些替代因素的存在使得企业在进行校企合作时常将校企合作视为成本，而非投入。企业通常会思考校企合作形式是否比其他形式的活动更有利于企业的发展，企业通过校企合作的形式成本是否会过高。校企合作招聘人才投资大、时间长，在市场经济运作下的劳动力市场显示社会型招聘要比校企合作招聘人才更经济、更实用。对于企业而言，校企合作更新知识结构能否实现要看校企合作进行的效果，企业对这种充满模糊与不确定的知识革新方式有时并不看好。

学校在与企业合作时很难发觉企业与其合作存在这么多的顾虑，学校通常都是满怀激情为着双方互惠的设想积极进行。学校通常认为，校企合作不仅有利于培养社会型人才，更有利于改变学校固有的人才培养模式。以往的教学模式多以培养普适性人才为主，是非专职型培养。这种方式培养的人才在进入社会后首先需要经历磨合期，在适应了社会环境成功实现身份转换后才能适应企业的岗位。毕竟，从学校走入社会，从一个学习了十余载的环境进入到一个完全没有进入过的环境还是需要一个适应社会的过程，校企合作能够提前教会学生如何适应社会、如何在入职后做好本职工作。学校通常将当前经济发展中紧缺的专业型人才作为培养的主要目标，认为只有校企合作模式才能实现专业型人才培养的目标。学校对于社会对某专业型人才的需求量、需求标准、需求预期等都缺乏有效的认知，对于该如何与企业合作培养这样的专业型人才也处于试探性状态，没有清晰的认知和明确的培养方案。

合作办学是一种培养科技创新型人才的有效模式，但校企合作双方对该模式的认知差异是阻碍校企合作顺利进行的一大因素，双方应该首先着力解决这一问题。企业应将校企合作视为人才培养的一个投资过程，大学是我国向社会“供应”人力资源的主要结构，与大学合作培养科技创新型人才对推动社会科技进步能够产生巨大的影响。学校应对校企合作培养科技创新型人才的培养模式做深入探索，多调研、多论证、多总结，力争把校企合作培养人才的业务流程熟练掌握。政府在此过程中应起到桥梁的作用，一方面鼓励企业对一些特定职位进行就近选择大学合作培养，对于参与合作办学的企业应该给予一些鼓励性的政策支持。另一方面，政府也应监督学校与企业的合作，不应该一味地为了合作而合作，不注重合作办学人才培养的效果。对于参与校企合作培养人才的学校或专业应进行定期审核、中期考核，没有达到合作预期标准的应给予相应处罚或终止其合作办学资格；对于高标准完成培养目标的学校可以适当扩大其合作办学的规模，并提供相应的奖励性政策支持。

合作办学只有成功培养出一批又一批的科技创新型人才，这项事业才能顺利发展下去。否则只能是昙花一现，浪费资源。政府在合作办学双方认知差异中起着重要的调和作用，政府既要鼓励企业与大学合作办学培养人才，又要监督二者合作培养的效果。有监督、有奖惩的合作办学才能持续进行下去，否则办好办坏无人重视，办成办不成无人管辖，势必造成你争我抢、资源浪费的局面。由政府作为合作办学的保障体，企业才有动力和意愿与大学合作培养人才，学校才能够切实将合作办学作为一项重要的事业来做。

1.2.2 校企合作双方关系薄弱

当前，学校与企业间构筑起合作的意向通常源自各种人情关系，显然这种靠感情和人脉建立合作的规范性很低，无法经受市场经济的冲击。一旦建立起合作的当事人之间出现小利益纠纷，很可能使校企合作这个大项目被搁置，最终不得不流产或终止。在大学，为了培育出科技创新型人才，负责人会利用各种关系寻找合作对象。一旦找到愿意合作的企业，可能还没有进行前期调研就会准备签署合作协议。因此，企业是否适合作为合作对象，学校应该在前期进行大量的调研工作，论证后再进行合作，而不应该依赖于人情关系随机选择。

与学校相比，企业在市场经济的大环境中遇到的不确定性要高得多。企业一旦出现竞争危机，就会把主要精力放在如何开拓市场、创造利润方面，很可能随时终止合作培养人才。企业无法预知合作是否会给其带来利润，投入的成本能否获得高于市场标准的收益。当企业当事人与学校当事人因二者的人情关系建立起合作意向并实施时，这种合作关系与市场环境中竞争关系相比过于单薄，企业很可能在进行战略改革时首先终止此类合作以降低不必要的成本。

缺乏有效的法律和制度约束，校企合作中的任何一方都可能随时终止合作给对方带来高风险，而基于人情关系构筑企业的校企合作意向更加重了这种风险性。学校终止合作对企业的风险更大，因为企业不会得到任何好处；企业终止合作对学校也存在风险，学校正在进行的各项措施的改革将不得不终止。鉴于校企合作的关系通常不够牢固，合作双方在合作前应进行认真调研。调研工作做得越充分，合作双方对彼此的了解也会越透彻，构筑的关系也会越牢固，才能有效规避存在的风险。

1.2.3　校企合作双方存在风险

由于没有相应的法规、制度支撑校企合作培养科技创新人才模式，合作双方都可能随时给对方带来无法规避的风险。对学校而言，校企合作得以进行势必需要对师资队伍建设、专业知识、教学模式等事项进行改革，而这一系列的改革通常都会朝向利于当前合作的方式进行。师资队伍建设可能更倾向于利于合作企业日后吸纳人才的方式进行，而在教授学生时更多的是以当前企业为案例进行教学。专业知识的学习也会倾向于定位当前企业所需的知识层面，教授与当前企业密切相关的理论知识。教学模式的改革也会以利于学生融入当前企业发展的方式进行，教师、学生与企业间通过形成互动的方式进行教学。这一系列的改革，学校需要耗费大量的人力、物力和财力才能完成。然而，一旦企业单方退出合作，所形成的一系列的固有资源和模式能否适应下一个合作目标，对学校而言将是一个未知数。

同样，对于企业而言，学校的突然退出，也会给其带来极大的风险。企业为了与学校合作，需要派遣人员进行实践指导、需要接纳学生进行实习、需要协助学校进行各项改革、需要洽谈企业文化与教学模式和内容的融合，这些事项会给企业带来很多成本，包括机会成本。一旦学校单方面终止合作，企业可谓前功尽弃。企业再想与其他学校合作，就需要重新进行新一轮的人员、时间和物力投入。校企合作失败带来的风险对企业而言可能远大于学校，学校在校企合作中接收到了新的合作理念、新的专业知识，并为之进行了很多事项的改革、建设了师资队伍、培养了人才。但是，企业在合作中除了付出成本外，几乎没什么成效可言。企业受益通常在合作成功，“订单式”培养的人才很好地融入企业，为企业发展做出卓越贡献时才能被实现。显然，企业与大学相比，更不希望合作半途而废，这可能也是企业合作积极性不高的所在。

此外，对于企业来说还存在着人才流失的风险。在进行校企合作时，企业需要付出大量的成本才能获得“订单式”培养人才的优先选择权。然而，一旦合作培养的人才在企业中的需求无法被满足时，就可能存在人才流失风险。人才的流失也预示着企业在合作中失败，但对大学而言已经完成了人才培养的过程，对学生在企业中是否跳槽已不再关心。

1.3 科技创新人才培养的作用及意义

1.3.1 人才培养模式的基本要素

人才培养模式是对一定教育机构或教育工作者群体所认同和遵从的实践规范和操作样式的简要概括。它到底由哪些要素构成呢？这一问题看似简单，其实十分复杂。有“两要素说”：培养目标和培养方法；有“三要素说”：培养目标、培养过程、培养方法；有“四要素说”：培养目标、培养过程、培养途径、培养方法或培养目标、培养制度、培养过程、培养评价。当然，还可以列出“五要素说”“六要素说”。各说法的分歧主要在于，是否要将指导思想、培养制度、培养评价、培养主体、培养客体等作为单独的要素列出。笔者以为：对人才培养模式的构成要素有多种分析方法。如果要列入指导思想、培养制度，则适宜从“观念 - 制度 - 行为”的维度进行分析，这样的分析方法虽然有许多好处，但行为层面的分析不会凸显出来，况且，行为有的来自制度要求，有的并不来自制度要求。如果要列入培养主体、培养客体，则适宜从“主体—中介—客体”的维度进行分析，这样的分析方法虽然也有许多好处，但中介的分析也不会凸显出来。人才培养模式主要涉及三方面问题：一是培养什么人；二是用什么培养人；三是怎样培养人。第一个问题主要涉及价值层面的培养目标和培养规格；第二个问题主要涉及知识层面的课程计划和教育内容；第三个问题主要涉及行为层面的教育途径和教育方法。下面主要围绕上述三个方面进行分析，而将教育思想、教育制度、教育评价等要素的分析渗透其中。

1.3.1.1 目的要素

教育目的亦称教育目标，它是全部教育工作的核心，是一切教育活动的出发点和归宿，同时也是确定教育内容、选择教育方法、检查和评价教育结果的依据。教育活动作为一种人为的活动，毫无疑问应该有明确的目的要求。给十分广阔的教育活动规定统一的目的要求是十分困难的。强调统一，必定要高度抽象；高度抽象，必定不会具体、明确。在我国，在谈及教育目的问题时，莫不援引马克思主义关于人的全面发展的学说，其用意当然是非常好的，但是，人的全面发展理论本身并不是关于教育的理论，马克思在思考人类社会发展的宏大问题时，恐怕还来不及为具体的教育目的问题操心。由于教育目的具有多要素、多层次的特点，进入 20 世纪以后，国外一些专家对教育目的的表达，开始摆脱“全面发展”或“和谐发展”的抽象概括的框架，以 1938 年美国提出的《美国民主教育之目的》文献为例，教育目的被分为人自身发展目标、人际关系目标、经济效益目标、公民责任目标等若干细目。在联合国教科文组织国际教育发展委员会所著的《学会生存》一书中，关于教育目的的内容和结构，大体沿用了上述框架。在我国现阶段，教育目的指把受教育者培养成什么样的社会角色或具有什么样的知识和能力结构的人，具体内容是：培养青年、少年、儿童在品德、智力、体质等方面全面发展，成为有理想、有道德、有文化、有纪律的建设人才。这是对整个教育活动的总体要求，各级各类学校、各专业的培养目标或人才规格是教育目的的具体化。

人才培养模式中的教育目的是教育工作者用来对教育活动进行导向的、作用于受教育者身心的目的要求。它有“应如何”和“已如何”两种存在形态。“应如何”是理想形态，“已如何”是事实形态。就事实形态而言，它可能是与国家的教育目的相一致的，也可能是与国家的教育目的相背离的。分析教育目的，不看文件上是怎么规定的，也不看方案中是怎么阐述的，主要看实践中到底是什么动机和目的主导教育活动的进行。

教育活动中的目的要素可能受某种现实的功利要求的驱使，也可能受某种社会评价的直接影响。我国人才培养活动中存在严重的应试教育倾向。应试教育扭曲了人才培养活动的目的要求，主要受现实的功利要求的驱使。在教育实践中，从来没有系统的理论体系来指导应试教育，无论在历史上还是在现实中，都找不出曾有何人以何种学说来倡导应试教育。应试教育倾向是面对教育竞争而采取的一种态度选择，是教育活动中存在的竞争引发的直接结果。更确切地说，应试教育是教育竞争失控的教育，是被无节制的考试竞争所异化的教育。过度地竞争使考试变得至高无上，教师为考试而教，学生为考试而学。考试不仅左右了学的目的，也左右了教的目的，最终使教育活动“异化”为与教育目的相对立的活动。克服应试教育倾向，从根本上说，要抑制教育竞争。

1.3.1.2　内容要素

教育内容是为实现教育目标经选择而纳入教育活动过程的知识、技能、行为规范、价值观念、世界观等的文化总体，一般以课程的形式体现。教育内容从人的发展结构看，包括德、智、体、美、劳等方面；从知识结构看，包括政治、经济、文化、科技、军事等方面。教育内容是为实现教育目的服务的，今天的内容结构就是学生明天的素质结构。在高等教育人才培养活动中，教育内容包括专业设置、专业开设的课程门类、每门课程所选用的教材、每种教材所涵盖的知识以及提供教学内容的方式方法和制度要求等十分广阔的内容。

教育内容就其本质来说，都是人类在漫长的历史中不断劳动、不断实践、不断探求而形成的对于客观世界的认识。人类对客观世界的认识是一个庞大的体系，其中任何一点对人类生活来说都具有某种意义或价值，但它的范围实在太大了，要求每一个体掌握人类所创造的所有知识是不可能的，于是就产生了如何选择知识、组织知识、提供知识的问题。不同教育类别的差异，说到底就是知识选择和提供的差异；不同人才培养模式的差异，说到底也是知识选择和提供的差异。

1.3.1.3　方法要素

教育方法是为实现教育目的、掌握教育内容而采用的程序、方式和手段的总和。教育方法既包括教育者施教的方法，也包括在教育者指导下受教育者领教及自我教育的方法；既包括教育活动的方法，也包括教育活动的程序；既包括教学方法，也包括考核评价方法。

方法是从某一初始条件走向特定目标的整个动作体系。人所制定的目标总是借助系统的动作或操作行为来实现的。一般说来，目标不是凭一种动作或操作就能实现的，而是通过一连串的复杂动作或操作才实现的，对人的培养活动尤其如此。一连串的复杂动作或操作，任何时候都是以缜密的顺序和步骤为前提的，这种缜密的步骤和顺序便是程序。程序在方法中具有特别重要的意义，没有程序就没有方法。人才培养活动的程序，在大的方面，有学制安排和教学计划安排；在小的方面，有单元教学程序和课堂教学程序等。

1.3.2 科技创新教育的培养原则

加强大学生科技创新实践能力培养，既是对高校人才培养现状深刻反思的结果，也是实施科教兴国和建设创新型国家的客观要求。大学生科技创新实践能力培养旨在提高学生科学文化素养，增强科技人才服务社会能力，同时为区域经济社会发展贡献智慧。大学生科技创新实践能力培养是一个复杂的系统工程，各大高校的教育工作者进行了大量的研究与探索，取得了不少的成绩，在有关文献研究和实践的基础上，课程组就科技创新实践途径做了相应的探索。大学生科技创新实践能力培养要遵循教育规律和人才成长规律，培养工作应遵循以下原则：

1.3.2.1 坚持"一切为了学生的发展"原则

发展是教育的永恒主题，教育的目的从根本上说是要促进人的发展。社会面临生存型向发展型的转型，绝大多数社会成员的聚焦目标由物质的追求向对发展的追求转变，大学生对发展与自由、权利与义务的追求更加强烈。大学生科技创新实践能力培养工作只有坚持把学生的发展作为开展工作的基地，才能提高教育的针对性、增强实效性。也只有实现了学生的发展，才能推动经济社会的发展，体现教育的价值。大学生科技创新实践能力培养提升工作要做到"一切为了学生的发展"，最重要的是服从并服务于"帮助大学生实现全面、协调、可持续的发展"。

1.3.2.2 坚持整体性与重点论相结合的原则

强化和提升大学生科技创新实践能力，既要讲整体性，也要讲重点论。大学生科技创新实践能力培养的整体性与重点论可以从两个方面来理解。一方面是教育对象的整体性与重点论相结合。大学生科技创新实践能力培养的目标是大学生总体科创水平的全面提升，在培养内容、培养方式、培养具体目标的制度上要考虑到教育对象的整体性特点，同时，在教育投入的配置上，应该对大学生和社会迫切需要的实践资源进行重点性倾斜投入。另一方面是教育内容的整体性和重点论的结合。大学生科技创新实践能力培养工作的重点是面向全体学生、促进学生全面发展，同时又要侧重提高学生服务社会的责任感，勇于探索的创新精神和善于解决问题的实践能力。

1.3.2.3 坚持自我教育与学校教育、社会教育的有机统一

内因是变化的条件，外因是变化的依据。学生是学习的主体，教师起的是导向作用。要使大学生科技创新实践能力得到切实的提高，必须激发学生的内在动机。当前的部分大学生自我意识比较突出，以自我为基地，缺乏高远的追求和脚踏实地的意志品质，如果不

激发他们提升自我的内在动力，单纯的外部努力难以达到期望的教育效果。由此，在教育中必须把激发他们提升自我的内在动机放在重要位置。其次，要研究学校教育和社会教育在提升他们科技创新能力中扮演的角色，要创新教育方式方法，采取能被他们普遍接受的新方式、新方式进行教育。

1.3.3　科技创新人才培养的意义

随着社会进步和现代科技的发展，培养大学生的科技创新意识和创新能力，已经成为新时期人才培养工作的重要内容。大学生科技创新活动作为课堂教学的重要补充和拓展，即作为第一课堂之外的第二课堂，已经成为提高大学生实践动手能力、创新意识和创新能力的重要环节。为国家建设培养科技创新人才是教育发展的必然选择。高等院校在人才培养方面具有多项优势，在欧美国家，之所以有如此多的科技奖项获得者，得力于高等院校对人才的培养，在知识创造中一直起着重要作用。

1.3.3.1　高等院校是知识创新体系的主体

如今，一个国家的核心竞争力主要得力于其创新能力，一般来说一个国家的创新能力越强，其社会地位也将越高，而一个国家创新能力的发展主要依靠知识创新与人才的培养。高等院校和科研机构是我国科技创新人才培养的摇篮，而高等院校不仅承担着科学研究的职能，而且肩负实施高等教育的重担，在创新型国家建设中发挥着重要作用。伴随着知识经济时代的到来，各国政府已逐渐意识到，科学研究与高等教育在国家知识创新体系核心竞争力中有着重要的作用，即意识到高等院校在知识创新体系中的地位，并都将科学研究与高等教育上升到了各国的国家战略层面。高等院校所特有的优势，决定了它在建设创新型国家中发挥独特的作用。充分发挥高等院校人才聚集的优势，积极探索产、学、研相结合的新机制，使其在技术创新中发挥推动作用。

1.3.3.2　高等院校是科技创新人才的培养基地

一个国家科技的发展，首先离不开人，因为科技的发展的基础是拥有科技创新人才，而高等院校是科技创新人才培养的基地。如何改革教育体制机制，与国家战略对接，培养我国经济发展所需要的科技创新人才，成为高等院校面临的重要挑战。目前，对于科技创新人才的培养，高校具有学科门类齐全、科技人才密集、研发能力强、整体实力在全国处于前列等优势，长期以来，培养了大批创新人才，创造了一大批优秀科技成果，为国家经济建设、社会发展、建设创新型国家发挥了重要作用，做出了重大贡献。重视我国高等教育的发展，营造自由、浓厚的学术氛围，培养建立适合我国科技发展的人才结构，为我国科技发展提供人才支撑。

1.3.3.3　高等院校是先进科学技术的生长点

高等院校在科学技术的发展过程中起着重要的作用。科技创新人才广博的专业知识、卓越的个性品格、创新的思维方式以及实践的关键能力都不是天生的，而是通过接受先进的教育、学习总结前人的经验以及参与社会实践等逐步形成的。各高校应注重培养当代学生创新意识、创新能力，引导他们在学习的过程中，逐渐形成新的想法、新的知识以及新的科学技术成果等。高等院校的科技创新人才培养状况，与一个国家的科技实力直接相关，从人类发展史的角度来看，总体上来说，教育水平越高的国家或地区，创新人才的数量也就越多，该国的科技也就越发达。

1.3.4 科技创新战略强国意义

科技自主创新能力主要是指科技创新支撑经济社会科学发展的能力。近现代世界历史表明，科技创新是现代化的发动机，是一个国家的进步和发展最重要的因素之一。重大原始性科技创新及其引发的技术革命和进步成为产业革命的源头，科技创新能力强盛的国家在世界经济的发展中发挥着主导作用。自然，一项新技术的诞生、发展和应用，最后转化为生产力，离不开观念的引导、支持和制度的保障，可以说，观念创新是建设创新型国家的基础，制度创新是建设创新型国家的保障；但发明一项新技术并转化为生产力，创造出新产品，占领市场取得经济效益，这是只有科技创新才能实现的。随着知识经济时代的到来和经济全球化的加速，国际竞争更加激烈，为了在竞争中赢得主动，依靠科技创新提升国家的综合国力和核心竞争力，建立国家创新体系，走创新型国家发展之路，成为世界许多国家政府的共同选择。纵观当今世界创新型国家，它们的共同特征是，科技自主创新成为促进国家发展的主导战略，创新综合指数明显高于其他国家，科技进步贡献率大约都在70%以上，对外技术的依存度都在30%以下(我国的对外技术依存度达50%以上)。因此，科技自主创新方能体现出国家的创新能力，只有不断提升自主创新能力，才能使经济建设和社会发展不断迈上新的台阶，真正实现可持续发展。

2019年1月8日，北京人民大会堂。在如潮掌声之中，在万众瞩目之下，习近平总书记向国家最高科学技术奖获奖者颁发奖章、证书，并同他们亲切握手。这紧紧的一握背后，是习近平总书记深厚的科技情怀，伟大的强国梦想。回想新世纪之初，我国的原始创新能力相对薄弱，从1998年至2003年代表着原始创新能力的国家技术发明奖一等奖已连续6年空缺，期间国家自然科学奖一等奖也只颁发了两项，这反映出我国在揭示科学和技术原理、方法上缺乏具有突破性的成就，更说明原始创新不是一蹴而就的事。量子通信、北斗导航、超算、嫦娥奔月、天宫遨游、蛟龙入海、FAST天眼、5G通信、C919商用飞机、长征5重型号运载火箭、东风41D全球速递使命必达、超高速导弹突破反导系统、歼20第五代隐身战机翱翔蓝天、反隐身雷达护卫疆土、国产航母、055大驱深蓝远航、电磁炮激光炮上机上舰等层出不穷，经过近20年的刻苦钻研、砥砺前行，我国科技创新成果丰硕，一项项重大科技成就背后，与党和政府对科技创新的高度重视密不可分。回想当年在编制《国家中长期科学和技术发展规划纲要(2006—2020年)》(以下简称《规划纲要》)时，与会者一致认为，绝不能让《规划纲要》成为“纸上画画、墙上挂挂”的摆设，而是要发挥举旗定向的作用，引领新世纪前20年中国的科技发展。现在看来，这份《规划纲要》基本实现了初衷，收官之年，硕果累累。

党的十八大以来，习近平总书记多次就科技创新发表振奋人心、催人奋进的重要讲话——“我国科技发展的方向就是创新、创新、再创新”，“科技创新、制度创新要协同发挥作用，两个轮子一起转”，“创新驱动实质上是人才驱动”等，激发了更多科技工作者的创新创造热情，为新时代科技事业发展指明方向。“加快增强自主创新能力和实力”，“把创新发展主动权牢牢掌握在自己手中”，既是对当前科技创新工作的殷切期盼，也是科技界工作者的强烈共识。而《规划纲要》，这份凝聚了众多科技工作者智慧心血、激发了无数一线科研人员创新活力潜力的文件，也发挥了至关重要的作用。在下一个国家中长期科技发展规划紧锣密鼓谋划的当下，回望来路，意义重大。

在21世纪初制订《规划纲要》时，在自主创新、创新体系建设等重大观念上，还存在明显分歧，争论之激烈，超出想象。有业内权威专家表示，如果没有十几年前《规划纲要》对一系列重要问题形成正确共识，我国的自主创新之路，可能更为艰难、坎坷。2003年6月，在规划出台前，要不要自主创新？“以市场换技术”还是“自主创新”的激辩成为争论的焦点问题，完全依靠引进技术和境外直接投资对提升我国科技竞争力的作用非常微弱，技术引进属于成套设备引进，并未开展引进技术的消化吸收再创新，深陷“引进—落后—再引进—再落后”的泥潭难以自拔，特别是我国的能源、电力、采矿、钢铁、纺织、化工等制造企业，在经历了几轮技术引进后，自身没有形成技术开发能力，导致我国经济建设和高技术产业所需的许多关键装备受制于人，如数控机床、光纤制造设备、集成电路等。市场换技术，最终换来的是“路径依赖”。显然，引进技术并不等于引进了技术创新能力。实际上，跨国公司不仅不卖核心技术，有时还会打压中国企业掌握核心技术。以程控交换机为例，我国刚开始从法国、比利时引进时，每线是480美元。当中方自主研发成功后，外企便把价格迅速下调，最后降到每线1美元，想借此将中方创新扼杀在摇篮里。从480美元到1美元，核心技术带来了超额垄断利润。没有这种创新能力，中国现代化的路径和成本将大不一样。我们的邻居印度就是一个现实版的最好的例证，阅兵式上各国武器装备琳琅满目，号称万国武器展，而国产化光辉战机是印度自行研制的第一种高性能战斗机，印度空军提出其作战能力必须优于美国的F—20战斗机，从1983年项目正式上马，作为米格—21和Ajeet的后继型，虽然飞机发动机、雷达等关键部件都从国外引进，但受国力及航空科技水平的限制，研制工作进展缓慢。直至2001年1月4日首架验证机升空，至今未列装服役。还有“维克兰特”号航空母舰，印度第一艘国产航母，1999年，印度议会批准自造计划，2006年11月建造工作正式启动，由法国设计蓝图，搭载俄罗斯米格—29K舰载机，部分设计由意大利帮助完成。建造计划完成时间一推再推，2018年7月19日，印度政府新闻信息局发表声明称，印度海军将于2020年进行航行试验，这离列装服役还差很远，最快也得到2025年。而与印度有着鲜明对比的是我国在歼—20和国产航母的研制上则是通过我国自己的研发力量，不光实现了关键部件的国产化、建设工期非常短，还在国防科技创新上下功夫，研发了许多新型的技术，比如歼—20的鸭翼式布局会影响隐身性能，杨伟院士和光启研发团队深度合作创新性使用了复材整体结构，采用了超材料来吸收或折射雷达电磁波，利用材料方面的提升来缩小战机的RCS值，达到隐形的目标，据悉歼—20的隐身性能比美国的空中霸王F—22隐身性还强呢。歼—20的鸭翼采用超材料和复材整体结构来规避传统鸭翼隐形性能差的“绝招”就是科技创新的典范。另外我国的国产003航母那更是众多科技创新的融合，在没有任何国外技术支持，甚至是技术封锁的情况下，独立研制了各种适合我国国情的新技术，比如核动力技术、电磁弹射技术、阻拦索技术、全电推进技术、有源相控阵雷达技术等，使我国的国产003航母和美国福特级一样先进，缩小和世界先进水平的代差，这将让中国航母技术发展跨越一大步，这也让中国人为之振奋!

创新除了要依靠科研机构和大学，还要依靠企业。以前科研工作者认为多出成果，多出论文，多获奖，就是为国家做贡献，其实创新还要依靠企业，企业对市场需求的高度敏感性是对技术创新的要求提出者，多年的经验证明，科研机构的研究开发活动，存在着单纯的技术导向倾向，注重技术参数、指标的先进性，但对市场需求和规律缺乏把握，其成果往往不具有市场竞争力。实际上，技术创新活动本质上是一个经济过程，它是技术、管理、金融、市场等各方面创新的有机结合。说白了，技术创新就是将技术和创意转化为产品和服务，进而产生市场价值的过程。近百年世界产业发展的历史表明，企业竞争力已成为国家竞争力最重要的体现。任何一个强大的国家都有若干具有全球竞争力的企业，而这些企业的竞争力很大程度来自于重大的技术发明。电话出自贝尔，规模化汽车制造出自福特，飞机出自波音和空客，计算机领域的革命性技术分别出自IBM、英特尔和微软等。资料显示，在发达国家，90%的跨国公司把技术创新作为企业战略的主体内容，80%建立了研发中心，大多数科技型企业至少把销售额的5%投入研究开发当中。改革开放以来，我国探索科技与经济结合的实践也证明，建设以企业为主体、产学研相结合的技术创新体系，完全符合市场经济规律和科技自身发展规律。当年我国第三代移动通信技术的研发就很典型。那些年，国家已向相关研究院所投入了大量的人力、物力、财力研发CDMA，但却一直没有成功。最后，是华为、大唐、中兴等企业联合国外一些企业开发出来的。特别是华为，在CDMA成功之后，一路高歌猛进，成为全球领先的信息与通信技术（ICT）解决方案供应商，专注于ICT领域，坚持稳健经营、持续创新、开放合作，在电信运营商、企业、终端和云计算等领域构筑了端到端的解决方案优势，为运营商客户、企业客户和消费者提供有竞争力的ICT解决方案、产品和服务，并致力于实现未来信息社会、构建更美好的全连接世界。2019年6月25日，获得中国首张5G终端电信设备进网许可证，标志着华为即将引领全球5G技术。

2006年1月26日，中共中央、国务院发布的《关于实施科技规划纲要　增强自主创新能力的决定》（下文简称《实施科技规划纲要》）发出号召，动员全党全社会力量，为建设创新型国家而奋斗。有人说，它是我国自主创新意识的觉醒。在知识经济和全球化深入发展的时代，一个国家要么自主创新，要么“被创新”，别无他途。客观地说，在今天的国际环境下，资本、人才、信息等要素在世界范围内的广泛流动与配置，的确是前所未有的。但是，对于所有的发展中国家来说，全球化肯定不会是“免费的午餐”。如果不思进取，不注重增强自己的核心竞争能力，而是一味被动地跟进全球化潮流，最终将很难保障国家安全，提高人民福祉。

《实施科技规划纲要》最大的特点就是自主创新这条主线始终贯穿全文。《实施科技规划纲要》的核心是要解决对科技工作的认识，以及科技和经济的关系问题，集中体现在规划的指导方针上——“自主创新、重点跨越、支撑发展、引领未来”。强调“必须把提高自主创新能力作为国家战略，贯彻到现代化建设的各个方面，贯彻到各个产业、行业和地区，大幅度提高国家竞争力”。自主创新的内涵是什么？《实施科技规划纲要》明确指出，“自主创新，就是从增强国家创新能力出发，加强原始创新、集成创新和引进消化吸收再创新。”其中，原始创新是指科学发现和技术发明，是最根本的创新，不仅能带来科学技术的重大突破，而且能带动新兴产业的崛起和经济结构的变革，是决定国际产业分工地位的基础条件之一。

第2章　国外校企协同教育模式分析

2.1　德国“双元制”教育模式

2.1.1　德国教育概况

德国是在第二次世界大战结束后的废墟上发展起来的世界经济强国，作为现代大学理念的首倡者和实践者，它的成功在于扩大高等教育规模的同时把发展应用型技术教育作为高等教育改革的重中之重，其理念和行动也在相当长的时间内影响和控制了现代大学教育的发展方向。德国过去的高等教育重心是建立“教学和科研相统一”的学术性大学，但在 20 世纪 60 年代初，随着工业化、信息化的服务性社会快速发展，以及高等教育大众化等因素影响下，德国提出了以应用性大学培养应用型人才，综合性大学培养科学中坚的高等教育改革目标。并在此期间建立起了新型的高等职业教育机构——应用技术大学，以此来实现职业教育和应用型技术教育的并重。从而形成了一套具有德国特色的教育体系，应用技术大学也成为德国两大高等教育支柱之一。回顾德国应用型人才教育的发展历史：从 1968 年，西德各邦决定整合原有的造型设计学校、工程师专门学校，创办专业学院；到德国统一后，东德地区也普遍设立高等应用型人才培养性质的专业学院。这些院校的学制一般是 4 ~ 5 年，其中有公立亦有私立。但由于课程重视职业导向和实用技术，起先被视为一种非大学性质的高等教育机构，就此成为高等职业技术学院的雏形。直至其中的一些学院开设了学士与硕士课程，且获得培养工程师的教育资格认证后，这些学院才正式成为德国学制中的技术学院或应用技术大学。

长期以来，大学垄断了德国的高等教育，且德国大学固守学术取向传统，坚持一种统一的培养和学习标准，反对分层、分类型的观念。当时德国的高等教育是典型的精英机构，与现在比较而言，可以说是只有极少数的人才有机会进入大学进行深造，大学生在 18 ~ 25 岁区间的仅占 0.85%，每万名居民中的大学生人数也仅为 11 人。正是为了满足德国经济发展对于大量实践能力突出的应用型人才的迫切需求，德国的教育民主化运动才会不断地发展。在这些人才的培养上，原本德国中等教育层次的职业技术教育已经不能满足各界的需求，也无法适应和满足大量非传统学生对于实用导向和职业导向的高等教育需求。社会的需求必将引起社会的关注，大学教育因此站在了改革的风口浪尖。起初，在没有十足把握、面对前方朦胧的情况下，德国选择在大学开办应用型专业来解决人才的需求，但在大学内部占据了多年统治地位的传统势力的深刻影响下，使得该措施无法有效地实施，这个尝试也以失败告终。在变革失败之后，这个社会需求的现实矛盾依然存在。20世纪70年代初，联邦德国在克服了诸多不利因素后，终于在卡塞尔建立了第一所高等学校。而在此后的十年间，联邦德国先后建立了11所综合性的高等学校。随着不同地区都建立起了综合性的高等学校，招生人数也从1971年的2900人到了1978年的6万多人，占学生人数的6.5%。之所以说综合性的高等学校是德国教育史上一次重大的变革，是因为其促进了高等教育机会的平等性，也打破了传统学术性大学在高等教育上的垄断地位，使得大学教育不再是精英独享的“盛宴”，终于让大学教育走向了大众化。

在德国，根据高等教育的人才培养方向及其办学层次，可以分为以下四个类型：第一，综合型大学及其同等的高校。这些学校具有博士学位授予权，担负着培养学术人才培养的任务；第二，应用技术大学，即高等专业学院，这些学院的发展历史虽然比较短，但如今应用技术大学已然成为德国高等教育的重要组成部分；第三，高等艺术与音乐学院，包括高等艺术学院和高等音乐学院两类院校；第四，职业学院，职业学院最初作为改革试点，于1974年在德国巴登设立。这几类大学主要在办学的定位上有比较大的区别，并非是等级上的差别。也就是说不能从单方面来判断学校或者学生的优劣。

2.1.2　德国“双元制”教育内涵

2.1.2.1　德国“双元制”产生的背景

由于中东石油危机的影响，战后资本主义世界的经济危机大幅蔓延。本次经济危机持续时间长、规模较大，客观上较大地改变了德国职业教育的走向。受经济危机的影响，劳动力市场供求关系“人力供不应求”转为“人力供过于求”，供求关系发生了根本性变化。高层次实践性、应用型人才越来越符合市场的需要，而专科学校的人才应用性方面远远低于企业培训的人才。由于就业的压力使得专科学校开始寻求与企业合作开发新的适应社会需求的路子，在职工培训和学徒培训中加强与学校的合作。这种学校—企业的职业教育模式即“双元制”在德国高等职业教育领域孕育而生。

2.1.2.2　德国“双元制”的内涵

第二次世界大战后，德国“双元制”模式成为德国经济起飞的“秘密武器”。德国“双元制”是德国人才培养的主要模式，为德国的经济做出了重要的贡献，为德国劳动力就业市场输送了高素质、高质量的人才，为德国国民经济保持持久竞争力发挥了不可磨灭的作用。“双元制”中的“双元”分别为教育机构和企业，二者互为依存，相辅相成。这种模式是由教育机构和企业按照角色分配来共同承担学生的文化教育和专业技能培训。学生在充分利用双方优势和资源的基础上，具有学生和学徒双重身份，将理论和实践相结合，从而培养兼具专业理论知识和专业技能的高素质技术人才的一种教育制度。

德国“双元制”模式实质上是校企合作办学、工读交替进行的办学体制和教学模式。教学培训过程分别在学校和企业进行，分工合作实施。学校负责基础文化课程和理论知识，企业则负责实际操作培训；以企业训练为主，学校教育为辅的职工培训制度。这种制度的实施办法为：一些不进入全日制学校的青年，向具有资格招收学徒的企业报考相应的一种培训专业，被录取后可以成为企业的学徒工，并与企业签订培训合同。学徒期一般为2~3.5年，培训期间每周三天半到四天在企业学习实际操作，一天到一天半到职业学校学习理论知识。学徒期满参加全国统一考试，考试合格者发给相应的毕业证书。在学生就业方面，毕业证书作为就业的依据，实行双向选择。学徒工毕业后既可以在企业工作，也可以到其他单位；同时企业也有权力拒绝学员继续在企业工作。

德国“双元制”模式教育的内涵主要有以下几个方面：

①培训主体为职业学校和企业两个主体。

②学生接收理论和实践两种知识。职业学校教授理论和文化知识；企业传授职业技能和职业经验。

③教材的选取来自两种不同标准。培训企业的实训教材是全国统编教材，由联邦职业教育研究机构编写；职业学校的理论教材不是全国统一的，而是由各出版社组织编写。

④培训主体采取不同的实施方式。企业遵循德国联邦职教机构统一制订的各专业框架教学计划；职业学校则遵循所在州文教部颁发的教学计划组织教学。

⑤教育主体包括由企业雇员组成的实训教师和由国家公务员组成的理论教师两类教师。

⑥学生同时兼有企业学徒和职校学生两种身份。

⑦学生需要参加由行业协会组织的企业技能考试和学校组织实施的资格考试两类考试。

⑧毕业获得培训证书和毕业证书两类证书。

⑨相应的经费由企业和职业学校分别承担，企业占多数。

⑩培训主体接受不同类型的法律约束。职业学校则遵循《职业义务教育法》，企业培训遵循《职业教育法》。

2.1.3 德国“双元制”教育特点

2.1.3.1 校企合作、工学结合，以企业为主的办学模式

德国的“双元制”最明显的特点是学校与企业合作，共同参与学生的培训。企业在经费、设备投入、师资配备、业务参与等方面，发挥着主要作用。

①在经费投入中，企业负担学习材料、培训场地、实训设备、培训师傅的工资和学徒的津贴。

②在设备投入中，企业还设有专门的培训车间，并配备精良的设备和实训原材料。培训学徒在工作岗位之外，还可以从培训班车间接受专业的知识和技能。

③在师资配备中，企业要有高水平的培训师傅。培训师傅通过国家统一的师傅考试，取得培训师资资格。他们的综合素质一般都比较高，除了具有娴熟的职业技能，还要有心理学、劳动法等方面的知识。在企业中的学徒，在工作岗位和培训车间，都会有专门的培

训师傅来指导，学徒从师傅身上吸取必要的理论知识和专业技能。

④在业务参与中，体现了企业的需求，按照培训规章、培训规格，结合企业的实际，制订相应的培训计划。培训规章是由雇主联合会、雇工联合会、有关的联邦部及联邦职教所共同参与制定的。培训规章中对培训职业的名称、培训年限、培训规格、培训总计划、考核等有明确的说明。

2.1.3.2 “双师型”“双技能”，以职业能力为主的培训模式

“双师型”指的是来自学校的优秀教师和来自企业生产活动第一线的技术人员和工程师。“双技能”指的是专业基础技能和岗位实践技能。“双元制”的特点是通过校企合作，构建学校、企业“双课堂”，依托校内文化教育、校外企业实践双基地，培养专业基础技能和岗位实践技能双技能的以职业能力为主的培训模式。

“双师型”教师队伍的建设，来源于采用了先进、科学的教师培养模式。通过三种方式来体现：一是让教师走进企业，了解企业的经营管理模式和就业环境，教师有针对性地学习企业中地实践技能，应用于课堂；二是需经过两次国家考试；三是为了使教师积累更多的实践经验，需要基本具备了职业教师的全部条件即通过一年的指导教学和一年的独立教学。

“双技能”的培训主要在企业中以职业能力为主来进行。“双元制”职业教育培训的学生，是企业所需要的人才。学生大部分时间是在企业进行实践操作技能培训，能够将学习的理论知识尽快运用到企业的生产实践，并在实践中使用最先进的设备和技术，目的在于让学生培训结束后能够很快地适应工作岗位。

2.1.3.3 “立法保障”“行业协会”，共同约束的评价准则

“双元制”是在国家立法和行业协会双保障下的一种办学制度。德国是一个法制比较健全的国家，联邦德国的《基本法》中对教育的条款是德国教育事业最重要的法律依据。

从立法的保障来看，德国关于职业教育的法规较多集中在各行业的企业、青少年的权利和义务，“双元制”形式的确立的立法是在1938年《义务教育法》，之后1959年，东德人民会议通过了《关于学校事业社会主义发展的法律》，1960年通过《青少年劳动保护法》，1976年又通过其修订法案。《手工业法》于1965年颁布，其后曾作多次修正。1969年颁布的《职业教育法》是德国职业教育最重要、最主要的法律基础，对德国的职业教育起了极大的推动和促进作用。

此后在1972年颁布了关于企业生产、销售经营等方面的一部法律——《企业基本法》；1981年12月，联邦政府颁布了《职业教育促进法》，1983年开始实施。

此外，德国还相继出台了《职业教育促进法》《关于工商业协会权利的暂行规定的法规》等，这些法律构成了联邦职业培训的主要法律框架，成为职业培训中若干问题纲领性的文件依据。

德国的职业教育有众多政府部门、职业教育机构、行业协会和企业的参与。行业协会在校企合作中充当着不可或缺的管理角色，是职业教育的业务主管机构。

德国“双元制”模式下的考核由行业协会来负责。行业协会同时具有对学校和企业培训资格的认定，还负责组织统一的职业培训考试。考试也是从理论和实践两个环节对学员进行考核，分为中途和期末两次。合格者由行业颁发全德国有效的证书。德国的职业教育是在法律框架体系下，由政府部门、企业、社会机构、职业学校、行业协会共同参与，共同保证了职业名称、职业要求、职业教学计划、职业教学、职业考核的顺利实施。

2.1.3.4 “市场化”“需求性”，共同导向的运行机制

德国具有完善的劳动力市场和培训市场。各州的劳动部门也都设有职业咨询中心，青年人可以根据自己的兴趣和爱好，去咨询中心了解劳动力市场和培训市场的供需状况，选择适合自身的培训职业。德国的职业教育办学机构对于专业的确定，依据企业发展的现实需要和中长期愿景，结合企业生产规模、经济效益以及劳动组织结构的调整情况，选择出具有综合性、适用性和相对科学、稳定的专业课程。

所以在“双元制”的培训下，培训企业和学校分别按照各自的职责对学徒进行专业技能和文化理论知识，行业协会和各州的文化教育部也按照各自的“分工协作”对职业培训进行监督和管理。由此可见，“双元制”不仅是一种成功的培训模式、市场化、需求性共同导向的运行机制，而且是一种完善的职教制度。

2.1.4 德国“双元制”教育分析

2.1.4.1 “双元制”教育在德国取得成功的原因

德国的“双元制”教育的成功取决于特定的历史原因、特殊的经济结构和社会传统文化的影响。

（1）历史原因。

13 世纪，学徒培训制度就广泛存在手工行业。16 ~ 17 世纪的星期日学校的兴办，使得学徒培训与星期日学校最初合作，也成为“双元制”模式的萌芽。19 世纪，德国技术的变革、经济的发展，机器生产逐渐取代手动操作，在农业社会向工业社会转变的过程中，对劳动力的需求也提升了层次，极大地推动了职业教育的发展。19 世纪末 20 世纪初，独立于生产的实训工场及跨企业培训场所得以迅速发展，实训体系逐渐完善，但是还未制度化。从 20 世纪 30 ~ 70 年代“双元制”培训模式完成了其制度化过程。1969 年，联邦政府公布了《职业教育法》，这是德国企业培训的法律基础。

（2）经济结构。

德国人口只有 8200 多万，但却是仅次于美国、中国、日本的第四大经济体。德国以重视出口、重视制造业，具有良好的基础设施和教育资源的“德国模式”而闻名。探究德国的经济结构，其特殊性如下。

德国的产业结构中，第二产业占比重较大。1970 年，第二产业所占的比重为 49%，即便是到了 2010 年也还占 40% 左右。德国的传统产业为手工业，发展到今天以尖端制造业、机械、精密仪表制造、电子光学仪器较为发达，成为德国的支柱产业。由于这样的产

业结构也势必带来注重专业化程度高、技术工人需求性强的就业结构。“双元制”正是重视实践技能的培养，适应于工业生产过程中对技能岗位需求的针对性。

德国的原材料相对缺乏，主要依靠进口自然资源，进行加工输出工业制成品和服务。人力资本是保证工作运转的重要力量，也是保护国家市场安全的重要资源。

德国的跨国公司重视人力资源的开发，把员工的培训纳入企业的发展规划，将员工的素质与企业效益相结合。家庭式的小企业则很自然地能将一些传统手工艺代代相传。近年来，新兴产业的兴起，对传统工业造成了冲击。市场全球化的加剧、服务业的增长、生产和服务的流水线作业凸显出高素质的劳动者在创新管理模式与新材料生产中的作用。

2.1.4.2　德国“双元制”教育面临的问题

尽管目前德国“双元制”教育是一种比较理想的培训方式，但本身也面临着许多问题。

企业在“双元制”教育中发挥主导作用，“双元制”过分依赖于企业，与经济发展联系紧密，所以易受经济危机的影响。在经济发展良好时，企业会注重人力资源的培养和储存，会把更多的经费投入到教育。但是按照市场经济的原则，在经济发展不景气的时候，企业首先会考虑到的是企业运营与生存，在投资行为上就会非常谨慎。近几年来，拥有一流培训供给条件的大型企业连年消减“双元制”培训岗位，高失业率势必减弱雇主参与培训的积极性，导致“双元制”处于困境边缘。

《职业培训条例》是培训计划实施的依据，是以职业为本位、培训专业专门化的培训。其优点就是职业针对性强的培训，学徒毕业之后能很快进入工作状态。其缺点是培训工种单一、培训方式相互隔阂、培训专业过分专门化，使得培训者适应能力降低。

培训主体之间的协调至关重要。如果学校和企业在教育上没有达到共识，一方面企业认为学校的理论教育与企业的训练脱节，致使对学生的培训难以取得较好的成效；但另一方面学校由于经费投入跟不上经济部门的发展，特别是现代化的服务部门的职业上，以致在理论教学上出现质量问题。

2.1.4.3　我国借鉴德国“双元制”教育的经验

（1）健全法律法规。

直到1996年中国才有了第一部职业教育法，比德国的晚了将近三十年。就目前我国现行的《中华人民共和国职业教育法》并没有明确地限定企业的职责，企业参与职业教育的程度还远远不够。只有形成完善的法律监管体系，明确政府、企业、学校、行业协会等多方面的职责和义务，使之积极参与形成有效合力，才能保障职业教育改革、职业教育走上可持续发展道路。因此，健全的法律法规是中国校企合作教育发展的基石。

（2）加强校企合作。

德国的“双元制”最明显的特点是学校与企业合作，共同参与学生的培训。企业在经费、设备投入、师资配备、业务参与等方面，发挥着主体作用。而目前中国基本上是学校一方一厢情愿，企业方却缺乏合作的动力和愿望。这样的状况下，难以获得充足的资金来源，缺乏实训的基地、培训的师傅、就业的机会等。加强校企合作，在现阶段显得尤为重要。校方要主动联系企业，获取企业在实训设备、实训基地、信息资源、技术指导等方面的支持，使企业和学校实现双赢。中国的企业应该肩负职业教育的培训，为自身企业的发展储备后备力量，实现学校与用人单位的无缝对接。

（3）完善课程体系。

职业教育的社会需求性充分体现在专业设置应与当前经济发展变化及产业结构相适应。“双元制”的课程模式充分体现了以职业活动为核心的设计思想。在课程体系上按照企业需求原则、相对稳定原则、广泛适应原则来设置。现代化的产业对员工的要求需具备团队精神、创新思维、适应能力、外语能力等多方面的综合素质。因此，传统职业教育的知识和技能，并不能满足 21 世纪职业人才需求的专业素养。中国的专业教育应把教育重心转移到培养高素质的应用型人才上来，使其具备跨岗位、跨专业、跨职业的基本素质，探索一条有中国特色的专业教育改革之路。

（4）重视师资培养。

中国一方面要借鉴德国的教育模式，另一方面要结合自身的实际情况，建立具有中国特色的师资培养模式体系。目前，专业教育的师资问题主要反映在三个方面：一是师资数量不足，二是教师学历亟待提高，三是教师的知识结构不合理。教师自身应该具有终身学习的观念，在教学的同时不断提高自己的学术修养和教学技能，以满足新时期专业教育的需求。“双师型”师资队伍愈来愈成为我国高等院校发展建设的重要评价指标。借鉴德国“双元制”的教育理念，培养培训模式、教师任用和考评制度，切实做好“双师型”教师队伍建设，促进我国高等教育健康持续快速发展。

2.2 美国“合作教育”模式

2.2.1 美国教育概况

美国学校和企业之间的合作以 1906 年辛辛那提大学实施的合作教育拉开序幕，经历一个多世纪的发展，涌现出多种各具特色的校企合作模式，主要有：合作教育模式、技术准备计划、青年学徒制、校企契约、赛扶计划、高级技术教育等。

教育是产业竞争力提升的基础。合作教育是美国高校通过职业实践以提高学生综合能力的一条有效途径，也是当今世界各国高等教育积极倡导的一种教育模式。合作教育的思想起源于美国哲学家和教育家约翰·杜威创立的实用主义教育思想，他的思想对美国的教育产生了一定的影响。他提倡教育与实践相结合，教育必须适应现实需要，注重实用知识与实际技能，使受教育者为将来进入社会打好基础。

美国辛辛那提大学的教育改革是产学合作教育产生的标志。1906 年，美国的辛辛那提大学赫尔曼·施耐德首次提出合作的理念，以“工学交替”模式来培养人才。每学年分为“理论学期”和“工作学期”。“理论学期”学生会在校园内进行，学习理论课程；“工作学期”学生会在相关工厂进行，从实践中获取知识技能。这种把课堂教学与工作实践相结合的教育方式，当时被称为“合作教育”。

合作教育是学生、教育机构和雇主间的一种伙伴关系，参与的各方有自己特定的责任。为了有效进行合作教育，各个学院成立了职业实践处以负责计划的管理。职业实践处可作为一个重要的中间机构，来协调学校、雇主、教师之间的沟通，进而完成各个教学环节的实施。通过该管理模式，可有效控制合作教育的质量，并做到持续改进。

2.2.2　合作教育的基本模式

以“工学交替”为主要特征的“辛辛那提计划”，在美国被称为合作教育古典模式。后来对这种模式进行了改进，附加了专门的合作教育管理机构。1909 年，美国东北大学新建立的工程学院，实行所有学生必须参加的合作教育模式。1921 年，文科学校也开始实行合作教育模式，标志着突破了专业的限制、性别的区分，使合作教育模式基本建立起来。1960 年，合作教育模式出现了巨大变化，即合作教育平行计划模式。20 世纪 70~80 年代，美国高等院校在合作教育计划上采用交替式；80 年代以后，实现交替式也实现并行式，即采用双重制。

2.2.2.1　并行式模式

实现并行式模式的学习一般是针对全日制的学生。学生在进行全日制的理论学习外，还要利用业余时间去参加每周 20~25 小时的工作，工作时间学校是认可的。并行式模式的优势：学生的学业不会因工作的打扰而中断；同时可以从雇主方得到相应的报酬；业余工作岗位转化为将来的合作教育的实习岗位。并行式模式的劣势：受交通、时间的限制，寻找愿意为学生的业余时间提供重要工作岗位的雇主比较困难；学生专业学习时间作适当集中安排，以留出工作实践的时间，比如上午学习理论知识，下午去实习，实习时间安排必须与雇主协商，这是一个比较困难的问题。

2.2.2.2　交替式模式

交替式模式是全日制学习学期和全日制工作学期交替进行的一种模式。在全日制工作学期的工作是学校认可的。交替式模式的优势：学生获得比较集中的工作时间，雇主会安排更重要的工作岗位；学生可以选择的实习地点比较宽泛；学习和工作相对都是集中独立的，相互没有受到干扰，更能够把理论知识完全应用于实践。交替式模式的劣势：学校应该把教学计划安排得比较紧密，使学生在学习学期把四年内的知识全部吸取，对学生而言消化起来势必比较困难；工作学期的工作完成后重返学校，要求学生对在校的学习有很好的衔接。

2.2.2.3　双重制模式

根据合作教育项目的要求，美国院校的学制灵活多样，长短不一，针对不同的学校类型和不同的人才培养类型就出现了二年制、三年制、四年制、五年制合作教育计划，这些多采用双重制模式。双重制模式为的是为学生提供更多的机会，吸引更多的学生参与到项目中。

以上三种模式，它们具有相同的共性，即都涉及学校、教师、雇主、学生等主体；每种模式的运行都由准备阶段、实施阶段、反思阶段三个阶段组成。在对合作教育实践的文献进行梳理的基础上，构建了当前合作教育项目运行的镜像模式。

2.2.3 合作教育的运行机制

2.2.3.1 合作教育的运行环境

美国是当今世界上经济实力最强的国家，其经济繁荣、科学技术发达、人民生活水平很高。由于美国当前的国情，使我们在对美国合作教育实践的探索，把宏观因素作为一个重点的考察因素。合作教育的运行环境在宏观层面包括市场机制、社会和经济发展对人才需求、学校自主办学、法律保障、约束机制等。市场的特点就是开放式的，因此市场机制促使学校、学生、雇主积极主动参与，在人才市场开放的条件下，雇主自主用人、学生自主择业，按照各自的利益来各自发挥自身的作用。社会和经济的发展势必会对教育的改革带来压力和动力，更高层次人才的需求促使合作教育向适应社会需求的方向培养人才。社会的认可成为人才质量的标准之一，社会认可度也推动了合作教育的发展。学校自主办学，在运行和管理上实行学分制。这种制度保证了学校在政策、资源，以及合作教育计划实施的主动权。美国政府对合作教育曾经立法拨款，对合作教育的发展起到了巨大的推动作用。由于合作教育的特点，学生会在不同的环境下学习，也会涉及人身安全、医疗保险等问题，法律是保障这些问题得以解决的关键；同时三方签订相应的合同书，作为对相互的约束和担保，使得合作教育计划顺畅执行。

2.2.3.2 合作教育的管理方式

从管理角度看，美国合作教育分为强制式、任选式、选择式。从是否计入学分，合作教育还可以分为有学分和无学分两种。在具体的管理方式上，美国合作教育分为集中管理、分散管理和集中与分散相结合的管理。但无论哪一种管理方式，校方在合作教育的整个协调过程中，起到了主导性作用。强制式是所有注册的学生，必须参加合作教育项目，合作教育也作为学校办学基本思想的主调；任选式是学生具有选择权，可以在合作教育和非合作教育中选择；选择式是学校具有主动选择权，根据学习成绩及综合表现选择具备条件的学生参加合作教育。美国的集中管理是学校设立专门机构，由学校指定专门的专职人员进行管理和运作；分散管理是学校把权力下放到二级学院，由教学人员作为兼职管理；集中与分散结合的方式则由专职协调员和教师共同承担合作教育的管理协调工作。

2.2.3.3 合作教育的利益驱动

参与合作教育的各方主体，在利益驱动机制下发挥着自身的作用，为社会和经济发展带来巨大利益，并最终实现学校、学生、雇主、社会的多方共赢。学校的利益：学校利用工作场所所教授的知识，拓展了学生教育的机会；合作教育对学生带来的收入和减轻的负担，使得学生家长提高了对学校办学的信心，提高学校的声誉度；学校的教师和学生都有更多的机会接触到工作场所的高级设备，使得学校更能够顺应社会的发展，更新知识资源；教育界与工商业界的联系更加紧密，通过加强就业率增强公众对高等教育的支持。学生的利益：将理论学习与工作经验结合，强化了对理论知识的认知；具备相应领域一段时间的工作经验，积累了职业选择的筹码；学生在校期间已经和雇主之间建立了关系，并且从中获取找工作的技巧，大大地增加了毕业后的工作机会；学生在校期间享受工作带来的收益，减轻了学习的负担。雇主的利益：雇主可以提前物色雇员，大大改善人事录用过程，并节省了人力资源成本；劳动力结构变得更加多样化；通过合作教育项目招募、雇用雇员，可以提高永久雇员的保有率；增强企业与大学和学生的关系，雇主同时也可以确保课程教学计划和实施的有效性。社会利益：通过合作教育，向社会输送了具备社会责任感、全球竞争力的劳动力；雇主支付给学生的工资，对低收入和中等收入水平的家庭尤为重要，也减轻了国家经费支付学校所需要的花费。

2.2.4　美国合作教育分析

2.2.4.1　我国的“校企合作”与美国“合作教育”的差距

（1）缺乏有力的政策和法规支持。

美国政府为了保证职业教育的顺利实施，对职业教育进行了立法，于 1862 年颁布了第一个职业教育法《莫雷尔法案》后，1962 年国会通过了《职业教育法》，1984 年《卡尔·D. 波金斯职业教育法案》修订。在众多职业教育法规的保证下，企业把职业教育作为“企业行为”来看待，企业内有相应的生产岗位供学生生产实践，有规范的培训车间供学生教学实践，有完整的培训计划和充足的培训经费，更有合格的培训教师和带教师傅。

在我国，1980 年，颁发《关于改革城市中等教育机构、发展职业技术教育的意见》，加强学校和企业的联系与合作，增强政策建设。1991 年，《国务院关于大力发展职业技术教育的决定》提倡产教结合、工学结合，企业作为实习基地。2005 年国务院颁布的《关于大力发展职业教育的决定》、2006 年颁布《关于全面提高高等职业教育教学质量的若干意见》，实现了新时期我国职业教育改革和发展的新突破。2010 年《国家中长期教育改革和发展规划纲要（2010—2020 年）》，强调政府主导、行业指导、企业参与的办学机制，推进校企合作制度化。

从以上对我国发展职业教育的制度的梳理，可以看出我国的校企合作还停留在口头上、宣传上，并没有明确的条目对企业减免税收、提供经费等。并且我国校企合作受政府重视的比较晚，需要一些具体的政策支持和制度保障，要形成法律条文来保障合作的顺利开展。

（2）认识程度不够。

我国相对于美国的合作教育来说，首先是对校企合作的认识不够，突出地表现在：理论与实践教学孤立结合，追求短期的利益，重技能、轻理论等。

①理论与实践教学孤立相结合。由于认识的误区，人们往往认为理论教学是在课堂上完成，实习、实训在企业的负责下，在实验室中完成，这就导致了教学是离开实践的教学，实践是没有教学的实践的结果。这种观念是与顶岗、在岗实习的目标相违背的，因此在实践中应转变观念，更好地实现理论教学与实践教学的无缝对接。

②追求短期的利益。职业教育的定位是为地方经济的发展服务，大部分院校能够获得

地方政府的财政资助。但是由于区域经济的发展不平衡，使得政策导向不同，获得的资助也是参差不齐。学校看到与企业合作带来的短期利益，会尽量满足企业的要求，在没有指导教师、打乱上课计划的前提下，也会去迎合企业，这样使得学生变成了低层次的打工仔，学校将办学成本转嫁给企业。而企业为了追求利益的最大化，并不是以培养人才为根本目的。追求短期利益最大化，违背了教育的根本宗旨，对学生、教育和社会都是有害的。

③重技能、轻理论。我国职业教育的一个明显的思想误区是“理论够用、注重技能”，认为只有企业能锻炼学生的技能，将企业引入学校或将学生送进企业就可以达到培养目标。但在实际的培训中，学生接触到的往往是单一的技能，不具备完善的职业能力，更没有创新能力、持续发展的能力。

（3）服务功能、支持系统不健全。

美国的合作教育，为学校科研成果转化提供了平台，使得科技成果和信息能在学校和企业间打通。而我国，部分高职院校的专业设置与人才需求是不匹配的；同时国家在技术创新、重大项目方面也未给予政策倾斜，高校的科研水平不高，对企业的作用也不明显。因此我国开展校企合作，应该在人才培养创新、人才资源开发、科研项目上制定相应的政策保障。

2.2.4.2 美国合作教育对我国的借鉴与启示

（1）制定配套的法律法规，成立专门保障机构。

我国在1996年颁布了《职业教育法》，但并没有配套相关的职教法规，缺乏完备的职教法规体系。中央教育部和各地方政府应明确相关规定，制定专门的校企合作法规，明确校企合作双方的权利和义务，确保合作做到实处。同时，《高等教育法》和《企业法》应修订相关条款，明确规定高职院校与企业加强合作的文件。

美国早在1962年就成立了国家合作教育委员会，后来又成立了合作教育协会。委员会和协会负责协调合作教育工作，学校自身设有自己的合作教育部。在我国，可以起到类似作用的是行业协会。行业协会是一种民间组织，行政上不受政府约束。职业院校根据自身需要可以加入行业协会，企业为协会会员，这样协会发挥着“桥梁”和“纽带”的作用，通过协会的居间沟通，校企之间的合作就会比较顺利。

（2）加强对校企合作的认识，重视多层次的合作。

首先，对校企合作的认识，不能建立在金钱和利益的层面。学校和企业之间形成的是相互支持、相互促进的关系，而不是从对方获取资金、福利等。企业参与校企合作是实物投入、人员投入、技术投入等，为社会培养技能型、实用型人才。学校也不应想着从企业获得什么样的好处，来挫伤企业的积极性，这样不利于校企合作的持续开展。其次，在教学环节上，不能简单地认为完成学校的理论学习，去企业完成实习就是校企合作，应在项目实施前做好充分的论证，设计出合理便于操作的机制和内容，实现实践环节与理论环节有机融合。最后，对于校企合作中重技能、轻理论的思想也要引起足够的重视。

纵观美国校企合作的历史，校企合作最初是由于当地企业技术工人短缺，体现了学校与当地中小型企业合作，为当地经济发展服务的特色。但在我国，学校与中小企业的合作

比较困难。主要原因是学校与中小企业接触较少，不了解这些企业的人才需求；如果把职业教育和中小企业对接作为政府的一项工作，这样成功的概率会很大。

2.3　日本“产学研合作”模式

2.3.1　日本教育概况

日本经历了长达近半个世纪的持续发展后，自 20 世纪 90 年代以来进入了相对低迷状态。在日本经济发展停滞的十年，转变经济增长方式势在必行。建立政府搭台、校企共同参与的合作成为日本科技创新的有效途径。政府提供服务、企业提供支持、高校致力转化的教育改革制度创新，为落实日本科技创新起到了推动作用，值得我国研究与借鉴。

在日本常用“产学合作”或“产官学合作”来表示产学研合作。“产”是指产业界、企业；“官”是指政府；“学”是指学术界，包括大学与科研机构等。从“产学官”的功能划分，“产”具有负责与承担创新风险的功能；“官”则具有支援与转化创新成果的功能，“学”具有提供和创造学术源泉的功能，“产、官、学”三者虽然不同，却有共同的关键问题就是“技术”。日本许多产业的成长都与“产官学合作”体制有很多关系，与政府的主导作用密切相关。因此产学合作是“大学和企业之间以人才、研究为中心的包括共同研究、人才培养与交流、技术转移等”在内的广泛的交流活动。

2.3.2　日本“产学研合作”的特点

日本政府视产学研合作教育为基本国策，并将其制度化。日本政府从 20 世纪 90 年代末以来非常重视产学研合作，1996 年 7 月，制订了《科学技术基本计划》；1997 年 1 月，提出了《教育改革计划》；1983 年，日本建立了大学与企业开发产学研合作教育的制度；此外还陆续建立了委托研究制度、委托培训制度、经费划拨与使用制度、研究权属保障制度等制度。1998 年，日本又通过了《大学技术转让促进法》和《研究交流促进法》；2003 年 7 月，通过《国立大学法人法》；2005 年 12 月，日本经济团体联合会就实现“创新日本”提出综合提案，代表了日本产业界对以产学研合作创新的最新认识和需求。

以企业为主，共同培养高级科研技术人才。以企业为主体的产学研合作是日本创新体系的重要特点，在共同合作研究的项目中，企业组织承担的研究项目占到 90% 以上。到 20 世纪 90 年代以后，企业比例有所下降，下降至 80%。在人才培养和交流方面，企业提供经费、场所和课题，帮助进入企业实习的研究生完成整个学业。与此同时，日本的一些大学经常举办产学研沙龙，以促进产学研之间的沟通与交流；企业技术人员也可到大学研修甚至任教。调查显示合作教育制度对产业技术发展起了很大作用，已经成为创新体系的重要内容。

2.3.3　日本“产学研合作”的模式

日本创新体系的主要特点是以企业为主体的产学研合作，其主要模式有共同研究、委托研究、接纳受托研究员、合作研究中心、科技城和高新技术园等。

2.3.3.1 共同研究模式

共同研究是指高校教师、研究人员和企业的研究者在平等合作的基础上，共同就研究课题进行开发，其实施主体是企业，以企业为主体的实施项目占 80% 以上。据日本部省统计资料显示，1998 年，日本大学与民间企业进行的联合研究课题的数量为 2569 项，2003 年，国立大学与民间企业共同研究课题为 8023 个，开创联合研究制度实施以来的最高纪录。研究领域涉及生命科学、情报通信、环境、纳米材料四个重点领域。合作对象有民间企业和中小企业。共同研究发生的研究费用由合作单位双方共同承担，产生的效应和成果也由双方共同享有。根据实施研发场所的不同，共同研究又分为普通型和分担型。普通型是研究人员同在大学里进行研究，利用学校的资源。而分担型则是分别在各自的环境，利用自身资源的优势，将承担的任务进行分工完成。

2.3.3.2 委托研究模式

委托研究是指政府部门和企业委托大学和科研院所等研究机构向企业提供科研成果，以此协助企业的研究开发的研究工作。项目所需研究经费由委托者负担，并且只出经费，不派出研究人员，其成果也属于委托者。高校接受委托者的委托，并与委托者就研究项目经费、期限、成果等签订合同。

2.3.3.3 受托研究员模式

受托研究员模式是指企业的技术人员到国立大学接受研究生水平的指导，把握最新的研究动态。通过企业与大学人员的互动，促进信息流通与知识转移，并且提升了研究素质和研究能力，使企业未来的研发更具有活力。在新的形势下，企业的技术人员不仅可以到学校进修，也可以作为学校的兼职教师，担任某一课程的讲学或实验实习。企业的技术人员接受的研究生水平的教育与指导，代培费由委托企业承担。代培期限原则为 1 年，在这期间可以带课题也可以不带课题。

2.3.3.4 合作研究中心模式

合作研究中心模式是在 1987 年开始，为了推动地方产业的合作，加强与产业界联系，日本大学建立了共同研究中心，这是设立的以推进产学共同研究为目的的中枢设施。在合作研究中心进行技术研修、技术咨询、研究信息提供等各种活动，其既作为研究的场所，同时也是企业技术人员接受培训的课堂。目前，日本许多国立大学设立了地域共同研究中心，同时私立大学也竞相设立同样的研究中心。

2.3.3.5 科技城和高新技术园模式

科技城和高新技术园模式主要是为了产生集群效应，使得日本多家研究教育机构和民间组织共同合作，积聚大量的科学技术人才，共同研发新产业、新技术、新产品。日本政府出资在全国建立了许多研究场地，如：筑波大学科技城、关西科学城、横滨市高新技术园地、九州七县的高新技术园等。目前高新技术产业主要包括信息技术、生物技术、新材料技术三大领域。科学城和高新技术园，成为科技创新和产业化发展的重要基地，对促进科技成果转化、培育创新型的高科技企业和企业家、孕育新的技术革命和新兴产业、促进区域经济发展发挥辐射和带动作用。

2.3.4　日本“产学研合作”的体制

2.3.4.1　知识财产本部

大学知识财产本部是以对大学知识财产的创造、管理、利用为目的产学合作的窗口机构。日本从 2003 年开始，在全国选择了 43 家大学设立知识财产本部，主要业务内容包括知识财产政策等各种规程的建设以及确保从事知识财产活动人才的组织体制建设。在这些首批实施的大学中先行试验，通过研修、宣传等活动将积累的经验和成果向其他大学进行普及，目的是为了构建和强化大学知识财产、产官学合作体系。在知识财产本部设立的过程中，构建起了以副校长为第一把手的综合性的组织体制、知识财产管理和审查体制以及校内知识财产政策为主要内容的规则，不仅在校内进行宣传、普及活动，还将这些经验和成果通过研修等形式向实施机构以外的大学进行普及和示范。

2.3.4.2　科学技术转让机构

科学技术转让机构是将大学的研究成果专利化并向企业转移的、在产学之间起着“中介”作用的组织。将大学研究的成果转化为现实生产力，并将一部分收益返还给研究者，使得研究者继续专心搞研究，服务于经济发展。也就是通过技术转让机构的活动，将具有权力化的可被利用的成果专利进行转让，使企业直接应用于生产，产生相应的收益来回报社会。目前“日本专利转化率低的一个重要原因是专利与市场严重脱节，在专利和市场之间缺少一个重要的产业化渠道”。通过《大学等技术转让促进法》把转化落到实处，导致了大学技术成果转让机构的诞生。截至 2004 年 4 月，包括东京大学、早稻田大学在内，全国已建有 37 个这样的机构。

2.3.4.3　法人及中介机构

在日本有许多与学术相关的公益法人，它们是通过在民间集资而设立的财团法人和学会法人，其共同的目的是振兴学术研究。根据法人所涉猎的智能与范围不同，可将其分为学术法人、研究资助法人、学会法人等。其中学术法人是以纯学术研究为目的；研究资助法人是以资助科学研究为目的；学会法人则是信息交换和学术情报为目的。它们在学术研究上，都对产、官、学的合作起了重要作用。此外，日本的中介结构也在产学研合作过程中起到了非常重要的作用。中介机构作为组织管理协调机构，如“综合研究联络会议”“研究开发专门委员会”“研究协作室”“科技信息中心”等充分发挥着管理作用。

第3章 我国工程教育校企协同育人模式分析

3.1 我国工程教育校企协同育人的发展概况

3.1.1 校企协同育人的研究意义

在全国科技创新大会、中国科学院第十八次院士大会和中国工程院第十三次院士大会、中国科学技术协会第九次全国代表大会上，习近平总书记向全国发出了建设世界科技强国的动员令，明确了未来我国科技事业的发展路径并进行了总体布局，令国人振奋。“科技创新、科学普及是实现科技创新的两翼，要把科学普及放在与科技创新同等重要的位置”，这是习近平总书记科技创新思想的总体体现，也是总结新中国成立以来我国科技事业发展的历史经验所得出的科学结论。

在迈向世界科技强国的征途中，所有的科技工作者都应把科学普及放在与科技创新同等重要的位置，既要做好科学研究和科学创新工作，更要主动自觉地去努力传播科学知识，提升社会科学素养厚植创新土壤。科技人员的职责除了要搞创新，还要进行科普，要夯实创新文化的土壤，提高全民科学素质，形成有利于科技创新的社会氛围。随着全球范围内新一轮科技革命浪潮的兴起，国内产业面临转型与升级的新挑战，高等教育领域也适时而动，校企协同育人模式将有效解决以下几方面问题。

3.1.1.1 解决当前校企协同育人困境的迫切需要

校企协同育人是高等教育领域培养专门人才的一种重要模式，随着新一轮产业革命的发展，高等教育大众化和市场化进程不断加快，发挥多方合力，协同育人成为共识。然而在校企协同育人发展过程中出现了许多问题，如一些高校只是将企业当作学生的毕业实习基地，对于企业在人才培养过程中的重要作用视而不见。而企业作为营利性组织，认为人才培养的长期性和迟效性不能满足其需求，不愿意参与到这一过程中。这就导致了人才培养的断层。高校毕业生进入企业后需要进行培训才能从事相应的工作，不仅延长了人才培养周期，也增加了教育投资。对于高校来说，所培养的学生不能满足用人单位的需求，既可能降低本校的声誉，也不利于生源的稳定。同时，由于缺乏有效的评价标准，校企协同育人的成果难以测量，使得高校和企业参与协同的积极性不高，大部分都停留在表层。产教融合育人是一个双向互动的过程，在这一过程中需要第三方来组织协同育人活动的开展和实施，而目前国内缺乏这一角色。新工科正是基于国家发展战略而提出的，因此政府应

充分发挥好在产教融合育过程中的宏观调控作用，促使协同育人朝着理想的方向稳步迈进。在这样的背景下，研究校企协同育人对于高校和企业来说意义重大。

3.1.1.2　丰富校企协同育人理论的需要

目前学术界对于校企协同育人的研究主要是基于高等教育相关理论，分析了校企协同育人的概念、机制、模式等，并结合具体实例提出了解决策略。但是目前国内关于校企协同育人研究的著作很少，对于校企协同育人相关理论研究不够深入。本书借助其他学科相关理论对校企协同育人进行研究，从而有助于拓展校企协同育人的理论基础。

3.1.1.3　基于我国高等工程教育发展战略需求

2017 年 2 月“复旦共识”正式提出建设新工科，接着“天大行动”“北京指南”相继出台，奏响了新工科建设“三部曲”。新工科建设指南中一项要求是进行新工科多方协同育人模式改革与实践。建立政产学研等多主体协同育人模式，推进多方协同育人体制机制改革。党的十九大报告中也将深化产教融合作为一项重点工作任务。2017 年 12 月，《国务院办公厅关于深化产教融合的若干意见》指出造就一流水平与素质的创新型人才和技能型人才的关键在于持续促进职业技术教育及普通高等教育领域的改革，重点保证企业主体作用的发挥，加大各类人才的培养，努力实现人才供需平衡发展。在《关于加快建设发展新工科实施卓越工程师教育培养计划 2.0 的意见》中，也表明要推进产教融合、校企合作的机制创新，深化产学研合作办学、合作育人、合作就业、合作发展。这些都为本研究提供了现实依据。

3.1.1.4　有助于推动高校和企业深度融合，提升人才培养质量

产教融合，协同育人对于高校来说，是扩大社会影响力，发挥其社会服务职能的重要途径；对企业来说，是培养合格员工，提升企业创新能力的有效方法；对学生来说，是增强工程实践及创新能力，提高自身就业竞争力的最佳方法。尤其对于工程教育实用性较强的特性，产教融合育人更能够缩短人才培养周期，提升高校和企业实力，实现双赢。

3.1.2　我国工程教育产教融合发展历程

3.1.2.1　发展初期

新中国初建时期，国内产业百废待兴，迫切需要大批技术劳动者为恢复工农业生产，发展国民经济贡献力量。1950 年，全国高等教育工作会议颁布了《高等学校暂行规程》，指出普通高校培养目标应当是具有扎实理论知识并能够进行实际应用的专门人才，同时在教学上要满足国家经济社会建设的需要。这就从政策高度及教育发展规划上强调了发展产教融合的重要意义。《关于实施高等学校课程改革的决定》中，明确表示高等学校要同政府以及各个业务部门、机关组织、行业企业等建立紧密的联系。将学生的实习和参观作为重要教学内容。充分表明开展育人活动需要高校与企业相互配合，协同发力。为了适应经济建设需要，从 1951 年底开始，我国高校开始进行院系调整，最早在工业院校开展，目

的就在于改善招生规模结构，培养大批工程技术专门人才。1953 年，原高等教育部部长马叙伦在政务院召开的政务会议上作了《关于加强高等学校与中等技术学校学生生产实习工作的问题》报告，该报告主要提出了在学生参与生产实习过程中迫切需要重视的三方面问题，一是加强思想教育，高校和企业负责人要充分重视学生实习；二是统一组织领导，建立生产实习指导委员会；三是生产实习所产生的经费由高校和企业双方共同承担。这一报告催生了《关于加强高等学校与中等技术学校学生生产实习工作的决定》，为新中国成立以来产教融合发展奠定了制度基础。到 1955 年年底，高等教育部将部分专业实习场所固定为 3 年（1956—1958），便于增强生产实习的计划性。

从这一时期来看，政府角度虽未明确提出产教融合、校企合作，但已将学生的生产实习作为人才培养的重要环节，并强制要求高校执行，体现出高等教育服务于社会发展的特定功能，为我国第一个五年计划建设提供了大量人才。

3.1.2.2 探索期

1958 年，中共中央和国务院颁布了《关于教育工作的指示》，指出了"两条腿走路"的办学方针，包括"教育必须同生产劳动相结合""三结合""六并举"等内容，同时将生产劳动列为学校的正式课程。但由于"左"倾思想的影响，其中一些错误思想引发了"教育大革命"。主要表现在过分强调高校生产劳动，甚至发展到以生产劳动代替教学活动的地步。有些农业院校甚至要求全体师生到农村劳动锻炼 1 ~ 2 年。这些做法忽视了高等教育发展的内在规律，以生产劳动将专业的实习活动取而代之，单纯地将教学与生产劳动相结合，严重影响了高等教育质量。直到 1961 年《教育部直属高等学校暂行工作条例》（即《高校六十条》）出台，纠正了 1958 年以来高等教育发展中出现的错误，使教育重新回归到正常秩序。1962 年，全国高等工业学校工作会议修订了《本科各专业教学计划规定（草案）》，要求教学实习（包括金工实习）及生产实习，一般为 12 ~ 20 周。但实际上，1960 年起我国进入经济困难时期，企业发展步履维艰，大部分学生并没有真正参与到生产实习中。

社会经济因素的影响使得高等教育政策的调整作用没有得到有效发挥，这一时期的产教融合发展也是曲折的，从最初的摸索到过分激进，再到稳定调整，尽管并没有取得大的成就，但也为后来发展提供了借鉴与教训。

3.1.2.3 高速发展期

1978 年，改革开放成为教育发展的重要节点，我国高等教育重新振作，焕发了新的活力。为了弥补"文革"期间教学活动缺失的状况，在相当长的一个时期内，高等学校将学生的实习及生产活动时间大量压缩，以理论课取而代之，渐渐出现"重理论，轻实践"的倾向。为提升教育事业服务国家发展的能力，1985 年《中共中央关于教育体制改革的决定》指出高等院校应当有效满足经济和社会发展需要，为强化这一能力，高等院校要增强与生产科研单位及社会其他各方面的联系。高等教育管理体制改革带动了人才培养模式改革，也为产教融合发展提供了机遇。在职业技术教育领域尤为显著。1985 年，上海工程

技术大学纺织学院与加拿大滑铁卢大学合作，共建产学研合作教育试点。该学院成为改革开放以来我国首个进行国外合作教育模式尝试的学院，为产教融合的国际化发展奠定了一定的基础。同时，社会各界普遍意识到技术人才的重要性，教育部门出台具体文件，要求职业技术院校深切重视学生实习工作。如 1989 年《关于技工学校深化改革的意见》中，要求加强实习工厂（场）的建设，争取到 1995 年使每个学生都能在上生产实习课时有一个自己的工位。一场产教融合的实践在全国轰轰烈烈地展开，与此同时，域外一些国家开展合作教育的优秀经验模式也传入国内，受外来因素影响，产教融合也开始更多借鉴西方模式，并与本土实际状况结合，致力于提高质量。1990 年，全国首次教育与生产劳动相结合（主题合作教育）会议在深圳大学召开。1992 年，中共十四大召开后，《中国教育改革和发展纲要》《中华人民共和国高等教育法》《面向 21 世纪教育振兴行动计划》这些文件的出台都为高等教育加快发展脚步提供了良好的政策土壤，产教融合也迈上新的台阶。高等教育办学自主权的下放，更多的民间社会力量涌入高等教育领域，多元化办学体制逐步形成。在这一过程中，产教融合的优势也不断显现，校企双方经过资源整合，人才培养质量有了较大提升。

3.1.2.4　全面发展期

进入 21 世纪，工程教育对经济产业发展影响不断深入，“211 工程”及“985 工程”的实施使得高校对社会经济贡献不断彰显，一大批先进科研成果转化为现实生产力，极大地提升了高校发展产学研合作的积极性。2004 年，教育部启动“高等学校教学质量和教学改革工程”，提出今后工作重点是培养大批应用型技术人才，这就表明要深化产教融合，职业教育应当以学生未来就业为主要办学准则。在有关教育部门的热情支持下，一大批行业企业与职业院校对接，为职业院校提供教学设备、师资培训，大大促进了职业院校育人模式的改革。在高等教育领域，高校参与产教融合成果不仅彰显于培养模式的变化，还极大地推动了国家创新体系建设，通过创办大学科技园，孵化科技企业，大大加快了新兴技术产业的发展。除此之外，“回归工程”运动、“大工程观”教育理念以及 CDIO 工程教育改革都驱使着工程教育走向产教深度融合之路。2010 年，卓越工程师教育培养计划的开展，明确了产教融合在高等教育领域的突出地位。基于此，产教融合、校企合作协同育人越来越得到教育界与产业界有识之士的重视，各项发展举措不断出台，极大地推动了全国范围内产教融合的发展，从实习基地建设延伸到共同制定培养方案、共同编制课程教材等深层活动。

3.2　我国工程教育产教融合实施措施

3.2.1　国务院办公厅关于深化产教融合的若干意见

进入新世纪以来，我国教育事业蓬勃发展，为社会主义现代化建设培养输送了大批高素质人才，为加快发展壮大现代产业体系做出了重大贡献。但同时，受体制机制等多种因素影响，人才培养供给侧和产业需求侧在结构、质量、水平上还不能完全适应，“两张皮”

问题仍然存在。深化产教融合，促进教育链、人才链与产业链、创新链有机衔接，是当前推进人力资源供给侧结构性改革的迫切要求，对新形势下全面提高教育质量、扩大就业创业、推进经济转型升级、培育经济发展新动能具有重要意义。为贯彻落实党的十九大精神，深化产教融合，全面提升人力资源质量，经国务院同意，现提出以下意见。

3.2.1.1 总体要求

（1）指导思想。

全面贯彻党的十九大精神，坚持以习近平新时代中国特色社会主义思想为指导，紧紧围绕统筹推进“五位一体”总体布局和协调推进“四个全面”战略布局，坚持以人民为中心，坚持新发展理念，认真落实党中央、国务院关于教育综合改革的决策部署，深化职业教育、高等教育等改革，发挥企业重要主体作用，促进人才培养供给侧和产业需求侧结构要素全方位融合，培养大批高素质创新人才和技术技能人才，为加快建设实体经济、科技创新、现代金融、人力资源协同发展的产业体系，增强产业核心竞争力，汇聚发展新动能提供有力支撑。

（2）原则和目标。

统筹协调，共同推进。将产教融合作为促进经济社会协调发展的重要举措，融入经济转型升级各环节，贯穿人才开发全过程，形成政府、企业、学校、行业、社会协同推进的工作格局。

服务需求，优化结构。面向产业和区域发展需求，完善教育资源布局，加快人才培养结构调整，创新教育组织形态，促进教育和产业联动发展。

校企协同，合作育人。充分调动企业参与产教融合的积极性和主动性，强化政策引导，鼓励先行先试，促进供需对接和流程再造，构建校企合作长效机制。

深化产教融合的主要目标是，逐步提高行业企业参与办学程度，健全多元化办学体制，全面推行校企协同育人，用十年左右时间，教育和产业统筹融合、良性互动的发展格局总体形成，需求导向的人才培养模式健全完善，人才教育供给与产业需求重大结构性矛盾基本解决，职业教育、高等教育对经济发展和产业升级的贡献显著增强。

3.2.1.2 构建教育和产业统筹融合发展格局

（1）同步规划产教融合与经济社会发展。

制定实施经济社会发展规划，以及区域发展、产业发展、城市建设和重大生产力布局规划，要明确产教融合发展要求，将教育优先、人才先行融入各项政策。结合实施创新驱动发展、新型城镇化、制造强国战略，统筹优化教育和产业结构，同步规划产教融合发展政策措施、支持方式、实现途径和重大项目。

（2）统筹职业教育与区域发展布局。

按照国家区域发展总体战略和主体功能区规划，优化职业教育布局，引导职业教育资源逐步向产业和人口集聚区集中。面向脱贫攻坚主战场，积极推进贫困地区学生到城市优质职业学校就学。加强东部对口西部、城市支援农村职业教育扶贫。支持中部打造全国重要的先进制造业职业教育基地。支持东北等老工业基地振兴发展急需的职业教育。加强京津冀、长江经济带城市间协同合作，引导各地结合区域功能、产业特点探索差别化职业教育发展路径。

（3）促进高等教育融入国家创新体系和新型城镇化建设。

完善世界一流大学和一流学科建设推进机制，注重发挥对国家和区域创新中心发展的支撑引领作用。健全高等学校与行业骨干企业、中小微创业型企业紧密协同的创新生态系统，增强创新中心集聚人才资源、牵引产业升级能力。适应以城市群为主体的新型城镇化发展，合理布局高等教育资源，增强中小城市产业承载和创新能力，构建梯次有序、功能互补、资源共享、合作紧密的产教融合网络。

（4）推动学科专业建设与产业转型升级相适应。

建立紧密对接产业链、创新链的学科专业体系。大力发展现代农业、智能制造、高端装备、新一代信息技术、生物医药、节能环保、新能源、新材料以及研发设计、数字创意、现代交通运输、高效物流、融资租赁、电子商务、服务外包等产业急需紧缺学科专业。积极支持家政、健康、养老、文化、旅游等社会领域专业发展，推进标准化、规范化、品牌化建设。加强智慧城市、智能建筑等城市可持续发展能力相关专业建设。大力支持集成电路、航空发动机及燃气轮机、网络安全、人工智能等事关国家战略、国家安全等学科专业建设。适应新一轮科技革命和产业变革及新经济发展，促进学科专业交叉融合，加快推进新工科建设。

（5）健全需求导向的人才培养结构调整机制。

加快推进教育“放管服”改革，注重发挥市场机制配置非基本公共教育资源作用，强化就业市场对人才供给的有效调节。进一步完善高校毕业生就业质量年度报告发布制度，注重发挥行业组织人才需求预测、用人单位职业能力评价作用，把市场供求比例、就业质量作为学校设置调整学科专业、确定培养规模的重要依据。新增研究生招生计划向承担国家重大战略任务、积极推行校企协同育人的高校和学科倾斜。严格实行专业预警和退出机制，引导学校对设置雷同、就业连续不达标专业，及时调减或停止招生。

3.2.1.3　强化企业重要主体作用

（1）拓宽企业参与途径。

鼓励企业以独资、合资、合作等方式依法参与举办职业教育、高等教育。坚持准入条件透明化、审批范围最小化，细化标准、简化流程、优化服务，改进办学准入条件和审批环节。通过购买服务、委托管理等，支持企业参与公办职业学校办学。鼓励有条件的地区探索推进职业学校股份制、混合所有制改革，允许企业以资本、技术、管理等要素依法参与办学并享有相应权利。

（2）深化“引企入教”改革。

支持引导企业深度参与职业学校、高等学校教育教学改革，多种方式参与学校专业规划、教材开发、教学设计、课程设置、实习实训，促进企业需求融入人才培养环节。推行面向企业真实生产环境的任务式培养模式。职业学校新设专业原则上应有相关行业企业参与。鼓励企业依托或联合职业学校、高等学校设立产业学院和企业工作室、实验室、创新基地、实践基地。

（3）开展生产性实习实训。

健全学生到企业实习实训制度。鼓励以引企驻校、引校进企、校企一体等方式，吸引优势企业与学校共建共享生产性实训基地。支持各地依托学校建设行业或区域性实训基地，带动中小微企业参与校企合作。通过探索购买服务、落实税收政策等方式，鼓励企业直接接收学生实习实训。推进实习实训规范化，保障学生享有获得合理报酬等合法权益。

（4）以企业为主体推进协同创新和成果转化。

支持企业、学校、科研院所围绕产业关键技术、核心工艺和共性问题开展协同创新，加快基础研究成果向产业技术转化。引导高校将企业生产一线实际需求作为工程技术研究选题的重要来源。完善财政科技计划管理，高校、科研机构牵头申请的应用型、工程技术研究项目原则上应有行业企业参与并制订成果转化方案。完善高校科研后评价体系，将成果转化作为项目和人才评价重要内容。继续加强企业技术中心和高校技术创新平台建设，鼓励企业和高校共建产业技术实验室、中试和工程化基地。利用产业投资基金支持高校创新成果和核心技术产业化。

（5）强化企业职工在岗教育培训。

落实企业职工培训制度，足额提取教育培训经费，确保教育培训经费60%以上用于一线职工。创新教育培训方式，鼓励企业向职业学校、高等学校和培训机构购买培训服务。鼓励有条件的企业开展职工技能竞赛，对参加培训提升技能等级的职工予以奖励或补贴。支持企业一线骨干技术人员技能提升，加强产能严重过剩行业转岗就业人员再就业培训。将不按规定提取使用教育培训经费并拒不改正的行为记入企业信用记录。

（6）发挥骨干企业引领作用。

鼓励区域、行业骨干企业联合职业学校、高等学校共同组建产教融合集团（联盟），带动中小企业参与，推进实体化运作。注重发挥国有企业特别是中央企业示范带头作用，支持各类企业依法参与校企合作。结合推进国有企业改革，支持有条件的国有企业继续办好做强职业学校。

3.2.1.4 推进产教融合人才培养改革

（1）将工匠精神培育融入基础教育。

将动手实践内容纳入中小学相关课程和学生综合素质评价。加强学校劳动教育，开展生产实践体验，支持学校聘请劳动模范和高技能人才兼职授课。组织开展“大国工匠进校园”活动。鼓励有条件的普通中学开设职业类选修课程，鼓励职业学校实训基地向普通中学开放。鼓励有条件的地方在大型企业、产业园区周边试点建设普职融通的综合高中。

（2）推进产教协同育人。

坚持职业教育校企合作、工学结合的办学制度，推进职业学校和企业联盟、与行业联合、同园区联结。大力发展校企双制、工学一体的技工教育。深化全日制职业学校办学体制改革，在技术性、实践性较强的专业，全面推行现代学徒制和企业新型学徒制，推动学校招生与企业招工相衔接，校企育人“双重主体”，学生学徒“双重身份”，学校、企业和学生三方权利义务关系明晰。实践性教学课时不少于总课时的 50%。

健全高等教育学术人才和应用人才分类培养体系，提高应用型人才培养比重。推动高水平大学加强创新创业人才培养，为学生提供多样化成长路径。大力支持应用型本科和行业特色类高校建设，紧密围绕产业需求，强化实践教学，完善以应用型人才为主的培养体系。推进专业学位研究生产学结合培养模式改革，增强复合型人才培养能力。

（3）加强产教融合师资队伍建设。

支持企业技术和管理人才到学校任教，鼓励有条件的地方探索产业教师（导师）特设岗位计划。探索符合职业教育和应用型高校特点的教师资格标准和专业技术职务（职称）评聘办法。允许职业学校和高等学校依法依规自主聘请兼职教师和确定兼职报酬。推动职业学校、应用型本科高校与大中型企业合作建设“双师型”教师培养培训基地。完善职业学校和高等学校教师实践假期制度，支持在职教师定期到企业实践锻炼。

（4）完善考试招生配套改革。

加快高等职业学校分类招考，完善“文化素质 + 职业技能”评价方式。适度提高高等学校招收职业教育毕业生比例，建立复合型、创新型技术技能人才系统培养制度。逐步提高高等学校招收有工作实践经历人员的比例。

（5）加快学校治理结构改革。

建立健全职业学校和高等学校理事会制度，鼓励引入行业企业、科研院所、社会组织等多方参与。推动学校优化内部治理，充分体现一线教学科研机构自主权，积极发展跨学科、跨专业教学和科研组织。

（6）创新教育培训服务供给。

鼓励教育培训机构、行业企业联合开发优质教育资源，大力支持“互联网 + 教育培训”发展。支持有条件的社会组织整合校企资源，开发立体化、可选择的产业技术课程和职业培训包。推动探索高校和行业企业课程学分转换互认，允许和鼓励高校向行业企业和社会培训机构购买创新创业、前沿技术课程和教学服务。

3.2.1.5　促进产教供需双向对接

（1）强化行业协调指导。

行业主管部门要加强引导，通过职能转移、授权委托等方式，积极支持行业组织制订深化产教融合工作计划，开展人才需求预测、校企合作对接、教育教学指导、职业技能鉴定等服务。

（2）规范发展市场服务组织。

鼓励地方政府、行业企业、学校通过购买服务、合作设立等方式，积极培育市场导向、对接供需、精准服务、规范运作的产教融合服务组织（企业）。支持利用市场合作和产业分工，提供专业化服务，构建校企利益共同体，形成稳定互惠的合作机制，促进校企紧密联结。

（3）打造信息服务平台。

鼓励运用云计算、大数据等信息技术，建设市场化、专业化、开放共享的产教融合信息服务平台。依托平台汇聚区域和行业人才供需、校企合作、项目研发、技术服务等各类供求信息，向各类主体提供精准化产教融合信息发布、检索、推荐和相关增值服务。

（4）健全社会第三方评价。

积极支持社会第三方机构开展产教融合效能评价，健全统计评价体系。强化监测评价结果运用，作为绩效考核、投入引导、试点开展、表彰激励的重要依据。

3.2.1.6 完善政策支持体系

（1）实施产教融合发展工程。

“十三五”期间，支持一批中高等职业学校加强校企合作，共建共享技术技能实训设施。开展高水平应用型本科高校建设试点，加强产教融合实训环境、平台和载体建设。支持中西部普通本科高校面向产业需求，重点强化实践教学环节建设。支持世界一流大学和一流学科建设高校加强学科、人才、科研与产业互动，推进合作育人、协同创新和成果转化。

（2）落实财税用地等政策。

优化政府投入，完善体现职业学校、应用型高校和行业特色类专业办学特点和成本的职业教育、高等教育拨款机制。职业学校、高等学校科研人员依法取得的科技成果转化奖励收入不纳入绩效工资，不纳入单位工资总额基数。各级财政、税务部门要把深化产教融合作为落实结构性减税政策，推进降成本、补短板的重要举措，落实社会力量举办教育有关财税政策，积极支持职业教育发展和企业参与办学。企业投资或与政府合作建设职业学校、高等学校的建设用地，按科教用地管理，符合《划拨用地目录》的，可通过划拨方式供地，鼓励企业自愿以出让、租赁方式取得土地。

（3）强化金融支持。

鼓励金融机构按照风险可控、商业可持续原则支持产教融合项目。利用中国政企合作投资基金和国际金融组织、外国政府贷款，积极支持符合条件的产教融合项目建设。遵循相关程序、规则和章程，推动亚洲基础设施投资银行、丝路基金在业务领域内将“一带一路”职业教育项目纳入支持范围。引导银行业金融机构创新服务模式，开发适合产教融合项目特点的多元化融资品种，做好政府和社会资本合作模式的配套金融服务。积极支持符合条件的企业在资本市场进行股权融资，发行标准化债权产品，加大产教融合实训基地项目投资。加快发展学生实习责任保险和人身意外伤害保险，鼓励保险公司对现代学徒制、企业新型学徒制保险专门确定费率。

（4）开展产教融合建设试点。

根据国家区域发展战略和产业布局，支持若干有较强代表性、影响力和改革意愿的城市、行业、企业开展试点。在认真总结试点经验基础上，鼓励第三方开展产教融合型城市和企业建设评价，完善支持激励政策。

（5）加强国际交流合作。

鼓励职业学校、高等学校引进海外高层次人才和优质教育资源，开发符合国情、国际开放的校企合作培养人才和协同创新模式。探索构建应用技术教育创新国际合作网络，推动一批中外院校和企业结对联合培养国际化应用型人才。鼓励职业教育、高等教育参与配合“一带一路”建设和国际产能合作。

3.2.1.7 组织实施

（1）强化工作协调。

加强组织领导，建立发展改革、教育、人力资源社会保障、财政、工业和信息化等部门密切配合，有关行业主管部门、国有资产监督管理部门积极参与的工作协调机制，加强协同联动，推进工作落实。各省级人民政府要结合本地实际制定具体实施办法。

（2）营造良好环境。

做好宣传动员和舆论引导，加快收入分配、企业用人制度以及学校编制、教学科研管理等配套改革，引导形成学校主动服务经济社会发展、企业重视“投资于人”的普遍共识，积极营造全社会充分理解、积极支持、主动参与产教融合的良好氛围。

3.2.2 卓越工程师教育培养计划的开展

2010 年 6 月，“卓越工程师教育培养计划”（以下简称“卓计划”）启动会在天津大学举办，该计划为期 10 年，以改革人才培养模式为核心，重点面向工科本科生及研究生，培养具有优秀的革新能力、能够满足社会及行业产业发展的高标准的优秀工程人才。“卓计划”的提出背景是创新型国家发展战略的发布，主要目的是强化工程教育与工业界的联系，为国家的创新发展提供强大的人才后备军，为建设中国特色工业化道路提供支持。“卓计划”中一项工作重点就是构建行业督导、校企联合的卓越工程师教育培养计划开展制度，完善卓越工程师教育培养计划校企联合育人机制，包括育人目的的确定、课程结构的安排布局以及教学内容的选择、联合进行人才培养、联合评测培养质量。除此之外，“卓计划”还提出对参与产教融合的企业制定相应的优惠鼓励政策。

“卓计划”自 2010 年发展至今，全国有 218 所高校加入，上千个本科及研究生学科专业加入“卓计划”。各高校在充分明确办学定位的基础上，人才培养效果显著。西安电子科技大学首创的国防生“卓越计划”培养模式成为国内高校开展“卓计划”的优秀典型，受到了教育部和相关部门的一致好评，其发展经验也在全国范围内推广开来。该校凭借其电子信息科学特色，与国内外大型企业如华为、中兴、IBM 等签署双边协议，共建联合实验室及工程实践教育中心。2018 年 10 月，《关于加快建设发展新工科实施卓越工程师教育培养计划 2.0 的意见》的出台将工程教育改革提升到国家发展战略高度，并要求开展国家层面的“大学生实习条例”立法工作，推进实行针对工科学生实习的“百万计划”。可以预见，随着“卓计划 2.0”的出台，将会带动产教融合各项保障机制的进步与完善。

3.2.3 产教融合发展工程的实施

产教融合发展工程于 2016 年由中央及地方政府共同组织开展实施，其目的是要大幅度提高职业教育为学生未来发展服务、为国民经济社会发展服务的能力，建设更具现代化的职业教育体系。与“卓计划”不同的是，产教融合发展工程重点面向中等职业学校（含技工学校）、高等职业院校和应用型本科高校。这些高校以开展职业教育为主要任务，致力于培养应用技术型人才。如此一来，“卓计划”与产教融合发展工程并驾齐驱，创新人才与应用人才分类培养，人才结构也更加趋于合理，既能够满足不同行业的人才需求，也符合新工科的建设逻辑。

在产教融合发展工程中，应用型本科高校成为发力重点。这类院校多由若干个专科学校合并组建而成，发展上正处于由职业教育向普通高等教育的转型过渡期。应用型本科高校要想转型成功，形成自身独有的办学特色，更需要产教融合的加持。湖南理工学院原本是由岳阳师范高等专科学校、岳阳大学及岳阳教育学院三所专科院校合并组建而成，“十三五”后被列入产教融合发展工程建设院校。该校在发展中坚持走深化产教融合的道路，取得了骄人的成绩。教育教学方面，开展 8 项教育部“产学合作专业综合改革”项目；科研及社会服务方面，建立省级普通高校产学研示范基地 3 个。应用型本科高校的发展离不开地方政府的支持，因此该校与地方政府签订合作框架协议，所培养的应用型人才主要服务本地经济发展。这也表明，应用型本科高校转型成功的关键在于坚持发展产教融合，这样才可以在同质化严重的办学模式中凝练出特色。

3.2.4 产学合作协同育人项目的落地

产学合作协同育人项目是由教育部推动，2014 年起开展施行，目的在于以企业需求的变化促使高等教育改革人才培养模式，提高人才培养质量。通过高校与企业共同开展合作项目的方式，搭建产学发展平台，促进校企双方深入对话。诸多实践表明，人才培养模式改革必须结合社会需要，高等工程教育更不例外。之所以说产教融合发展潜力巨大，是因为无论从数量规模还是内容建设上都呈现出良好的发展态势。数量上，该项目参与企业在 2014 年只有 20 多家，5 年过去，数量增长了 10 倍之多。项目数也从 700 多个增长到 11000 多个。内容上，项目涵盖范围不断扩大，最初只有两种项目，即专业综合改革和大学生创新创业基金，划分较为笼统，高校和企业可选择的内容十分有限。到现在，产学合作项目共有 8 种，涉及人才培养的方方面面，同时还增加了新工科专题研究。主要包括课程教学改革、新工科建设、实践教学内容改革、创新创业教育改革等。项目范围的扩大为更多高校和企业提供了选择空间，也有利于校企双方更深入细致地展开合作。为促进产学合作协同育人项目可持续进行，教育部联合重点高校设立专家组，开展项目的咨询、审议、指导工作。

在 2018 年教育部产学合作协同育人项目对接会上，一大批新型合作育人项目确立，也有一大批项目已经完成，并进行总结。不少企业由于贡献突出被授予优秀合作伙伴的荣誉称号，如腾讯、华为、百度、中软国际等，也有部分高校获得了优秀组织奖，用以表彰其在产学合作过程中做出的努力，如湖北工业大学、西安科技大学等，这也吸引和鼓励着更多的高校和企业申报产学合作项目。工程教育强国之梦的实现需要脚踏实地地走好发展的每一步，高等教育普及化已经指日可待，高等工程教育在一定程度上引领着经济发展的新方向，这也是判断新工科建设成效的主要标准。鉴于此，高校和企业有必要联合起来，整合优势资源，加快工程教育改革的步伐。

3.3　我国工程教育校企协同育人面临的挑战和思考

3.3.1　新时期校企协同育人面临的挑战

3.3.1.1　学科专业建设与产业转型升级的适应度

工程教育的发展与国民经济建设息息相关，因此其学科专业的建设发展也反映着当前产业发展的需求与规模。目前，大数据、云计算、人工智能等新兴产业层出不穷，势必要引起工科专业结构的调整。新工科建设行动路线中就指出，到 2020 年直接面向新经济的新兴工科专业比例要达到 50% 以上。这也意味着传统的学科专业面临被撤销的风险。从教育部公布的《2017 年度普通高等学校本科专业备案和审批结果》中可以看到，采矿工程、应用物理学、应用化学等传统专业都在被撤销之列。专业的设置和调整是根据毕业生就业率等指标来衡量的，用人单位的需求反馈也是影响专业调整的主要因素之一。产业的转型升级影响着企业的发展方向，企业的发展战略规划和人力资源需求对高校专业建设也产生了作用。因此，提高学科专业建设与产业转型升级的适应度，是新工科建设的重点，也是校企协同育人发展的意义所在。

3.3.1.2　企业与高校育人双主体的融合度

育人的双主体性是校企协同这一育人模式的主要特征。在以往，校企合作都是以高校为主体或者以企业为主体开展育人活动，另一方则处于附属地位，而处于附属地位的往往是企业。这就导致了校企协同“两张皮”的情况出现，由于企业处于附属地位，主体性得不到有效发挥，对校企协同的合作意愿自然也就减少了。因此，提高企业与高校的融合度是深化校企协同发展成果的重要前提，也是培养新工科人才的必要措施。在《国务院办公厅关于深化产教融合的若干意见》中，将强化企业重要主体作用摆在了显著位置。充分表明企业的参与程度直接影响着校企协同的质量。因此，要加强高校与企业的融合度，首先要转变观念，认识到企业在人才培养过程中不可或缺的重要作用，引导企业参与到课程与教材的编订、学时的分配、教学方法的选择等过程中，实现真正意义上的校企协同。

3.3.1.3　政府宏观调控的力度和行业协会的监管度

教育的政治功能决定了我国教育事业的发展离不开政府的支持和引导，在高等教育大众化和市场经济不断发展的今天，政府也逐步放权，鼓励高校自主办学。但是要统筹高校和企业共同参与人才培养活动，政府作为宏观调控者这一角色必不可少。从《国务院办公厅关于深化产教融合的若干意见》到《职业学校校企合作促进办法》，都体现着政府推进产教融合的意志，通过政策、金融支持等方式，为校企协同提供有力保障。校企协同作为一种独特的育人模式，其发展成效如何，需要第三方组织来进行评价。行业协会在监管和指导企业行为之外，也应该对校企协同的成果进行合理评价，以此来确定产教融合发展过程中的问题所在。可以确定的是，在产教融合更加深入发展的大趋势下，政府、教育主管部门以及行业协会的作用也应当得到彰显，校企协同是一项系统工程，除了高校和企业之外的第三方力量的加入对其发展是十分有益的。

3.3.2 国外校企合作模式对我国的启示及思考

3.3.2.1 国外校企合作模式的经验总结

（1）校企合作模式，依据所处国家的环境而形成发展。

受中东石油危机和战后资本主义世界的经济危机大幅蔓延的影响，劳动力市场供求关系“人力供不应求”转为“人力供过于求”，供求关系发生了根本性变化。德国“双元制”模式孕育而生。高层次的实践性、应用型人才越来越符合市场的需要，因此德国模式务实性强，以共同培养高质量的职业技术人才为轴心进行其他方面的合作。美国校企合作的历史较长，由于时代背景的变化、社会经济的发展等原因，涌现出多种各具特色的校企合作模式，美国“合作教育”模式求全求大，形式多样，这与其在国际上所处的政治经济地位有密切的关系。日本模式视产学研合作教育为基本国策，并将其制度化和规范化。我国校企合作与国外相比，产学研合作在深度和广度上都存在着差距。2008 年次贷金融危机后，中国提高了国际事务中的话语权，中国特色社会主义既突破了传统计划经济的框架，又不盲目地照搬西方模式。我国应从人口问题、就业问题、教育体系不够健全、法制不够完善等这些社会问题的基本国情出发，加大对产学研合作教育的认识，提升人才培养的质量。

（2）立法保障与社会民间团体共同参与形成合力。

德国“双元制”是在国家立法和行业协会双重保障下产生的一种办学制度。德国是一个法制比较健全的国家，同时又有众多政府部门、职业教育机构、行业协会和企业的参与。美国政府曾经对合作教育立法拨款，对合作教育的发展起到了巨大的推动作用。由于合作教育的特点，学生在不同的环境下学习，也会涉及人身安全、医疗保险等问题，法律是保障这些问题得以解决的关键；同时三方签订相应的合同书，作为对相互的约束和担保，使得合作教育计划顺畅执行。

日本政府视产学研合作教育为基本国策，并将其制度化。日本政府在 20 世纪 90 年代后进一步加大对产学研合作的推动力度。同时在日本有许多与学术相关的公益法人，它们是通过在民间集资而设立的财团法人和学会法人，其共同的目的是振兴学术研究。而我国的校企合作还停留在口头上、宣传上，并没有明确的条目对企业减免税收、提供经费等。并且我国校企合作受政府重视比较晚，需要一些具体的政策支持和制度保障，要形成法律条文来保障合作顺利展开。

（3）以企业为主、企业需求为导向的合作模式。

德国的“双元制”最明显的特点是学校与企业合作，共同参与学生的培训。企业在经费、设备投入、师资配备、业务参与等方面，发挥着主体作用。我国相对于美国的合作教育来说，首先是对校企合作的认识不够，突出的表现在：理论与实践教学孤立式结合；追求短期的利益；重技能、轻理论等。以企业为主体的产学研合作是日本创新体系的重要特点，在人才培养和交流方面，企业提供经费、场所和课题，帮助进入企业实习的研究生完成整个学业。与此同时，日本的一些大学经常举办产学研沙龙，以促进产学研之间的沟通与交流；企业技术人员也可到大学研修甚至任教。而目前中国基本上是学校方一厢情愿，企业方却缺乏合作的动力和愿望。这样的状况下，难以获得充足的资金来源，缺乏实训的基地、培训的师傅、就业的机会等。

3.3.2.2 对我国校企协同育人的思考

当前我国的校企协同发展还面临不少瓶颈和制约因素，比如教育人才培养和产业需求存在着“两张皮”问题，主要表现为宏观层面，教育和产业统筹融合、良性互动格局尚未根本确立。一些地方发展“见物不见人”，教育资源规划布局、人才培养层次、类型与产业布局和发展需求不相适应，技工、高技能人才求人倍率居高不下，部分高校毕业生就业压力持续增大，人才供需结构性矛盾凸显。微观层面，校企协同、实践育人的人才培养模式尚未根本形成，校企合作“学校热、企业冷”，处于浅层次、自发式、松散型、低水平状态。企业参与办学积极性不高，课程内容与职业标准、教学过程与生产过程相对脱节，“重理论、轻实践”问题普遍存在。政策层面，缺乏促进产教融合、校企合作的整体性、系统性政策供给，激励保障服务还不到位，政府、企业、学校、行业、社会各负其责、协同共进的发展格局尚未健全。

校企协同的核心是要让行业企业成为重要办学主体，这是深化教育供给侧结构性改革的重大举措，既涉及宏观的教育布局和结构，又涉及人才培养模式改革，还事关教育组织形态和服务供给多元化，是完善现代办学体制和教育治理体系的一项制度创新。国务院办公厅在制定《国务院办公厅关于深化产教融合的若干意见》过程中，紧紧把握贯彻新发展理念，推进人才和人力资源供给侧结构性改革的要求，按照党中央、国务院的决策部署，将深化人才发展体制机制改革和推进供给侧结构性改革结合起来统筹推进。同时，将落脚点放在提高教育质量，优化服务供给，切实解决人才供需“两张皮”的现实问题上，推动教育与经济社会发展相协调，促进就业创业，引领和支撑产业转型升级。

坚持问题导向，重点聚焦与就业市场、企业需求、创新创业直接相连的职业教育、高等教育，重点聚焦调动企业参与积极性，发挥企业重要主体作用，形成政府、企业、学校、行业、社会协同参与的工作格局，着力构建产教融合一揽子政策体系。宏观上，发挥好政府统筹作用，同步规划产教融合和经济社会发展，优化职业教育、高等教育布局结构，促进教育和产业联动发展。微观上，促进人才供需两端相向发力，引导产业需求融入人才供给，促进产教融合供需对接，支持校企协同开展人才培养和科技创新。政策上，着力完善体系，综合运用投资、财税、用地、金融和试点，形成激励保障协同支持，强化组织实施。

第4章　电子类专业科技创新人才培养模式探索

4.1　电子类专业科技创新教育概况

4.1.1　电子类专业科技创新教育面临挑战

2012 年 3 月，教育部出台了《教育信息化十年发展规划（2011—2020）》，明确提出了推动信息技术与高等教育深度融合，创新人才培养模式的要求，利用信息技术开展启发式、探究式、讨论式、参与式教学，鼓励发展性评价，探索建立以学习者为中心的教学新模式，倡导网络校际协作学习，提高信息化教学水平。2017 年 7 月，教育部下发《关于 2017—2020 年开展示范性虚拟仿真实验教学项目建设的通知》，指出以现代信息技术为依托，以相关专业类急需的实验教学信息化内容为指向，建设示范性虚拟仿真实验教学项目，推动高校积极探索线上线下教学相结合的个性化、智能化、泛在化实验教学新模式。

随着电子信息技术的发展和“互联网 +”技术的应用，新工科建设和工程专业认证，促使基于教育信息化的实践教学改革不断深化，需要不断更新教学资源和教学模式。传统的电子类专业实践教学存在以下问题：

（1）现有实验教学与管理滞后于信息技术发展，实践教学模式单一、教学效率低下，难以适应新技术的发展需要。

（2）实践教学内容围绕理论知识点设立，很少超越书本，脱离工程实际，学生分析研究空间不足，不利于多学科交叉复合型人才培养需要。

（3）创新实践环境和资源开放共享机制滞后匮乏，忽视能力培养和达成，难以满足学生自主研学和创新实验设计的需求。

杭州电子科技大学作为一所以电子信息为特色的高等院校，肩负着为国家培养电子信息高层次人才的重任，必须面对信息技术日新月异带来的挑战，在实践教学模式和教学手段上进行探索与创新。本书以培养学生科技创新能力为目标，从课程改革入手，依托信息化技术，重构教学环境；通过构建“线上线下混合、课内课外融合、理论实践结合”的育人模式，结合开放共享网络课程教学、校企共建实践基地、动态更新实践项目库等资源建设，形成培养目标引领，育人模式配套，优质资源支撑的实践育人体系。

4.1.2　电子类专业科技创新教育现状

21 世纪是电子信息的世纪，以集成电路发展为原动力，嵌入式系统、计算机技术、工业控制等信息技术领域蓬勃发展；作为这一领域的专业核心课程——“数字电子技术”系列课程，其地位和重要性也被推到了前所未有的高度，也对这一系列课程的教学内容提出了极大的挑战。然而，国内众多高校该系列课程教学内容难以适应信息技术的发展需要。

（1）人才培养成本增大，软硬件资源欠缺：随着电子信息技术不断朝高频化和微型化发展，电子系统设计辅助仪器软硬件设备也朝着精密化和复杂化演变，成本骤然提高，高校在有限教育经费下只能购买一定数量的仪器设备。传统实验方式下，学生对高精度、高复杂度的软硬件接触机会有限，必须在实验方式上进行革新。

（2）MOOC(Massive Open Online Course) 等网络化教学模式的兴起，向传统课堂教学模式发起了挑战，各大高校都开始开放式网络教学的探索与研究。与之相对应的实践模式和手段也必须进行创新，虚拟仿真平台是基于互联网的实验教学、技术交流、共同研究和协同工作平台，能够与 MOOC 等网络化教学方式有机结合。

（3）在国防、军工、化工、能源等领域涉及高危或极端环境、不可及或不可逆操作、高成本、高消耗和大型系统中，学生鲜有机会进行系统检测、控制等工业自动化方面的实验设计，如何借助信息化技术进行远程实验或仿真实验已成为高校进行实践教学必不可少的选择。

本书围绕“实践教学理论研究”“创新型人才培养体系”“三元融合实践教学模式创建”“开放式远程实验教学平台建设”“高阶性和创新性实验项目开发”等五类实践教学资源进行建设。通过项目实施，能够提升电子类专业学生的知识完整性和实践能力，工作方式的创新性，工作过程的协作性，培养具有较强实践创新能力的电子信息人才，从而提高学生的职业选择性和就业竞争力，为人才培养探索新途径。同时，通过项目实施，以点带面，引领各地各校围绕教育现代化建设热点和难点问题，探索基于技术的教育教学融合创新，推动智慧教育上新台阶，支撑和引领教育现代化。

4.2　电子类专业科技创新教育改革目标及举措

4.2.1　电子类专业科技创新教育改革目标

电子类专业科技创新教育研究依托杭州电子科技大学电子信息技术国家级虚拟仿真实验教学中心和电工电子国家级实验教学示范中心，紧跟学科发展、对接行业需求，以实践项目为载体，以任务和要求为驱动，以培养学生解决实际工程问题为目标，重构了适应新技术发展的电子类专业科技创新人才培养体系。借助信息化技术，重构实践教学环境，以满足电子类专业“高阶性、创新性、挑战度”实验教学和学生“泛在化”学习需要。

电子类专业科技创新教育改革目标如图 4–1 所示，团队教师在“跟踪学科发展、对接行业需求”的育人理念指导下，以综合性实践项目为载体，实践教学紧跟学科前沿、对接行业需求、注重学科交叉融合，通过信息化实践教学资源建设，落实产出导向教学理念，推进创新型人才培养模式和机制改革。通过研究将进一步提升国家级实验教学中心的实践教学能力，更好地服务于省属高校电子信息类本科学生的工程创新能力的培养目标。通过项目实施，以点带面，引领各地各校围绕教育现代化建设热点和难点问题，探索基于技术的教育教学融合创新，推动高新智慧教育上新台阶，支撑和引领教育现代化。

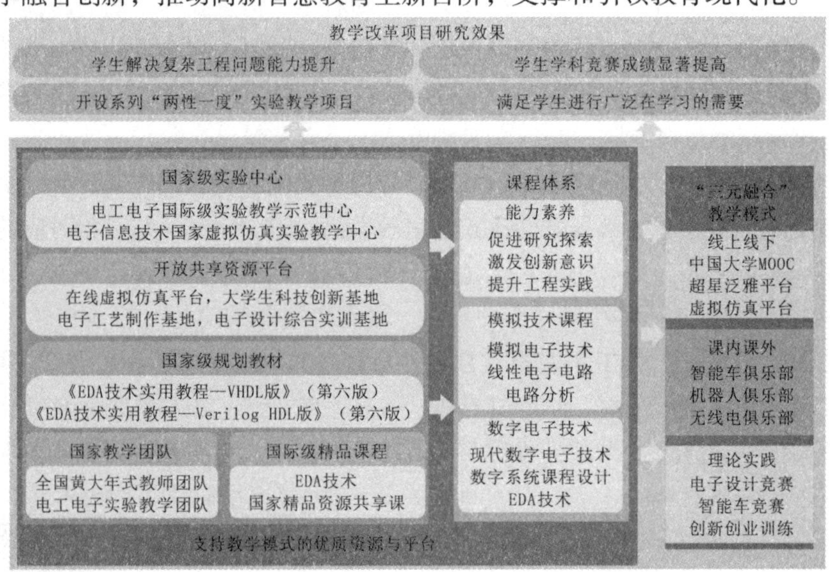

图4-1　电子类专业科技创新教育改革目标

（1）解决如何让信息技术深度融合，渗透到创新型人才培养实践教学环节。

教学团队积极探索将信息技术运用到实践教学的实施过程，通过在中国大学MOOC和超星泛雅网络教学平台上开设数字电子技术系列课程，在虚拟仿真实验教学平台上开放共享实验教学项目等，满足学生随时获取课程教学资源的需要，实现了线上线下混合式教学；依托智能车俱乐部、机器人俱乐部、无线电俱乐部等大学生科技创新基地，延伸了实践教学的时间和空间，实现了课内实验与课外实践环节的融合；通过组织学生积极参与国家、省、校以及院级等学科竞赛，参与国家、省、校以及院级等创新创业训练计划，使学生将掌握的理论知识更好地应用到创新实践中，实现了理论课程教学和实践教学的融合。

（2）实践教学与科学研究紧密结合，着力培养学生工程实践创新能力。

针对传统实践教学的局限性，团队教师将跟踪学科发展，以培养多学科交叉复合型人才为出发点，结合科学研究和行业需求，精心设计系列“高阶性、创新性、挑战度”实验项目，并采用持续动态更新的模式完成实践项目库的建设，着力培养学生的工程实践创新能力。

（3）开放式远程实验教学平台助推实验教学改革，满足学生泛在学习需要。

借助信息化技术，重构实践教学环节，通过建设三相异步电机和三相交流电机等系列远程控制虚拟实验平台，有效地拓展了教学的时空领域，学生可随时随地在线预约实验，开

展电子类实验设计、测试、研究等工作。同时，远程控制实验平台配置了高清摄像机、拾音设备，让远程学习者有身临其境的体验，了解实验过程细节及实验结果，满足泛在学习需要。

4.2.2　电子信息工程专业人才培养方案

4.2.2.1　培养目标

本专业培养适应经济建设和社会科技发展需要的，具有国际视野、良好的科学素养和职业道德，在电子信息相关领域从事科学研究、工程技术开发、生产管理与行政管理等工作的高素质专门人才。

电子信息工程专业期待毕业生五年以后达到以下目标：

（1）具有良好修养和职业素养，在工作中具有社会责任感、良好的职业道德和敬业精神。

（2）能运用所学的专业知识和技术，对实际工作中遇到的电子信息相关问题进行分析，设计技术方案，并能解决实际工程问题。

（3）在电子信息相关领域从事产品设计测试、技术研发、项目管理或教学科研工作。

（4）具有不断学习适应社会发展和行业竞争的能力。

（5）团队工作中，能跨职能分工合作，具有良好的领导、组织能力。

4.2.2.2　毕业要求

（1）知识：能够将数学、自然科学、电子类工程基础、专业基础和专业知识用于解决复杂的电子信息工程问题。

（2）分析：能够应用数学、自然科学和电子信息科学的基本原理，识别、表达，并通过文献研究分析复杂的电子信息工程问题，以获得有效结论。

（3）设计：能够设计针对电子信息复杂工程问题的解决方案，设计满足特定需求的电子器件、电路和系统，并能够在设计环节中体现创新意识，考虑社会、健康、安全、法律、文化以及环境等因素。

（4）研究：能够基于科学原理并采用科学方法对电子信息的复杂工程问题进行研究，包括设计实验、分析与解释数据并通过信息综合得到合理有效的结论。

（5）使用现代工具：能够针对电子信息复杂工程问题，选择与使用恰当的 PCB 加工工艺或芯片流片工艺，开发与使用各种电子测试相关仪器设备，包括信号发生器、示波器、数字万用表、电源、频谱分析仪等，选择与使用各种仿真软件，如 PSpice、Multisim 等，包括对电子信息复杂工程问题的预测与模拟，并能够理解其局限性。

（6）工程与社会：能够基于电子信息工程相关背景知识进行合理分析，评价电子信息专业工程实践和复杂工程问题解决方案对社会、健康、安全、法律以及文化的影响，并理解应承担的责任。

（7）环境和可持续发展：能够理解和评价针对电子信息复杂工程问题的专业工程实践对环境、社会可持续发展的影响。

（8）职业规范：具有人文社会科学素养、社会责任感，能够在电子信息工程实践中理解并遵守工程职业道德和规范，履行责任。

（9）个人和团队：能够在多学科背景下的团队中承担个体、团队成员以及负责人的角色。

（10）沟通：能够就电子信息复杂工程问题与业界同行及社会公众进行有效沟通和交流，包括撰写报告和设计文稿、陈述发言、清晰表达或回应指令。并具备一定的国际视野，能够在跨文化背景下进行沟通和交流。

（11）项目管理：理解并掌握电子信息相关工程管理原理与经济决策方法，并能在多学科环境中应用。

（12）终身学习：具有自主学习和终身学习的意识，有不断学习和适应发展的能力。

4.2.2.3 核心课程

电路与电子线路Ⅰ、Ⅱ，信号与系统、数字逻辑电路、电磁场与电磁波、通信电路与系统、EDA 技术、计算机原理与接口技术、数字信号处理、通信原理、信号检测与处理。

4.2.2.4 专业特色

电子信息工程专业属于杭州电子科技大学的特色及老牌专业，专业紧跟电子信息行业发展，密切关注电子信息行业人才需求，以培养具有较强创新精神与实践能力的电子信息综合型人才为培养目标。在本专业根据电子信息行业发展趋势，开设了三个模块方向，在电子信息领域给学生以更全面的选择。另本专业开设了人文、经济、管理及法律类选修课，结合该校经管学科的优势，培养更全面的复合型人才。

为了更好地体现专业培养目标，按照工程型人才培养需要，建立了由课程实验、课程设计、专业实践综合设计、生产实习和毕业设计组成的实践教学体系。通过实验课程设置和新实验课程的开设，完善课程体系建设，加强实践教学，着力培养具有实践动手能力的创新人才。在开设的实验课程中，按照实验类型可分为基础实验、专业实验和实践环节课程三类。

（1）基础实验可分为：电路分析实验、模拟电子技术实验、现代数字电子技术基础实验、通信电路与系统实验。

（2）专业实验按方向可分为：FPGA 应用与实践、信号与系统实验、单片机原理实验、计算机网络工程等。

（3）实践环节课程可分为：电路与电子线路综合设计、数字系统课程设计、创新性实验、毕业实习、毕业设计等。

重点围绕学生电路设计能力和计算机应用能力的培养来强化实践教学的培养目标。针对本专业的特点，设置了电路与电子线路实验、电路分析实验、模拟电子技术基础实验、现代数字电子技术基础实验、通信电路与系统实验、创新性实验等。希望不断强化学生在电路分析与设计应用中的实践能力。在计算机应用能力培养方面开设了高级语言程序设计实验、FPGA 应用与实践、单片机原理与应用实验、信号与系统实验等，可使学生体会到计算机这一实践工具在不同领域实际应用中的重要作用。

4.2.3　电子类专业科技创新教育改革举措

电子类专业科技创新教育研究以学生需求为出发点，借助信息化技术，重构实践教学环境，建立适应新技术发展的电子类专业实践教学体系，实施“线上线下混合、课内课外融合、理论实践结合”的实践育人教学模式。本书主要围绕“实践教学理论研究”“创新型人才培养体系”“三元融合实践教学模式创建”“开放式远程实验教学平台建设”“高阶性和创新性实验项目开发”等五类实践教学资源进行建设。

4.2.3.1　加强实践教学理论研究，培养自主研学能力

进行实践教学的理论研究，从理论和实践两个方面解决传统电子类专业实践教学中“教学内容、教学方法、课程组织及时间安排”上存在的问题。如表4–1所示，2016年以来，团队教师在核心期刊上发表实践教学研究论文10余篇；基于理论研究，逐步实施“实验慕课”和“翻转实验室”，把课内实验变革为自主开放模式；通过工程项目分析、任务驱动、考核激励、方法引导，使学生进入自主研学的各个场景，逐步培养学生的自主研学能力。

表4–1　2016年以来团队教师发表的教学研究论文

论文名称	期刊	作者	时间
数字电子技术综合性虚拟仿真实验教学改革	实验室研究与探索	陈龙，马学条等	2017.10
环形倒立摆实验教学平台设计	实验技术与管理	陈龙，吴龙飞等	2018.03
基于滑模变结构控制的Buck型DC/DC变换器实验研究	实验技术与管理	陈龙，卢旺	2017.11
基于极限学习机的三维图形重构虚拟仿真实验研究	实验室研究与探索	陈龙，郄小美等	2017.02
手写体数字字符识别算法仿真比较研究	实验室研究与探索	陈龙，郄小美	2017.01
基于Qt的数字图像处理实验演示系统	实验室研究与探索	陈龙，吴龙飞	2018.07
基于虚拟仿真技术的数字电路实验教学探索	实验技术与管理	马学条，陈龙	2016.10
数字电路实验课程小班化虚拟仿真教学的探索	杭州电子科技大学学报	马学条	2016.12
洁净空气检测与教学平台的实践与探索	教育教学论坛	马学条，何伟军	2016.10
电子信息技术虚拟仿真实验教学平台的建设与实践	实验技术与管理	马学条，程知群	2018.11
数字电路虚拟仿真实验教学改革研究	实验技术与管理	马学条，陈龙等	2018.10
飞行器电磁散射特性分析虚拟仿真实验教学项目研究	实验室研究与探索	马学条	2019.08
手势识别车载人机交互系统虚实结合实验研究与实践	实验技术与管理	马学条，陈龙等	2019.10
大学生科技创新实践教学改革与实践	实验技术与管理	马学条，张晓琪等	2019.06

4.2.3.2　建设适应新技术发展的创新型人才培养体系

如图4–2所示，对“数字电路”“脉冲与数字逻辑电路”“现代数字电子技术基础”等课程大力实施教学改革，优化课程内容，强化实践环节，理论与实践的融合；对体系的其他相关课程，如“数字系统课程设计”“EDA技术”“片上系统设计及应用”“嵌入式系统”等也进行相应的课程教学内容调整，重构适应新技术发展的创新型人才培养体系；基于体系构架，培养学生扎实的理论基础，同时提升了工程实践创新能力。

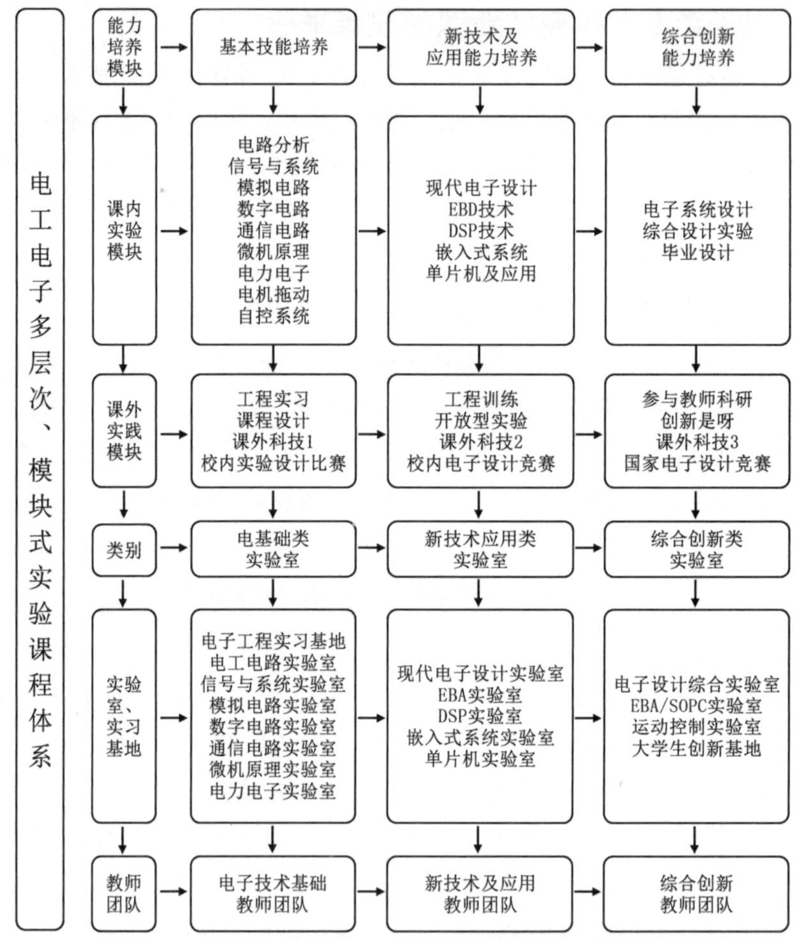

图4-2　重构电子类专业课程教学体系

4.2.3.3　创建适应新技术发展的三元融合实践教学模式

如图 4-3 所示，以适应信息技术的发展需求，创建“线上自学与线下实践相混合、课内实验与课外实践环节相融合、理论课程教学和实践教学相互结合贯通”的三元融合实践教学模式；通过教学模式的实施，让学生提前进入理论与工程实际相结合的训练阶段，鼓励和帮助学生尽早进入实验室完成自主性、创新性实验项目的设计，积极参加各种课外科技活动，培养学生的实践创新能力。

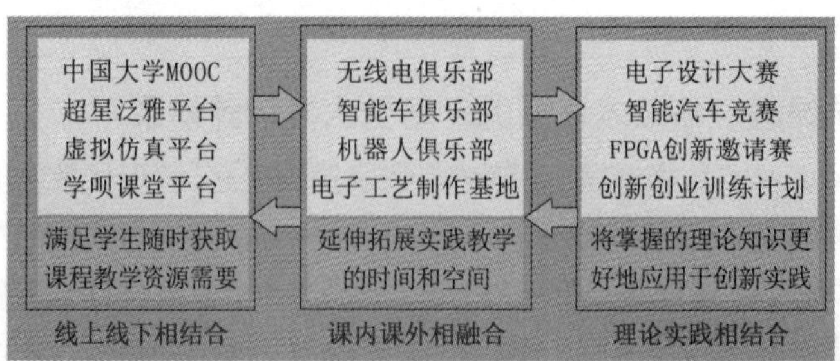

图4-3　“线上线下混合、课内课外融合、理论实践结合”的实践教学模式

4.2.3.4　建设满足泛在学习的开放式远程实验教学平台

依托电子信息技术国家级虚拟仿真实验教学中心和电工电子国家级实验教学示范中心，团队教师将以打造全方位开放式教学为宗旨，围绕如何拓展实验内涵、激发学生的学习兴趣、培养工程创新意识等问题开展远程实验平台研究。远程实验平台有效地解决了教学过程中时间、地域和安全因素等限制的现实问题；对于探索实验教学新模式、满足泛在学习具有重要而深远的意义。如图 4–4 所示，团队教师开发的“飞行器电磁散射及隐身特性分析虚拟仿真实验”“电子技术在线虚拟仿真实验项目”等教学项目经浙江省教育厅推荐参与了教育部国家虚拟仿真实验教学项目认定工作。

图4–4　飞行器电磁散射及隐身特性分析虚拟仿真实验

4.2.3.5　开发“两性一度”实验项目，着重培养学生的工程实践创新能力

结合科学研究和行业需求，团队教师将开发系列“高阶性、创新性和挑战度”实验项目，让学生运用已经掌握的理论知识，通过分析思考，高水平地完成实验要求。如图 4–5 所示，团队教师还将采用持续动态更新的模式完成实践项目库的建设，将企业工程实践创新项目、教育部协同育人项目和科研项目等应用于实践教学，学生将实践教学项目进行功能拓展后可用于创新创业训练，经传承培育后孵化为产学研合作项目。

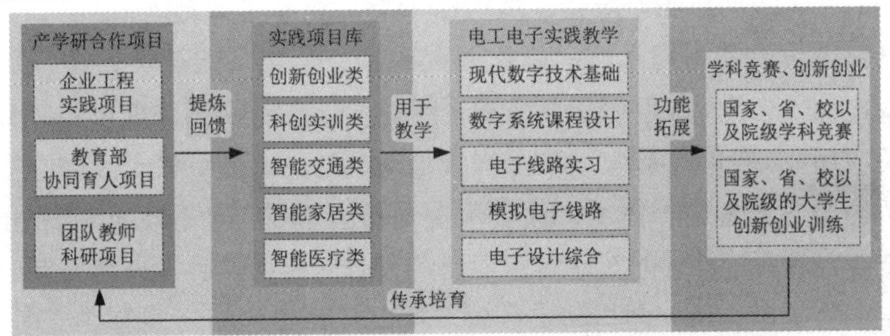

图4–5　动态更新的综合性、创新性实践项目库建设

如李萨如信号发生器设计是理论与实际相结合的经典问题，李萨如信号发生器原理框图如图 4–6 所示，利用 DDS 信号发生器、ADC 采样控制模块和锁相环模块，完成实验设计，实现综合能力素养的锻炼。

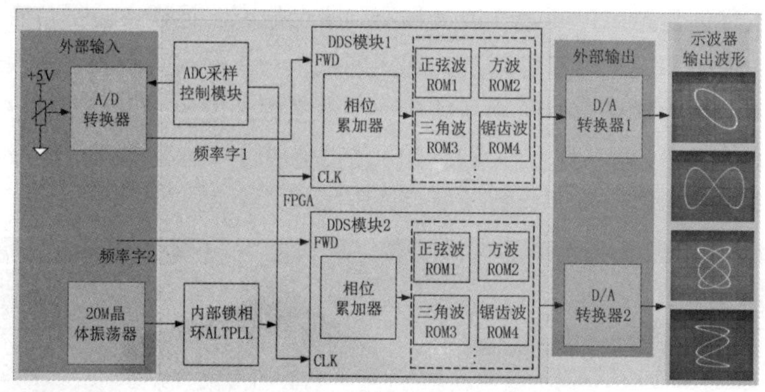

图4–6　李萨如信号发生器原理框图

又如车载手势控制系统设计为多学科融合综合性实验项目，实验内容涉及人工智能、图像处理、数学形态学、现代数字电子技术等多学科课程知识。车载手势控制系统原理框图如图 4–7 所示，学生通过分析和归纳影响系手势识别效果的原因，探索较佳的形态学处理方案；同时提高学生的成本意识，通过自主设计，降低系统对硬件指标的要求。

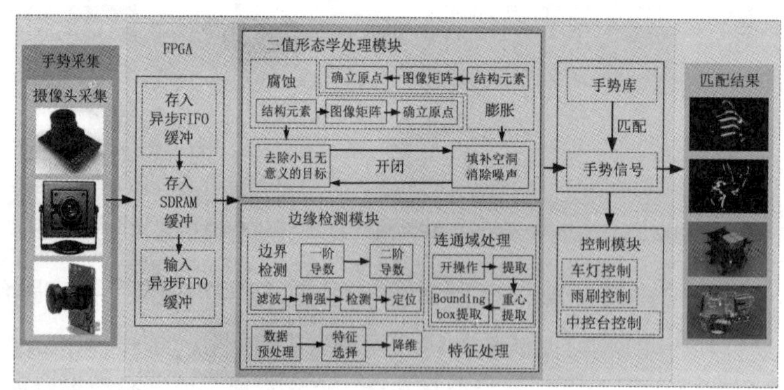

图4–7　车载手势控制系统原理框图

4.2.4　电子类专业科技创新教育改革特色

（1）基于工程实践创新能力培养，重构电子类专业人才培养体系。

以数字电路课程改革为切入点，优化课程内容，强化实践教学，将“数字电路”“脉冲与数字逻辑电路”“现代数字电子技术基础实践”“数字系统课程设”“EDA 技术”“片上系统设计及应用”“嵌入式系统”等课程授课时间进行提前；由点到面，重构适应新技术发展的电子类专业人才培养体系；让学生提前进入理论与工程实际相结合的训练阶段，尽早进入实验室完成自主性、创新性实验项目的设计，参加各种课外科技活动，参加国家、省、校以及院级的竞赛活动，参与国家、省、校以及院级的创新创业训练项目，提升培养学生的实践创新能力。

（2）创建了适应新技术发展的三元融合实践教学模式。

为适应新技术的发展需求，依托各类网络教学平台、大学生科技创新基地、学科竞赛，创建了“线上自学与线下实践相混合、课内实验与课外实践环节相结合、理论课程教学和实践教学相互融合贯通”的实践教学模式，有效地延伸了实践教学的时间和空间，拓展了学生的视野，加强了学科之间的交叉融合，更新了工程型人才知识体系；以研发企业资助项目为载体、以项目驱动创新为机制、以校企协同考核为激励，系统化实现校企协同培养新模式，实践教学与行业应用无缝对接，满足学生工程实践创新能力培养的需要。

（3）建设了支撑实践教学模式的开放式远程实验教学平台。

为支撑教学模式实施，基于“资源开放与共享机制协调，硬件平台与软件资源协调、自主研学与质量监管协调”的理念，建设以国家级教学团队、国家级实践平台、国家规划教材与国家精品课程为标志的资源平台。以满足电子类专业“高阶性、创新性、挑战度”实验教学和学生“泛在化”学习需要，建设开放式远程实验教学平台，实现实验自主预约、智能考核、在线提交及批改实验报告、实验项目库开放共享等教学质量保障功能。

4.3　支撑科技创新教育改革的优质资源建设

4.3.1　科技创新教育资源概况

基于“资源开放与共享机制协调、硬件平台与软件资源协调、自主研学与质量监管协调”的实践资源建设理念，建设了高层次的优质资源平台，包括“基本实验教学”“科研成果转化”“企业合作共享”三大类科技创新实践教学资源，科技创新教学改革资源组成架构如图 4–8 所示。

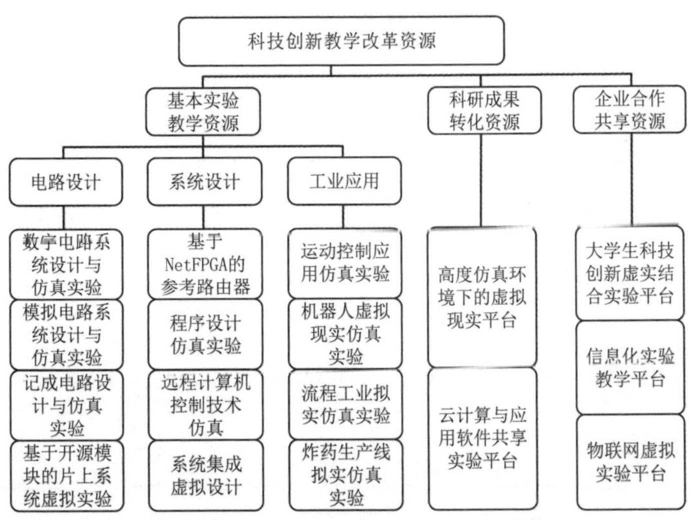

图4–8　科技创新教学改革资源组成架构

4.3.1.1 基本实验教学资源

基本实验教学资源包含电路设计、系统设计和工业应用三部分科技创新实践内容，注重学生基本技能的培养。电路设计由“数字电路系统设计与仿真实验”“模拟电路系统设计与仿真实验”“集成电路设计与仿真实验”“基于开源模块的片上系统虚拟实验”四部分组成。系统设计由“基于 NetFPGA 的参考路由器”“程序设计仿真实验”“远程计算机控制技术仿真”“系统集成虚拟设计”四部分组成。工业应用主要由“运动控制应用仿真实验”“机器人虚拟现实仿真实验”“流程工业拟实仿真实验”“炸药生产线拟实仿真实验”四部分组成。

4.3.1.2 科研成果转化资源

科研成果转化资源由“高度仿真环境下的虚拟现实平台”和“云计算与应用软件共享实验平台”两大部分组成，注重学生新技术及应用能力的培养。依托电子科学与技术和电子信息工程等国家级优势特色学科，将科研成果转化为实验教学资源，科研反哺实验教学，以高素质人才培养作为科研工作的出发点与落脚点；将学科建设的成果转化为人才培养优势。

4.3.1.3 企业合作共享资源

企业合作共享资源虚拟仿真教学平台注重学生工程应用综合创新能力的培养，主要从解决工程实际问题出发，采用工程通用仿真软件进行电路仿真设计、虚实结合调试、产学研项目开发等逐级深入的实践培养环节；与行业应用实现无缝对接，满足电子信息技术人才培养需要。让学生达到在实验室所学所见即工业现场所用的高度，在建立现代工业自动化的宏观概念同时，实现仿真系统、真实过程控制系统的组态调试。

4.3.2 优质课程教学资源建设

4.3.2.1 “集成电路设计”实践教学资源

“集成电路设计”包括集成电路工艺和器件模拟实验、半导体器件模型开发实验、Cadence 集成电路设计仿真和集成电路自动测试四部分构成，覆盖了集成电路从工艺到测试的整个设计流程，如图 4–9 所示。TCAD 工艺仿真和器件仿真结合之后还可与 IC 电路仿真器进行联合，从而实现基于虚拟制造工艺的 IC 工艺、器件和电路全流程的计算机辅助设计。

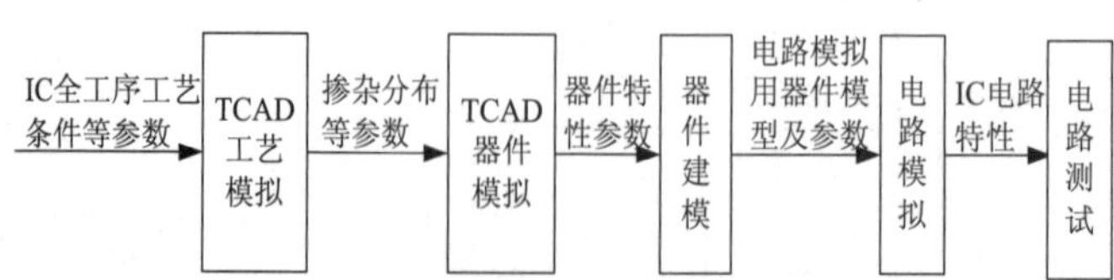

图4–9 集成电路工艺和器件模拟流程

（1）基于 TCAD 的集成电路工艺和器件模拟实验。

TCAD 工艺仿真软件既可用于制造 IC 的全工序模拟，也可用于单项工艺的模拟，从而达到优化设计 IC 制造工艺及快速分析工艺条件对工艺结果影响等目的。根据 TCAD 工艺仿真软件的功能不同，主要可分为三类：第一类是用于仿真离子注入、氧化、扩散等以掺杂为主的狭义的工艺仿真软件；第二类是用于仿真刻蚀、淀积等工艺的 IC 形貌模拟软件；第三类是用于仿真固有的和外来的衬底材料参数或工艺条件参数的扰动对工艺结果影响的统计仿真软件。TCAD 工艺仿真过程如图 4–10 所示。

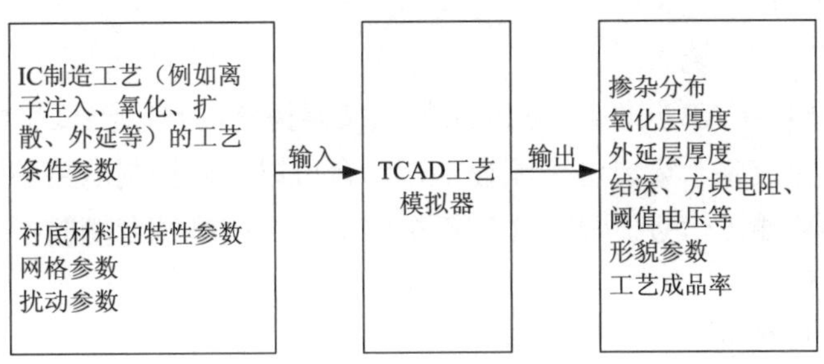

图4–10　TCAD工艺仿真过程示意图

TCAD 器件仿真软件主要用于对半导体器件特性的模拟。TCAD 器件仿真过程输入的是器件结构和尺寸的各种参数（如掺杂、几何尺寸和网格等），通过仿真器中的方程求解，输出器件的电学特性、寄生参数等。TCAD 器件仿真过程如图 4–11 所示。

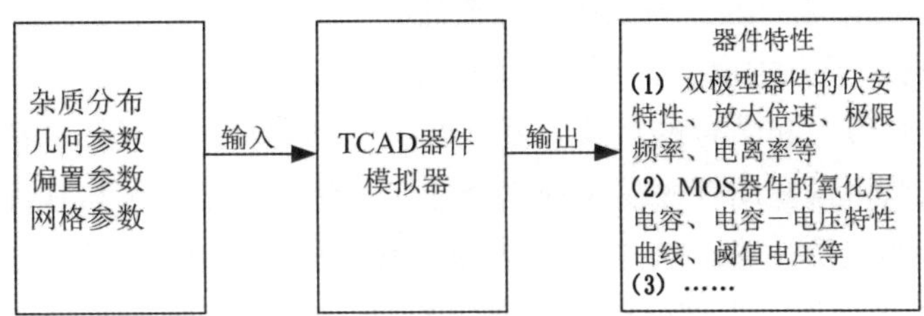

图4–11　TCAD器件仿真过程示意图

由于器件仿真结果主要依赖于器件结构尺寸以及内部掺杂分布，而精确的掺杂分布目前主要依靠工艺仿真获得，因而在很多应用场合需要将 TCAD 工艺仿真和器件仿真器结合在一起进行运用。

（2）半导体器件模型开发实验。

采用由 AgilentIC-CAP 软件和 ADS 软件构成的虚拟平台，学生可以进行微电子半导体器件行为模拟和紧凑型模型开发，在基础训练的基础上，实现进一步的实际案例设计和测试。IC-CAP 用于半导体元器件行为数据的分析，并支持建立器件的紧凑型模型；ADS 主要支持射频 / 微博毫米波器件非线性行为仿真；二者配合应用，开展半导体器件行为模拟、紧凑型模型开发和参数提取，模型仿真验证等工作，由此开展不同器件类型的模型分析、开发和模拟实验。

（3）集成电路仿真实验。

电路仿真实验选择 CMOS 反相器电路作为仿真对象，因为在模拟集成电路和数字集成电路设计中都会用到 CMOS 反相器电路。且反相器仅由单个 PMOS 和单个 CMOS 构成，电路结构简单，分析过程简单明了。作为集成电路的初学者比较容易接受和掌握。

本实验采用 Cadence 的 90nm CMOS 工艺，在 EDA 软件 Cadence 设计环境中给出了详细的过程。设计过程中完成了电路原理图仿真、版图设计以及后仿真。学生可以通过这一实例掌握集成电路的设计流程和设计方法，能够完成集成电路中基本单元电路的电路设计仿真和版图设计工作。

（4）集成电路测试系统。

采用由 Agilent IC-CAP 软件与 Agilent 测试仪器搭建的自动测试平台对集成电路芯片进行测试，使学生完成整个集成电路流程。该平台可以自动控制电路的输入信号，同时获得仪器测试到的电路输出信号，显示在计算机屏幕上，使测试者摆脱了复杂的系统与测试仪器之间的连接工作。

（5）系统效果与特色。

集成电路课程近年来在非微电子专业得到广泛开展，以提高电子类专业本科生的专业素质。学生通过该课程的学习，对电路原理的认识更加深刻。Cadence 软件是集成电路设计中涉及的最核心的软件，也是工业界通用的软件。将 Cadence 软件应用到集成电路的教学当中，通过学生亲自完成相关的实验，使学生更好地掌握集成电路设计的流程。同时也有利于培养有实际工作能力的，与工业界接轨的电子专业人才。

虚拟实验仿真基于自主研发的虚拟实验平台软件，通过远程驱动测试仪器与集成商用仿真器（HSPICE 等）相结合的方式，开展相关仿真实验。主要技术特点：采用独立的 IEEE488.2 标准通信协议驱动程序实现通信功能，简化了驱动模块与软件上层的联系进行通信；实现可灵活更新的仪器脚本包，以各仪器仪表的手册所提供的相应的 SCPI 命令为素材，结合通过相应渠道获得部分已成步骤的 SCPI 命令集，再用 C/C++ 编程语言整合成具有实际功能的仪器脚本，具有较好的稳定性、准确性，并兼顾灵活度与完整性；简洁灵活的用户图形界面（GUI），便于学生操作和观察。

4.3.2.2 “数字系统课程设计”实践教学资源

“数字系统课程设计”包含了基本数字电路验证性仿真、简单数字系统仿真、复杂数字系统 HDL 仿真、系统级仿真与硬件实验等数字系统设计相关实验项目。构成了完整的从简单到复杂、从仿真到硬件验证的数字电路系统设计与仿真实验课程。

数字化实践教学资源是基于自行研制的数字技术综合实验开发系统这个硬件实验装置，结合 Multisim、Quartus II、ModelSim 和 Matlab/Simlink 等软件，使用 SignalTap II、In-System Sources and Probes、Matlab Simlink HIL 等软硬件协同仿真技术来构建完善的数字系统设计综合虚拟仿真与硬件验证实验。

（1）数字化教学目标。

实验包括从简单数字电路虚拟仿真到复杂数字系统的系统软硬件验证。通过多种

EDA 软件实现不同复杂规模数字系统的仿真验证。

通过 MultiSim 软件主要实现简单数字逻辑电路、简单数字模拟混合系统的虚拟仿真验证，通过直观形象化的视图元件，模拟数字实验室的仪器，可以让初学数字电路的学生有直观认识。

通过 Quartus II 和 ModelSim 软件可以实现较为复杂的数字系统的原理图设计与 HDL 设计，并且进行仿真验证，通过搭建专业测试平台，模拟实际数字系统中的输入激励。采用 SignalTap II 和 In-System Sources and Probes 技术实现硬件上的仿真调试。Quartus II 和 ModelSim 仿真软件可以让学习 EDA 技术课程的同学，对所学的 HDL 进行实验验证并使用 HDL 建立较为复杂的数字系统。基于 Quartus II 仿真软件进行复杂数字系统设计如图 4–12 所示。

Matlab/Simlink 工具主要是建立高层次的、复杂的数字系统，通过 HIL 技术（Hardwa In-Loop 硬件回环）做到虚拟仿真与实际硬件仿真相结合，进行复杂数字系统的功能验证。

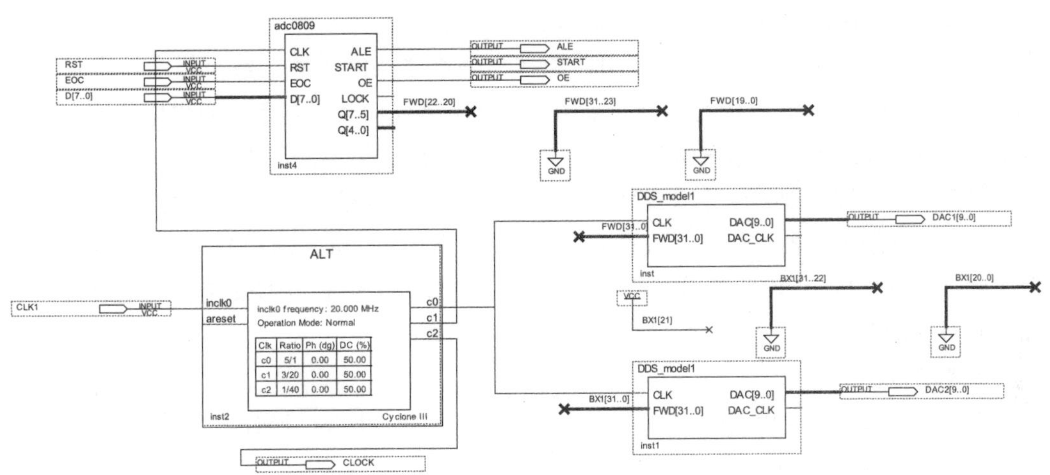

图4–12　基于Quartus II仿真软件进行复杂数字系统设计示意图

（2）效果与特色。

在计算机上用 Multisim 建立虚拟仿真实验，可以方便地搭建各种电路，以及对电路进行仿真与测试，弥补了传统实验教学中存在的设备紧张、仪器陈旧、元器件损耗等不足，激发了学生的学习兴趣。基于 Multisim 的仿真实验作为一种电子技术实验教学方式，它不应该也不可能取代传统的实验方法，从培养学生运用基础理论知识和提高实际操作能力出发，把 Multisim 仿真实验和传统的实验教学有机地结合起来，取长补短，如学生在进行复杂电路设计时，可以先采用 Multisim 软件进行设计，验证设计方案的可行性，再搭建硬件电路进行调试，可达到事半功倍的效果，更好地满足现代电子技术实验教学的要求。实践证明以 Multisim 等为代表的 EDA 软件，在电子技术课程教学和实验教学中发挥着重要的作用，这种新的实验方式是电路实验教学的一种很好的辅助手段，并且为学生进行综合性、创新性实验提供了一个很好的平台，在改进实验教学方法、提高实验教学质量、培养学生创新能力和动手能力等方面发挥着非常重要的作用。

比如，数字电子钟计时系统实验中涉及比较复杂的逻辑电路连线，在以往的非虚拟仿真实验中，需要学生手工去连接，费时费力，而且在规定的时间内，往往完不成实验任务。而修改为在 MultiSim 上实现虚拟仿真实验，可以快速修改连接线，直观获得实验结果。

通过 Quartus II 和 Modelsim，可以方便地对数字系统进行仿真，这种仿真形式是虚拟的，并不是实际的硬件结果。通过采用 SignalTap II 嵌入式逻辑分析仪，可以在软件上通过 JTAG 下载调试对实际硬件进行操作，在软件上重现实验结果，可以做到虚拟与实际的对照，让学生有更为直观的认识。

4.3.2.3 “片上系统”数字化教学资源

随着集成电路制造水平的不断提高，设计者可以在单芯片上集成几百万门的复杂系统，即片上系统（System-On-Chip，SoC）。近年来，SoC 已经成为当今集成电路设计的主流方向，成为嵌入式系统的基础和微电子学的核心，SoC 的教学成为高校集成电路人才培养一个不容忽视的环节。然而 SoC 教学资源投入巨大，高校教学资源匮乏等原因使得高校目前 SoC 设计人才的培养与企业的需求之间存在很大的鸿沟。

面对片上系统设计人才培养的迫切性和教学困难之间的矛盾，数字技术教学基地以 OpenCores 的开源共享 IP 模块为基础，采用开放网络环境构建了基于开源模块的片上系统虚拟实验平台，作为集成电路科研与教学的有效平台，用于培养高层次集成电路设计人才。首先，根据学生选课情况给学生分配实验账户 (VNC 账户和密码)，学生采用 VNC 终端可以在任何地方登录服务器进行 SoC 设计实践。实验平台以 OpenCores 的开源 IP 模块为基础，学生实践过程开发的 IP 和 SoC 为扩展，不断积累资源；工作服务器安装有一定数目的常用 SoC 设计仿真软件，学生通过“分时复用”共享软件。

（1）教学目标。

片上系统 (SoC) 设计以 IP 为基础，以软件为灵魂，所以 SoC 设计实例分为三个层次：IP 模块层、SoC 系统层和软件开发层。按照一般 SoC 设计的步骤，实验内容主要分为三个阶段：基础 IP 模块开发、SoC 集成、驱动开发与 FPGA 验证。鉴于 SoC 设计开发周期长、实验资源有限等特点，实验训练项目以分组形式，采用课堂课余结合方式进行，课堂用于基本知识讲解与疑难解答，课余学生通过远程网络可以在学校任何地方借用实验平台协作完成相关开发。

①基础 IP 模块开发。组内学生根据本组设计的片上系统 (SoC) 功能需求，讨论确定开发 IP 模块的功能或者现有 IP 模块中所增加的功能，根据功能完成说明书，分工合作采用 HDL 完成 IP 的开发。通过本阶段实验可以固定学生掌握的 HDL 语言、对需求的分析能力、资料查找能力及合作能力。

② SoC 集成。根据功能确定 SoC 架构，从开源 IP 库、实验室研究成果和历届学生开发的 IP 中选择合适 IP 模块，协作完成 SoC 系统的集成。本阶段实验可以使学生掌握片上系统概念、片上系统设计步骤、常用 EDA 工具适用以及增强学生的工程实践能力。

③驱动开发与 FPGA 验证。基于仿真环境，完成自主开发 IP 模块驱动开发，完成

SoC 功能仿真测试和驱动验证；利用 Xilinx FPGA 综合工具，完成设计 SoC 的 bit 文件生成；分批在实验室 FPGA 板子上完成 SoC 测试，由于在 FPGA 板子测试前，已经完成相应仿真实验，SoC 功能、测试程序等均已相对稳定，能够利用课堂时间快速完成 FPGA 测试。本阶段实验能够培养学生软硬件协同设计意识、基于 FPGA 设计能力及工程实践能力。基于 Xilinx 仿真软件进行复杂数字系统设计如图 4–13 所示。

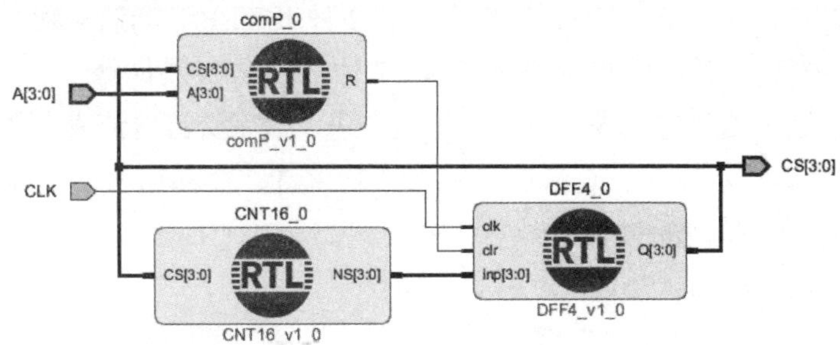

图4–13　基于Xilinx仿真软件进行复杂数字系统设计示意图

（2）效果与特色。

片上系统设计虚拟平台采用开放网络环境，具有“共享、开放、积累”的特性：

①共享性：共享 OpenCores 上丰富的 IP 模块和开源处理器 OpenRisc，以此为基础开发片上系统 (SoC)。

②开放性：利用开发网络环境，使学生在寝室、教室、实验室均能登录服务器共享 SoC 设计 EDA 工具进行仿真实验。

③积累性：从历届学生设计的 IP 中挑选优秀作品，逐渐丰富 IP 模块库，逐步提高 SoC 设计复杂度。

4.3.2.4 模拟电路实验课程建设

针对高校“模拟电路”实验课程配套开发的可在网上开展基于 B/S 架构的数字化教学系统，可模拟真实实验中用到的器材和设备，提供与真实实验相似的实验环境。模拟电路实践教学运行界面如图 4–14 所示。

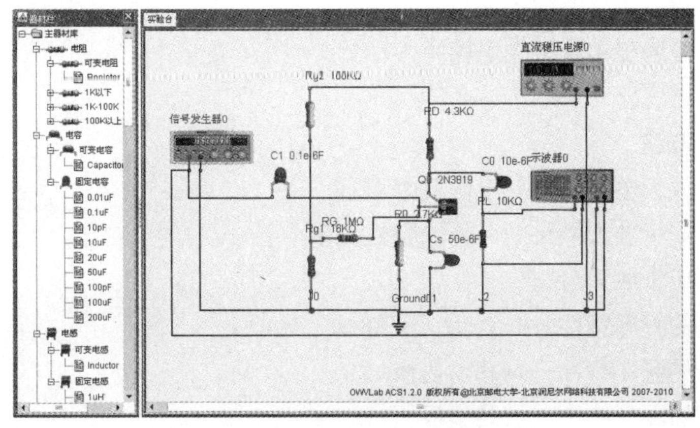

图4–14　模拟电路实践教学运行界面

（1）课程实验仿真平台提供了 120 种实验器材模型。

① 电阻：57 种常用阻值的电阻、1 个可自定义阻值的电阻和 1 个滑动变阻器

② 电容：9 种常用电容值的电容和 1 个可自定义电容值的电容

③ 电感：2 种常用电感值的电感和 1 个可自定义电感值的电感

④ 二极管：6 种一般二极管和 5 种稳压管

⑤ 结型场效应管：3 种 JFET-NJF 场效应管和 2 种 JFET-PJF 场效应管

⑥ 双极型晶体管：7 种 BJT-PNP 晶体管和 17 种 BJT-NPN 晶体管

⑦ 仪器仪表：数字直流电流表、数字直流电压表、数字交流电流表、数字交流电压表、万用表、信号发生器、示波器、直流稳压电源、功率计、简易信号发生器、泰克示波器、岩崎示波器、频率计、固纬示波器

⑧ 集成运算放大器：μA741、OP37AJ、741

⑨ 三端稳压器：LM7805CT 三端稳压器

⑩ 线性变压器：TS_PQ4_10 变压器

⑪ 桥堆：1B4B42

⑫ 开关：单刀单掷开关、单刀双掷开关

⑬ 继电器：EDR201A05、CONTROL_NO

⑭ 其他：电位器、滑动变阻器

（2）课程实验仿真平台提供了 36 个典型实验。

① 测量三极管电流放大倍数（β 值）

② 二极管伏安特性的测量

③ 二极管限幅电路

④ 二极管桥式整流电路

⑤ 单管交流放大电路

⑥ 稳压二极管特性测试

⑦ 应用稳压二极管的双向限幅电路

⑧ 双极型晶体管主要参数的测量

⑨ 晶体管共发射极单管放大电路

⑩ 射极跟随器电路

⑪ 差分放大电路

⑫ 互补对称放大电路——单电源互补对称

⑬ 结型场效应管放大电路——传输特性测量

⑭ 结型场效应管放大电路

⑮ 放大电路的频率特性——β 及 fβ 测试

⑯ 放大电路的频率特性——共发射极

⑰ 放大电路的频率特性——共集极

⑱ 共射共基组合放大电路

⑲ 负反馈放大器——两级电压串联负反馈
⑳ 负反馈放大器——无内阻
㉑ 负反馈放大器——电流串联负反馈
㉒ 集成运算放大器指标测试——开环实验
㉓ 集成运算放大器指标测试——闭环实验
㉔ 集成运算放大器的基本应用——反相电路
㉕ 集成运算放大器的基本应用——单电源反相电路
㉖ 集成运算放大器的基本应用——积分电路
㉗ 集成运算放大器的基本应用——微分电路
㉘ 集成运算放大器的基本应用——同相加法电路
㉙ 集成运算放大器的基本应用——加减法电路
㉚ 集成运算放大器的基本应用——低通滤波器
㉛ 集成运算放大器的基本应用——高通滤波器
㉜ 集成运算放大器的基本应用——过零比较器
㉝ 集成运算放大器的基本应用——窗口比较器
㉞ 集成运算放大器的基本应用——RC 桥式正弦波
㉟ 集成运算放大器的基本应用——方波发生器
㊱ 集成运算放大器的基本应用——方波三角波振荡电路

4.3.2.5　电路分析实验课程建设

针对高校“电路分析”实验课程配套开发的可在网上开展基于 B/S 架构的数字化教学系统，可模拟真实实验中用到的器材和设备，提供与真实实验相似的实验环境。电路分析实践教学运行界面如图 4–15 所示。

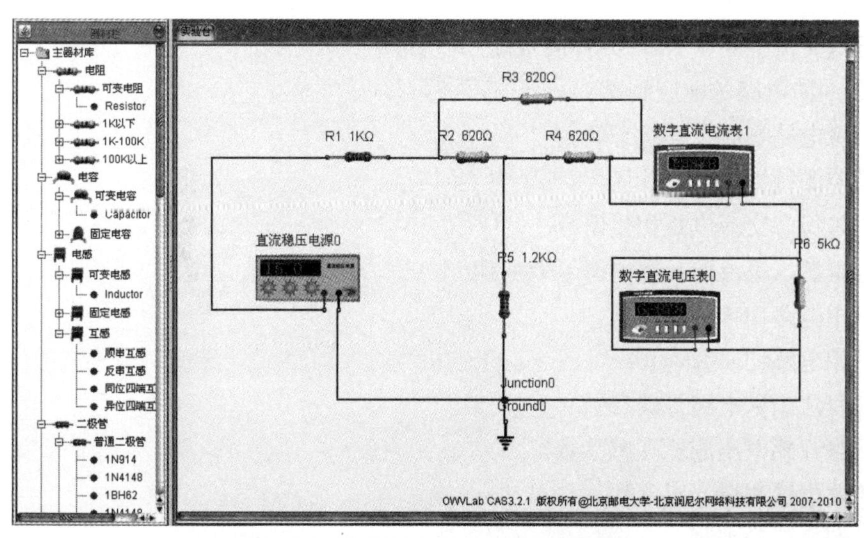

图4–15　电路分析实践教学运行界面

（1）实验平台提供 110 种器材模型。

① 电阻：57 种常用阻值的电阻、1 个可自定义阻值的电阻和 1 个滑动变阻器

② 电容：9 种常用电容值的电容和 1 个可自定义电容值的电容

③ 电感：2 种常用电感值的电感和 1 个可自定义电感值的电感

④ 互感：顺串和反串互感、同位四端互感、异位四端互感

⑤ 二极管：6 种一般二极管和 2 种稳压管

⑥ 线性变压器：TS_PQ4_10

⑦ 桥堆：1B4B42

⑧ 三相电源：星形、三角形三相电源

⑨ 仪器仪表：数字直流电流表、数字直流电压表、数字交流电流表、数字交流电压表、万用表、信号发生器、示波器、直流稳压电源、功率计

⑩ 集成运算放大器：μA741、OP37AJ、741

⑪ 开关：单刀单掷开关、单刀双掷开关

⑫ 其他：电灯、日光灯、镇流器

（2）课程实验平台提供了 21 个典型实验。

① 数字万用表的使用

② 信号发生器与示波器的使用

③ 伏安特性的测量

④ 基尔霍夫定律的验证

⑤ 叠加原理的验证

⑥ 线性网络定理验证

⑦ 戴维南定理的验证和应用

⑧ 谐振电路的研究

⑨ 正弦交流电路中 RLC 元件的性能

⑩RC 一阶电路的响应测试

⑪ 二阶电路响应及其状态轨迹

⑫ 受控源特性的研究

⑬ 正弦稳态交流电路相量研究

⑭ 电压源、电流源及其电源等效变换

⑮ 三相电路功率的测量

⑯ 三相电路的研究

⑰ 三表法测量电路等效参数

⑱ 开路互感电压测量互感参数

⑲ 等效电感测量互感参数

⑳ 典型电信号观测

㉑ 日光电路及功率因数的提高

4.3.2.6　数字电路实验课程

针对高校“数字电路”实验课程配套开发的可在网上开展基于 B/S 架构的数字化教学系统，可模拟真实实验中用到的器材和设备，提供与真实实验相似的实验环境。数字电路实践教学运行界面如图 4–16 所示。

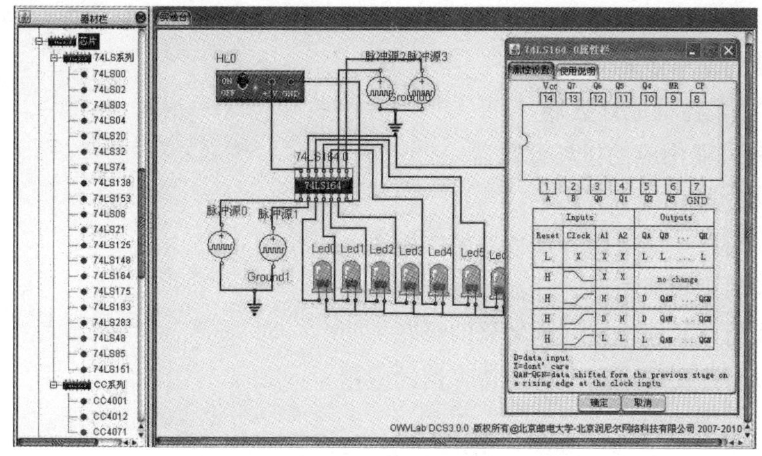

图4–16　数字电路实践教学运行界面

（1）课程实验仿真平台提供了 130 种实验器材模型。

①电阻：57 种常用阻值的电阻、1 个可自定义阻值的电阻和 1 个滑动变阻器

②电容：9 种常用电容值的电容和 1 个可自定义电容值的电容

③电感：2 种常用电感值的电感和 1 个可自定义电感值的电感

④二极管：6 种一般二极管、2 种稳压管、发光二极管和数码显示管

⑤仪器仪表：数字直流电流表、数字直流电压表、数字交流电流表、数字交流电压表、直流毫安表、万用表、信号发生器、示波器、多宗示波器、直流稳压电源、功率计、脉冲笔、脉冲信号源、高低电平端

⑥芯片：74LS 系列：74LS00、74LS03、74LS04、74LS08、74LS20、74LS21、74LS32、74LS48、74LS74、74LS85、74LS86、74LS90、74LS112、74LS125、74LS138、74LS148、74LS151、74LS153、74LS160、74LS161、74LS164、74LS169、74LS175、74LS183、74LS192、74LS194、74LS244、74LS283、74LS373

⑦ CC 系列：CC4001、CC4012、CC4071

⑧开关：单刀单掷开关、单刀双掷开关

⑨其他：连通板、电位器

（2）课程实验仿真平台提供了 19 个典型实验。

① TTL 集成逻辑门的性能参数的测试

② TTL OC 逻辑门和三态门的应用测试

③ CMOS 集成逻辑门的性能特点

④基本逻辑运算及其电路实现

⑤小规模组合逻辑电路实验 1：多数表决电路

⑥ 小规模组合逻辑电路实验 2：水位显示控制电路

⑦ 中规模组合逻辑电路实验 1：比较器及其应用

⑧ 中规模组合逻辑电路实验 2：译码器及其应用

⑨ 中规模组合逻辑电路实验 3：选择器及其应用

⑩ 中规模组合逻辑电路实验 4：加法器及其应用

⑪ 触发器的基本逻辑功能

⑫ 由 JK 触发器构成计数器

⑬ 由 D 触发器构成的扭环计数器

⑭ 异步计数器

⑮ 中规模时序集成电路—计数器的应用 1

⑯ 中规模时序集成电路—计数器的应用 2

⑰ 中规模时序集成电路—计数器的级联

⑱ 中规模时序集成电路—移位寄存器的应用

⑲ 脉冲分配器的设计

4.3.2.7 自制教学设备

团队教师自制了系列教学设备，用于支撑科技创新教育。自制仪器如图 4–17 ~ 图 4–21。

图4–17 智能人机交互系统

图4–18 开放式电工电子科技创新实验平台

图4–19 科技创新实验平台扩展模块

图4–20 科技创新实验平台外围模块

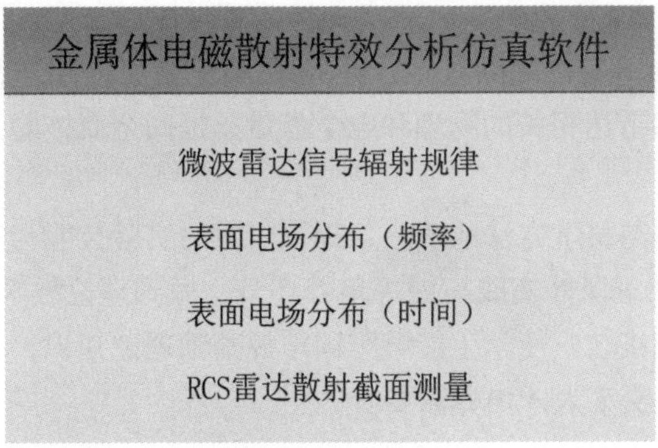

金属体电磁散射特效分析仿真软件
微波雷达信号辐射规律
表面电场分布（频率）
表面电场分布（时间）
RCS雷达散射截面测量

图4-21　金属体电磁散热特性分析仿真软件

4.3.3　开放式虚拟仿真教学资源建设

4.3.3.1　实例一 金属体电磁散射特性分析虚拟仿真实验

金属物体的电磁散射性质是大学物理电磁学的重要内容，电磁散射涉及隐身技术对于军事现代化和军事强国建设意义重大。但是目前的电磁散射特性研究课堂教学局限于复杂抽象的公式推导，导致学生对目标电磁散射特性原理以及规律缺乏直观的认识，影响其学习积极性。开展金属体电磁散射特性分析虚拟仿真实验能够激发学生对目标电磁散射特性的学习兴趣，加深其对抽象知识和理论的理解，为以后更深层次的应用，例如国防工业的金属体隐身研究，夯实基础。现阶段开展金属体散射学生实验面临的主要问题有：

①实体实验开设难度大。受到经费和安全因素的限制，普通高等院校难以通过搭建微波暗室等大型实验设备对金属体电磁散射特性进行测量和分析。

②建模仿真运算周期长。采用专业电磁场工程软件对复杂环境中的三维金属物体，尤其是结构复杂的金属体，进行表面电场分布建模仿真，需要使用大型服务器，花费数天甚至数周的时间，才能完成一项特定参数的性能仿真。一般高校不具备大型服务器等资源，况且学生在有限的实验课时数内难以完成此类长周期的仿真实验。

（1）实验目的。

金属体电磁散射特性分析虚拟仿真实验教学项目，有效解决在有限的实验课时数内，让学生定性的完成对金属体进行电磁散射特性分析；通过“互动式”虚拟技术，激发学生实验兴趣，分析、归纳和总结不同金属体类型、入射方位角、表面覆盖材料对金属体雷达散射截面 (RCS) 的影响和变化趋势；总结与各种实验现象相联系的知识点，加深其对基础理论的理解和掌握。本实验教学主要实现以下目的：

①将雷达原理课程中电磁场与微波雷达信号抽象的理论知识以三维动画形式进行直观呈现，让学生了解电磁场的客观存在；掌握表征电磁场特性的波长、频率、功率和距离之间的关系以及金属体的电磁散射特性。

②通过“互动式”虚拟技术模拟瞬态电磁脉冲入射金属体，让学生总结微波雷达信号的反射信号强度与传输距离、金属体形状等参数之间的关系，加深对金属体电磁散射原理

的理解。

③通过对金属体RCS特性的测量与分析，掌握影响金属体RCS的因素；结合实体实验，探究通过改进金属体和雷达相关的物理和电学参量，提高金属体隐身性能以及雷达反隐身性能的多种途径。

④通过将实验原理与科学方法的统一，提升学生的实验技能与实验素养；通过三维仿真设计→虚实结合调试→课外实践拓展等培养环节，做到理论教学与实验教学相辅相成、实验教学与工程应用相接轨，使学生能够牢固掌握基础理论知识，并且了解其在具体工程中的应用，满足多学科交叉人才培养需要。

（2）实验原理。

基于三维仿真技术和虚实结合方式，构建金属体电磁散射特性分析虚拟仿真实验教学项目；搭建原景在线式虚拟仿真实验环境，模拟不同形状金属物体、客机和战斗机在理想环境中受到微波雷达信号入射的表面场强分布。实验项目涵盖"微波雷达信号辐射规律仿真"→"金属体表面电场分布仿真"→"RCS测量仿真"三层次教学，共四个功能模块，具体包括：

①微波雷达信号概念以及特性仿真（0.5学时）。

②在频域下，金属体表面电场分布与微波雷达信号入射角度之间变化仿真（0.5学时）。

③在时域下，金属体表面电场分布与微波雷达信号入射角度之间变化仿真（0.5学时）。

④ RCS随金属体的物理参数和雷达电学参数的变化规律仿真验证（2.5学时）。

具体实验原理如下：

模块一：微波雷达信号概念以及特性仿真

微波雷达信号的概念以及其传播特性是理解金属体电磁散射特性的基础。本实验涉及微波雷达信号的传播方式、波长与频率之间的关系、衰减与频率之间的关系等。本实验侧重仿真不同频率的微波雷达信号在空间传播特性的区别。

通过改变微波雷达信号的频率参数，对比高频与低频之间波峰与波谷之间的距离以及两者随传播距离的衰减特性，能够使学生主要掌握如下知识点。

知识点1：电磁场概念及微波雷达信号的电磁辐射特性。空间中存在电磁场，在不同区域电磁场的幅度不同；电磁场可以通过雷达天线辐射出去，在特定空间形成特定分布的微波雷达信号；微波雷达信号的频率越低，波长越长，衰减越小。图4-22和图4-23分别是433MHz和2.4GHz信号的电磁波辐射特性。

图4-22　低频电磁波辐射特性

图4-23　高频电磁波辐射特性

模块二：在频域下，金属体表面电场分布与微波雷达信号入射角度之间变化仿真

金属体受到微波雷达信号的辐射后，在其表面形成特定的电场分布，并产生电磁散射。微波雷达信号在金属体表面产生的电场分布随频率以及入射角度的变化而变化，产生的电磁辐射特性也随之变化。本实验侧重仿真不同频率、不同入射角度微波雷达信号在金属体表面产生电场的区别。

通过改变雷达的发射频率、信号入射的方位以及金属体的类型，观察不同情况下金属体表面的电场分布（图 4–24），能够使学生主要掌握如下知识点。

知识点 2 ：在频域下，金属体表面电场分布随微波雷达信号入射角度与金属体表面形状的变化规律。

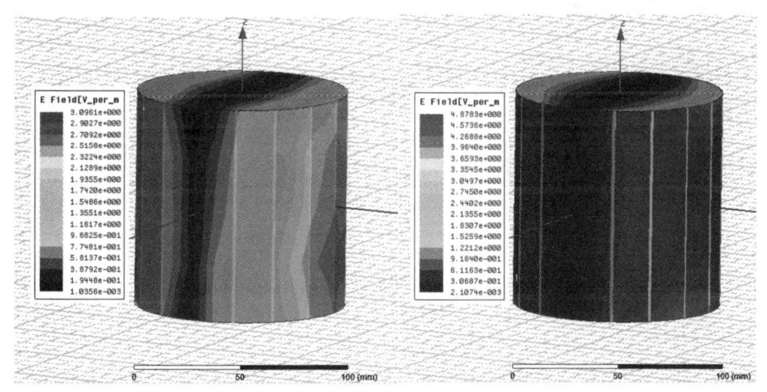

图4–24　雷达信号不同入射角下的金属体表面电场分布差异

模块三：在时域下，金属体表面电场分布与微波雷达信号入射角度之间变化仿真

金属体受到微波雷达信号的辐射后，在其表面形成特定的电场分布，并产生电磁散射。金属体表面电场分布会随时间的改变而改变。本实验侧重仿真不同入射角度微波雷达信号在金属体表面产生电场随时间变化的特性。

通过改变雷达的发射频率、金属体的飞行方位以及金属体的类型，观察不同情况下金属体表面电场随时间变化的特性（图 4–25），能够使学生主要掌握下面的知识。

知识点 3 ：在时域下，金属体表面电场分布随微波雷达信号入射角度与金属体表面形状的变化规律。

图4–25　金属体表面电场分布随时间变化规律

模块四：RCS 随金属体的物理参数和雷达电学参数的变化规律仿真

金属体受到微波雷达信号的辐射后，在其表面形成特定的电场分布，并产生电磁散射。电磁散射特性采用 RCS 来衡量。影响 RCS 的因素包括：微波雷达信号的频率、角度、金属体的形状和表面材料。本实验通过仿真和分析不同条件下金属体 RCS 的特性，揭示微波雷达信号的频率、入射角度以及金属体表面形状对 RCS 的影响。最后通过实物操作和测量验证仿真的原理和规律。

通过改变雷达的发射频率、雷达信号入射方位、金属体的类型以及金属体的表面材料，观察不同情况下金属体表面 RCS 的变化，使学生主要掌握下列知识点。

知识点 4：金属体的 RCS 与入射微波雷达信号的频率、角度、雷达类型和金属体表面形状、金属体尺寸以及金属体表面材料的关系。金属体的 RCS 与微波雷达信号特征参数的关系如图 4–26 所示。

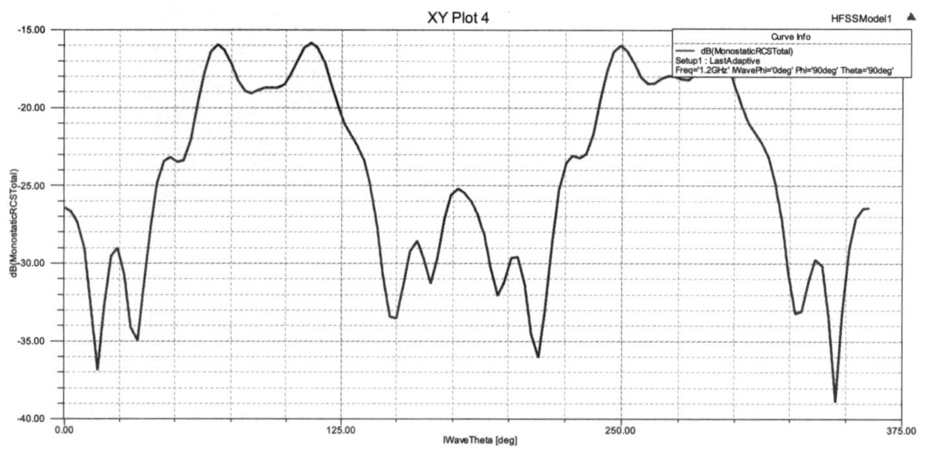

图4–26　金属体的RCS与微波雷达信号特征参数

知识点 5：掌握金属体隐身原理，探究金属体隐身和反隐身的途径和方法。

（3）实验教学方法。

基于智慧实验室打造的“小班化、研讨式”的教学模式，采用虚实结合的实验教学方式，旨在调动学生实验兴趣，在理解和掌握微波雷达信号基本原理的基础上，切实提升学生的实验技能和自主研学能力。

实验课程紧跟时代步伐，积极探索将信息技术运用到实验教学的实施过程。如图 4–27 所示，借助电子信息技术国家级虚拟仿真基地在线教学管理平台，通过三维仿真技术，进行原景在线式虚拟实验设计；达到“处处能学、时时可学”的泛在学习。差异化培养，实验与理论的互融互通。

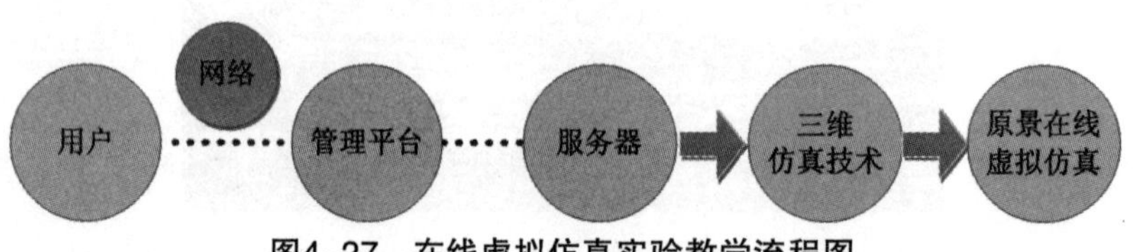

图4–27　在线虚拟仿真实验教学流程图

本实验教学项目在教学实施过程中，主要采用了如下教学方法。

①线上线下、课内课外、实验理论相融合。将课程内容提前制作成视频和多媒体课件形式，包括设计要求、仿真案例、注意事项等。通过教学管理平台及时发布，让学生提前搜集资料并预习，完成虚拟仿真设计。通过教学平台答疑室功能模块，允许学生将实验中的难点、疑点和心得进行留言，并且与教师互动。在实验室教学中，采用个性问题答疑辅导，共性问题集体讨论，解决学生在学习过程中的疑问。根据学生平时回答问题的正确率以及创造性评定平时成绩。开放式在线教学平台辅助实验教学如图 4–28 所示。

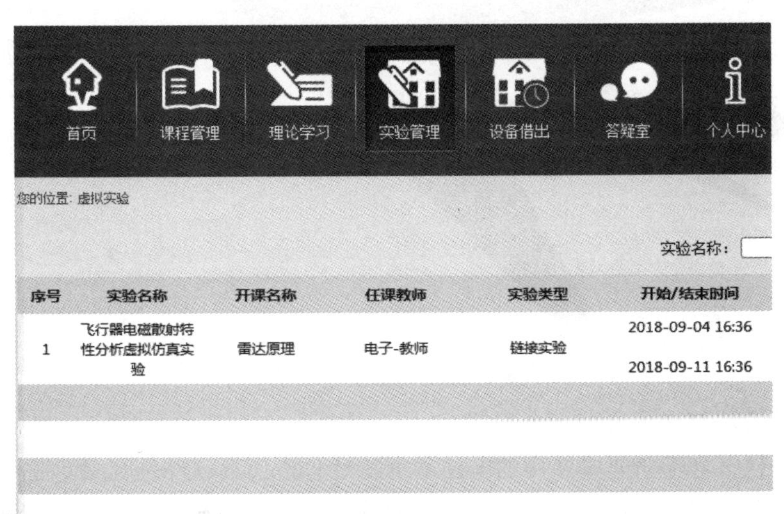

图4–28　开放式在线教学平台辅助实验教学

②视频观摩、3D 仿真设计、虚实融合相辅相成。教学中形成了视频观摩→ 3D 仿真设计→虚实融合相辅相成的具有启发与自我创新式的实验教学方法。利用虚拟的优势让学生直观地了解微波雷达信号中抽象的理论知识，通过“互动式”虚拟实验来获得理论模型，通过实物实验获得测试结果，验证虚拟仿真结果的科学性。仿真实验教学如图 4–29 所示，该教学方法培养学生分析解决实际工程任务的能力，提高学生的创新意识和综合实验素养。

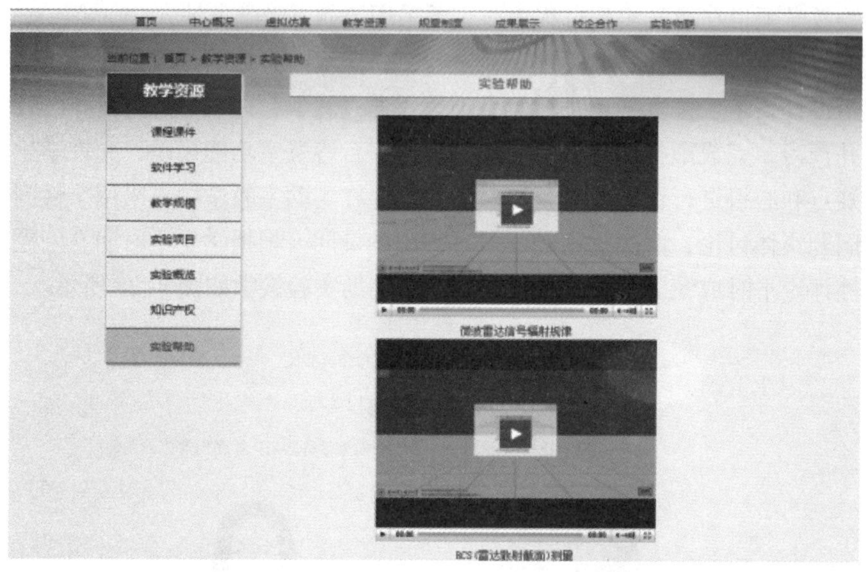

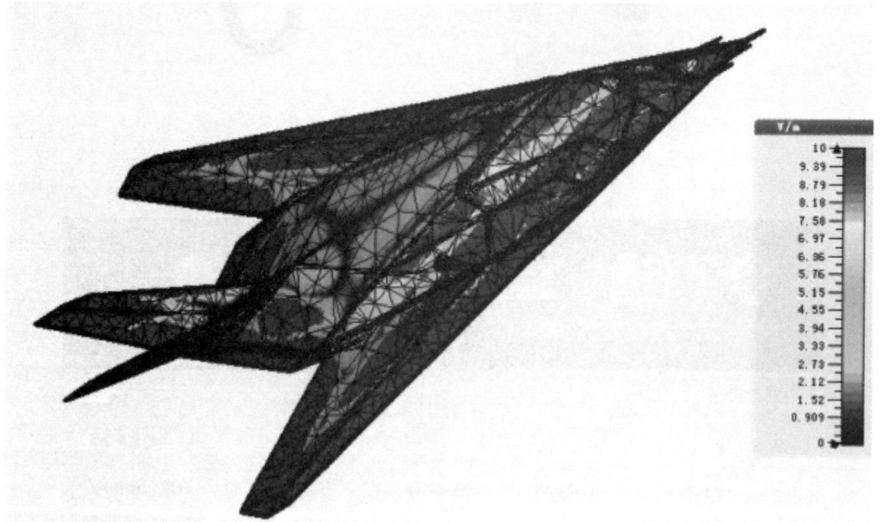

图4-29　仿真实验教学

（4）实验方法与步骤要求。

①实验方法。实验教学中使用的电磁散射特性分析仿真软件是利用专业软件的仿真结果结合可视化技术设计而成。实验保留了专业软件仿真结果准确度高以及直观的优点，同时避免了专业仿真软件应用门槛比较高的缺点，在低年级开展专业的实物实验，使学生对在电磁学学习过程中公认比较抽象的概念以及理论有形象且直观的了解，提高学生的学习兴趣，从而更有效地培养学生的动手能力以及创新能力。

②步骤要求。金属体电磁散射及隐身特性分析实验教学为 4 个课时数，分为 11 步操作步骤；实验操作流程如图 4-30 所示，实验操作步骤见表 4-2。

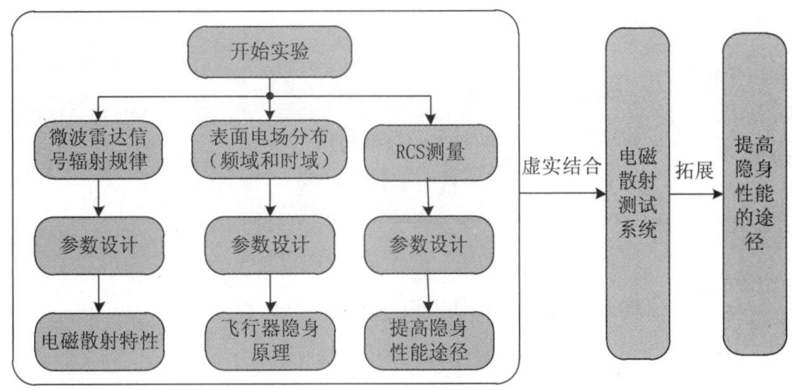

图4-30　实验操作流程图

表4-2　实验操作步骤

步骤	内容	目的	交互操作要求
1	微波雷达信号辐射特性	了解辐射特性，如频率、波长及功率间的关系（联系知识点：平面波传播特性）	归纳频率、波长、功率以及传播距离之间的关系，并记录随着频率变化，各物理量的变化规律
2	球形、圆柱形以及立方体表面电场随频率变化规律	球形、圆柱形以及立方体表面电场分布特性及其随频率变化的规律（联系知识点：平面波传播特性，目标RCS原理）	记录球形、圆柱形以及立方体在433MHz、600MHz、900MHz、1.2GHz、2.4GHz电场最大值以及最大值的位置
3	F117和A320表面电场随频率变化规律	F117和A320表面电场分布特性以及其随频率变化的规律（联系知识点：平面波传播特性，目标RCS原理）	记录F117和A320在433MHz、2.4GHz电场最大值以及最大值的位置
4	金属体表面电场随入射功率变化	了解表面电场分布特性及其随入射功率变化的规律（联系知识点：平面波传播特性，目标RCS原理，边界条件）	记录入射功率在0dBm、10dBm时电场最大值及最大值位置
5	F117表面电场随时间变化规律	球形、圆柱形以及立方体表面电场分布特性及其随时间变化的规律（联系知识点：平面波传播特性，边界条件）	F117在433MHz和2.4GHz电场变化的速度，并记录
6	A320表面电场随时间变化规律	F117和A320表面电场分布特性及其随时间变化的规律（联系知识点：平面波传播特性，边界条件）	A320在433MHz和2.4GHz电场变化的速度，并记录
7	单站雷达，球形、圆柱形以及立方体RCS仿真	单站雷达探测时，球形、圆柱形以及立方体的RCS特性（联系知识点：平面波传播特性，目标RCS原理及特性，边界条件）	记录球形、圆柱形以及立方体在433MHz、600MHz、900MHz、1.2GHz、2.4GHz，水平和垂直飞行时的RCS值
8	单站雷达，F117和A320 RCS仿真	单站雷达探测时，F117和A320的RCS特性（联系知识点：平面波传播特性，目标RCS原理及特性，边界条件）	记录F117和A320在433MHz和2.4GHz，水平和垂直飞行时的RCS值

续表

步骤	内容	目的	交互操作要求
9	双站雷达，F117 RCS 仿真	双站雷达探测时，F17 的 RCS 特性（联系知识点：平面波传播特性，目标 RCS 原理及特性，边界条件）	记录 F117 在 433MHz 和 2.4GHz，水平和垂直飞行时的 RCS 值
10	双站雷达，A320 RCS 仿真	双站雷达探测时，A320 的 RCS 特性（联系知识点：平面波传播特性，目标 RCS 原理及特性，边界条件）	记录 A320 在 433MHz 和 2.4GHz，水平和垂直飞行时的 RCS 值
11	虚实结合实验设计	实现仿真指导实体实验、实体实验验证仿真的流程	分析、归纳、总结多种飞机模型在不同的入射信号频率、功率、角度时 RCS 的变化规律

步骤一：微波雷达信号辐射特性观察。如图 4–31 所示，打开仿真软件，点击“微波雷达信号辐射规律”按钮，选择天线以及频率，开始实验。

图4–31 微波雷达信号辐射特性仿真

步骤二：球形、圆柱形以及立方体表面电场随频率变化规律分析。打开“表面电场分布随频率变化”按钮，选择金属体类型、入射方位以及微波雷达信号频率，开始实验。

步骤三：F117 和 A320 表面电场随频率变化规律分析。如图 4–32 所示，打开“表面电场分布随频率变化”按钮，选择金属体类型、飞行方位及微波雷达信号频率，开始实验。

图4-32　A320表面电场随频率变化仿真

步骤四：金属体表面电场随入射功率变化规律分析。重复步骤 2，分别将微波雷达信号的功率设定为 0dBm 和 10dBm，开始实验内容。要求对比入射功率分别在 0dBm 以及 10dBm 时电场最大值数值以及最大值的位置，并记录。

步骤五：F117 表面电场随时间变化规律分析。打开“金属体表面电场随时间变化规律分析”按钮，选择金属体类型、金属体飞行方位以及微波雷达信号频率，微波雷达信号的功率为 0dBm, 开始实验内容。要求对比频率分别在 433MHz 和 2.4GHz 时电场变化的速度，并记录。

步骤六：A320 表面电场随时间变化规律分析。打开“金属体表面电场随时间变化规律分析”按钮，选择金属体类型、金属体飞行方位以及微波雷达信号频率，微波雷达信号的功率为 0dBm, 开始实验内容。要求对比频率分别在 433MHz 和 2.4GHz 时电场变化的速度，并记录。

步骤七：单站雷达球形、圆柱形以及立方体金属体 RCS 仿真。点击“RCS 测量”按钮，选择单雷达。要求记录球形、圆柱形以及立方体在微波雷达信号分别为 433MHz、600MHz、900MHz、1.2GHz 、2.4GHz 情况下的 RCS 值。

步骤八：单站雷达 F117 和 A320 金属体 RCS 仿真。如图 4-33 所示，点击“RCS 测量”按钮，选择单雷达。要求记录 A320 在微波雷达信号分别为 433MHz 和 2.4GHz 飞机水平飞行以及垂直飞行情况下的 RCS 值。

图4–33 单站雷达F117金属体RCS仿真

步骤九：双站雷达 F117 金属体 RCS 仿真。如图 4–34 所示，点击“RCS 测量”按钮，选择双雷达。要求记录 F117 在微波雷达信号分别为 433MHz 和 2.4GHz 情况下的 RCS 值。

图4-34　双站雷达F117金属体RCS仿真

步骤十：双站雷达 A320 金属体 RCS 仿真。如图 4-35 所示，点击“RCS 测量”按钮，选择双雷达。要求记录 A320 在微波雷达信号分别为 433MHz 和 2.4GHz 飞机水平飞行以及垂直飞行情况下的 RCS 值。

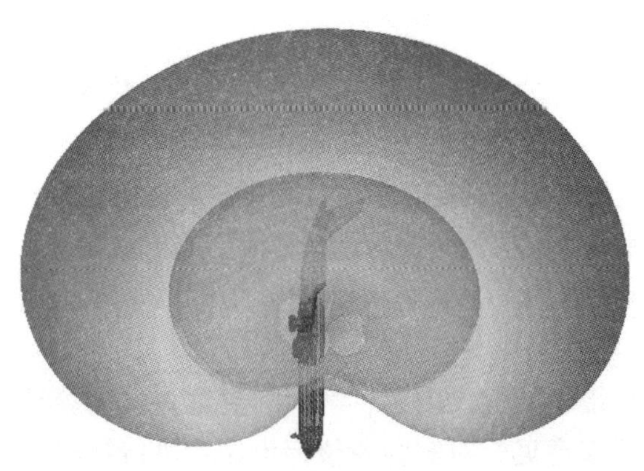

图4-35　双站雷达A320金属体RCS仿真

步骤十一：虚实结合实验设计。通过在多种金属体模型上特定位置贴铜箔的形式，观察其在信号源辐射信号分别为 433MHz、600MHz、900MHz、1.2GHz 、2.4GHz 等多种频率，功率为 0dBm 和 10dBm 情况下，飞机水平、垂直等多种角度情况下，频谱分析仪收到的电平值。分析、归纳、总结金属体 RCS 增大以及减小的方案以及有效探测 RCS 的方案。

（5）实验结果要求。

实验项目内容覆盖了“电磁辐射规律”“金属体表面电场分布”和“RCS 测量”的三层次仿真以及实物测量实验；在“电磁辐射规律”仿真中需要学生观察和画出微波雷达信号在空气中的示意图，并记录不同波长、频率、功率和距离之间的关系；在“金属体表面电场分布”仿真中记录微波雷达信号以不同角度入射金属体时的表面电场分布随频率和时间的变化关系；在“RCS 测量”仿真及实物实验中记录不同发射频率、不同接收位置以及不同金属体形状、材料、飞行角度下的 RCS 参数。

除对仿真结果、实物验证实验完成度、实验测量数据等实验结果进行要求外，实验教学更注重发挥学生的自主性，从仿真实验、实物验证实验、结果讨论等环节均以学生为主体，让学生去探索、去思考设计过程。

学生按实验教学要求完成实验设计，记录实验中所涉及各类数据并进行分析归纳，探究各参数间的相互关系，给出参数优化方案，提交实验总结报告。在“金属体表面电场分布”仿真模块中归纳和总结影响表面电场分布的主要因素，结合仿真数据说明金属体隐形的原理；在“RCS 测量”模块中分析不同设定参数获得的 RCS 数据，寻找数据间的变化规律，给出提高金属体反雷达探测能力的有效途径。另外，实验成绩评定还包含学生的实验行为规范、团队协作、报告撰写等因素，使学生的整体实验素养得到提升。

（6）考核要求。

金属体电磁散射及隐身特性分析综合性实践对学生的考核主要体现在“参与性、要点提炼、实验拓展、文档资料表述”等方面。实验教学考核注重实验的过程性，关注学生实验报告质量的同时，更关注学生实验设计中所展示的积极性、团队合作意识、思维发散和创新意识等。

根据学生的过程表现、团队配合以及学生提交的实验数据、实物验证性实验完成度及总结报告的情况进行考核。在整个项目实施过程中，引导学生充分关注实验成本、操作行为规范、实验安全和职业伦理等问题。学生如有做得好的地方，可以获得额外加分，但如有不合理、不规范的地方，会被及时警示、诫勉谈话或单独扣分。

实验成绩 =40% 实验数据 + 15% 虚实结合完成度 +30% 总结报告 +15% 创新性与实验行为。

实验项目根据学生报告的建议内容、学生问卷调查、实验组教师讨论意见、专家指导意见等多渠道收集反馈意见，对实验考核评价体系进行持续改进。具体评分要求如表 4–3 所示。

表4-3　金属体电磁散射及隐身特性分析实验评分要求

项目（分数）	得分档次	评价要求（得分标准）
实验数据（40 分）	40	测试数据能较准确地反映金属体反射信号强度与距离、材料和金属体形状等参数的关系
	32	测试数据大致能反映金属体反射信号强度与距离、材料和金属体形状等参数的关系
	24	测试数据能反映金属体反射信号强度与距离、材料和金属体形状等参数的变化趋势
	≤ 16	测试数据不能准确反映金属体反射信号强度与距离、材料和金属体形状等参数的变化趋势
虚实结合完成度（15 分）	15	理解微波雷达信号基本原理、金属体隐身技术，较好地完成了在不同发射频率下不同类型、覆盖材料的金属体 RCS 测量
	12	基本理解微波雷达信号基本原理、金属体隐身技术，基本完成了在不同发射频率下不同类型、覆盖材料的金属体 RCS 测量
	9	了解微波雷达信号基本原理、金属体隐身技术，完成部分 RCS 测量
	≤ 6	微波雷达信号基本原理、金属体隐身技术理解得不到位，未完成 RCS 的有效测量
总结报告（30 分）	30	内容完整，有详细的设计过程、仿真结果和数据分析，能较好地给出提高金属体的反雷达探测能力的方法
	24	内容比较完整，有设计过程、仿真结果和数据分析，给出提高金属体的反雷达探测能力方法不全面
	18	内容基本完整，设计过程、仿真结果和数据分析不全，不能有效地给出提高金属体的反雷达探测能力的方法
	≤ 12	内容不完整，仿真结果不全或缺少数据分析
创新性与实验行为（15 分）	15	实验设计具有较高的原创性和新颖性，无迟到，积极参与讨论，实验操作严谨、过程规范
	12	实验设计具有部分原创性和新颖性，无迟到，积极参与讨论，实验操作严谨、过程规范
	9	实验设计的原创性和新颖性一般，有迟到或早退，态度不积极，讨论参与少，实验行为规范一般
	≤ 6	实验设计无原创性和新颖性，有旷课，基本不参与讨论，实验行为规范较差

4.3.3.2　实例二数字电路系统综合性虚拟仿真教学项目

当今社会已进入信息化时代，电子技术发展日新月异，以集成电路发展为原动力，嵌入式系统、计算机技术、工业控制等信息技术领域的迅猛发展，为高校电子信息人才的培养带来了严峻的挑战和良好的发展机遇：

①设计和实验成本高昂。例如，集成电路作为电子产品的基础，是世界科技列强激烈竞争的战略制高点。我国半导体集成电路芯片进口额甚至超过石油，集成电路人才匮乏是根本原因。深亚微米级工艺渐成主流，其芯片设计与流片费用远超出高校所能承受范围，学生难以获得芯片设计与实践经验。

②传统实体实验难以完成。例如，在工作频率为 G 赫兹频段的射频电路系统和数十万

逻辑门的数字电子系统设计中，已不可能采用分立元器件搭建此类高成本、长周期的复杂系统。

③工程实践机会不足。由于受到地域环境、仪器设备、经费和安全等因素的限制，学生难以深入生产一线进行实践锻炼。

因此，将数字技术运用到科技创新实践教学中，解决高成本、不可及与长周期等实验教学难题，成为必不可少的选择。

数字电路系统综合性虚拟仿真教学项目开发依托国家级电工电子实验基地、国家级电子信息技术虚拟仿真实验教学基地和国家级电工电子教学团队，以满足国家战略需求和高质量学生培养为出发点，突破以往受实验条件限制只开设传统简单硬件实验的局限性，打破跨学科的实验技术壁垒，以电子技术创新性实验课程为基础，支撑复杂电子线路系统性实验，提升实验教学效果，降低教学成本。

学生通过实验教学项目，使用工程软件进行电路虚拟仿真设计、虚实结合调试、联合企业进行项目开发等培养环节，做到实验教学与企业需求相接轨，满足复合型人才培养需要。实验教学培养流程如图 4–36 所示。

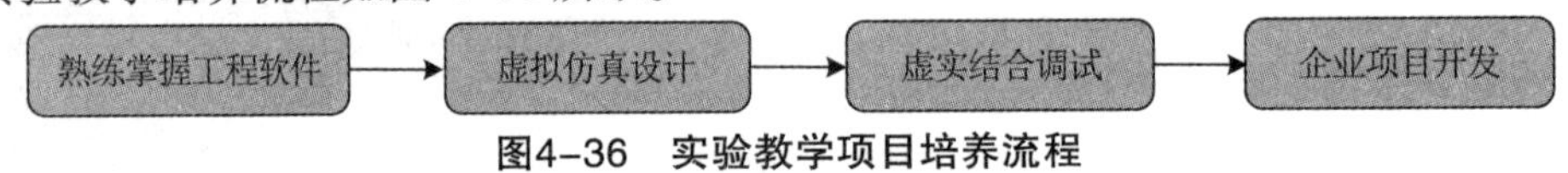

图4–36　实验教学项目培养流程

（1）实验目的。

①学会观察和分析仿真结果，进行参数优化。通过 Quartus II、PSpice、ModelSim 等工程仿真软件，进行电路仿真，借助 SignalTap II 嵌入式逻辑分析仪，通过 JTAG 下载调试，对实际硬件进行操作，在软件上重现实验结果，做到虚拟仿真与实体实验相结合。特别是对仿真波形结果进行深入分析，进行器件建模与参数优化，提高系统综合性能。

②培养设计复杂电子系统的能力。大二学生采用分立元器件搭建电路，所能设计的数字电路规模仅为几百个逻辑门。本项目涉及多个有特色的复杂数字电子系统案例，如：旋转 LED 时钟设计、多功能电子琴的设计、任意波形信号发生器等，规模多达 10000 逻辑门以上。通过实验教学，培养学生设计复杂电子系统的能力。

③突出个性化学习，激发创新意识，提升工程实践能力。虚拟仿真实验教学案例多源于学生感兴趣的工程实践和学科竞赛内容，采用“自主设计论文答辩”的实验考核模式，激发学生自主学习的兴趣，使学生在自主创新设计、工程协作、语言表达及论文写作等方面得到训练，提升学生的工程实践能力。

（2）实验原理。

信号发生器可提供各种不同频率、波形和输出电平信号。在有限的实验教学课时数内，采用传统的分立元件进行实验设计，难度大，精度和稳定性都难以保证。FPGA 是专用集成电路（ASIC）领域中的一种半定制电路，具有设计灵活、周期短、高速和稳定等特点，是工业中广泛使用的器件。应用 FPGA 设计电路，需要先使用相关软件进行电路设计、综合、布局及仿真，经性能仿真后再烧录到 FPGA 实验平台进行测试。

使用 DDS 技术和 FPGA 实验平台，虚实结合，可以设计完成输出任意波形的信号发

生器，且频率稳定，精度高，解决了将复杂电子系统应用到实际教学中的难题。

DDS 信号发生器原理框图如图 4–37 所示，由 32 位加法器 ADDER32B、32 位寄存器 DFF32、正弦波形数据存储器 SIN_DATA 和 ADC 采样控制状态机四个模块构成。在电路仿真设计过程中可以采用多种不同的方法实现上述模块的设计。

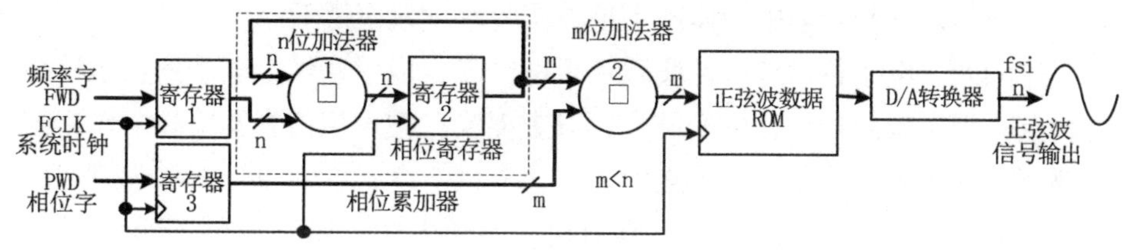

图4–37　DDS信号发生器原理框图

加法器既可以采用门电路进行设计也可以调用各种模块进行设计。以调用宏模块、设置参数的方法举例。调用可定制宏模块库中 LPM 的加 / 减算术模块 LPM_ADD_SUB，设置流水线结构，使其在时钟控制下有更高的运算速度和输入数据稳定性。寄存器模块主要用于存放 32 位数据，实现方法也有多种，如：使用宏模块 LPM_FF 或使用 32 个相连 D 触发器。寄存器模块与加法器 ADDER32B 组成一个 32 位相位累加器。其中高 10 位作为波形数据存储器的地址。波形数据存储器可由 LPM 的 ROM:1 -PORT 构成，正弦波形数据 ROM 模块 SIN_ROM 的地址线位宽是 10 位，数据线位宽是 8 位，即其中一个周期的正弦波离散采样数据有 1024 个，每个数据有 10 位，输出的高 8 位接数模转换器 DAC0832 数据输入端。ADC 采样控制状态机电路可由状态译码器、控制译码器、状态寄存器和锁存器构成；状态译码器根据状态编码和来自 ADC 的转换状态信息，决定状态的走向；控制译码器负责向 ADC 输出控制信号；状态寄存器由 3 个 D 触发器组成。

利用 DDS 信号发生器、ADC 采样控制模块和锁相环模块，实现李萨如信号发生器系统框图如图 4–38 所示。

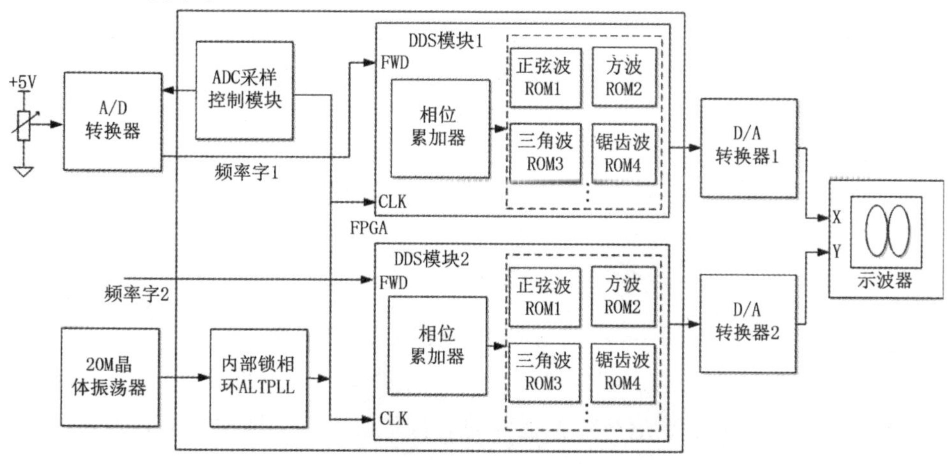

图4–38　李萨如图信号发生器系统框图

学生在电路设计成功后，数据下载录到 FPGA 实验平台，将信号输出到示波器，观察实际的李萨如波形，体会和理解李萨如信号的意义和应用。

（3）实验教学方法。

传统实验教学模式普遍存在以下三个问题：第一，实验教学方法单一，忽视能力培养和达成，导致学生工程实践能力、创新能力和灵活应用能力缺乏。第二，实验教学计划和项目内容脱离企业需求，实验步骤设置按部就班；难以激发学生的学习兴趣。第三，信息化技术在实验教学过程和管理中的体现不足，实验教学效率低下。

针对上述问题，电子技术综合性实践项目的开发，应紧密结合电子信息学科与虚拟仿真实验的特点；虚实统筹规划，虚实结合，以虚促实；把虚拟仿真实验教学作为创新能力培养的重要环节并融入实验教学体系之中。

实验教学项目采用混合式、案例式和研讨式教学方法，如图 4–39 所示；旨在调动学生实验兴趣，培养学生主动、严谨的实验习惯，切实提升学生的实验技能和学以致用能力，提高实验教学效果，达到实验育人的最终目的。

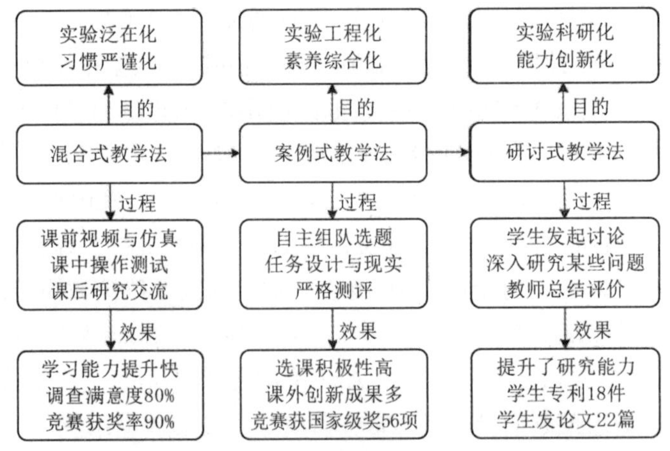

图4–39　电子技术综合性实践项目教学方法图

电子技术创新性实验课程紧跟时代步伐，积极探索将信息技术运用到实验教学的实施过程。如图 4–40 所示，借助国家级电子信息技术虚拟仿真基地在线教学管理平台，远程调用云端服务器上的工程仿真软件，完成各类创新性实验设计；达到“处处能学、时时可学”的泛在学习。

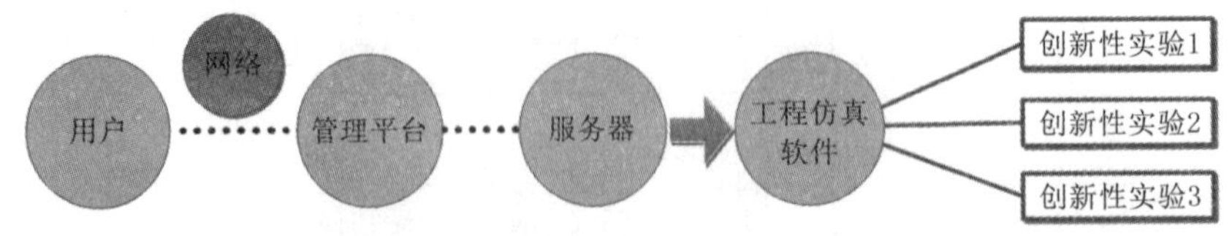

图4–40　在线虚拟仿真实验教学流程图

①混合式教学法实施过程。实验教学充分利用既有的“互联网 +”和教育信息技术，采用线上线下、课内课外、理论与实验融合的混合教学方式，调动学生实验兴趣，培养学生主动、严谨的实验习惯。

混合式教学法突破了实验的时空限制，增加师生、生生互动。将课程内容提前制作成视频或者多媒体课件形式，包括设计要求和功能指标、仿真平台的操作使用、简单的仿真

举例、仿真注意事项等内容，通过第三方教学平台或者社交平台及时发布，让学生提前搜集资料并预习，完成电路设计。通过云端服务器软件进行仿真，遇到问题可以通过即时通信工具，如：微信或QQ及时与教师和同学线上互动。在实验室教学中，教师进行个别答疑辅导，针对共性问题组织讨论，评定平时成绩。开放式在线教学平台辅助实验教学如图4–41所示。

图4–41　开放式在线教学平台辅助实验教学图

教学实践和课堂调查表明，学生学习兴趣和探索积极性明显增加，学生对该教学方式的满意度超过80%，实验课程成绩优良率超过60%，教学效果明显。

②案例教学法实施过程。在实验教学中，所选实验项目可以是依据相关理论知识点设立的“虚拟”实验内容，也可源于工程实践和学科竞赛内容。同“虚拟”实验内容相比，工程实践和学科竞赛内容更具前沿性、系统性和创新性。以工程实践和学科竞赛内容作为案例驱动的实验课程教学，极大程度地提升了实验教学的趣味性、研究性及可研讨性，为实验课程的虚拟仿真教学的顺利实施起到了关键作用。一方面能提高学生针对实际问题进行研究探索、系统设计、工程实现的综合能力；另一方面能吸引广大学生积极参加课外研学活动，为优秀人才培养创造条件 。

实验教学的目的是培养学生运用所学理论知识分析和解决实际问题的能力，而多数工程实践和学科竞赛项目设立的目的并非为了实验教学；对该项目内容要从实验教学角度进行衡量和梳理，从中寻找合适的切入点和结合点。内容的选取要遵守循序渐进原则，尽可能地涵盖多学科的交叉知识点；同时充分考虑学生的掌握能力和接收能力，对内容的难易程度进行把握。例如，采用电子设计大赛题“可控数字电子钟”作为实验项目开展实验教学工作。该项目要求学生综合的运用现代数字电子技术的知识设计相应的秒信号发生器、消抖动电路、计数器和整点报时等模块。

实验教学采用“自主设计论文答辩”模式，从选题申报、开题审核、中期汇报、项目验收答辩等环节均以学生为主体，让学生去探索、去思考设计过程。

③研讨式教学法实施过程。传统的实验教学模式不利于调动学生的主体积极性，电子技术综合性实践项目融合了研讨式的教学方法；结合学科前沿发展，调动课堂氛围，激发学生探索实验创新新途径。

为达到更好的实验效果，实验教学过程中对实验人数进行了一定的限制，每个实验班最多允许20名学生进行实验操作。实验主干内容以案例教学法结合讲授法的模式开展，探索性内容则以分组讨论模式进行。分组讨论主要围绕“交流、研讨、参与、动手”四方面展开，实验课上学生承担“讲解、补充、质疑”任务，教师承担“质疑、引导、归纳”任务。实验前学生分组确定实验设计方向；实验课上由主讲的学生在限定的时间内讲解设计内容、实现步骤，由其他学生对其设计内容提出质疑，之后所有学生就设计要点、难点展开讨论。学生的问题首先由学生进行解答和补充，教师对学生的设计做出归纳和点评，肯定学生正确的地方，补充不足的地方，对需要进一步提高的地方，进行适当引申，实现知识点的有效承接。

（4）实验方法与步骤要求。

以任意波形信号发生器设计为例。实验教学为10个课时数，分为12步操作步骤。实验操作流程如图4–42所示，具体步骤见表4–4。

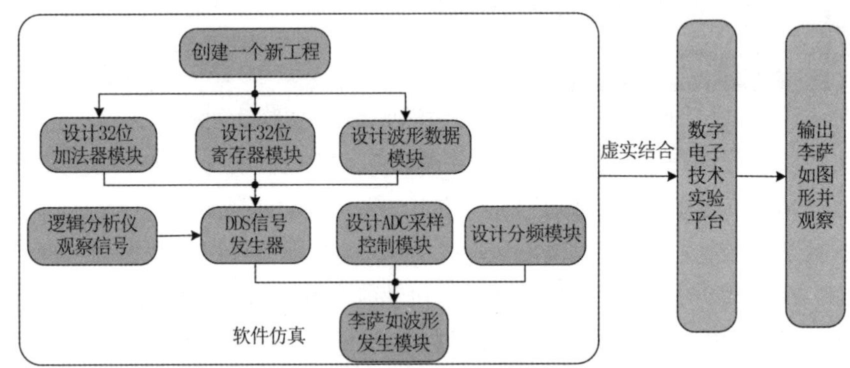

图4–42 任意波形信号发生器实验操作流程图

表4–4 任意波形信号发生器实验步骤

步骤	操作	结果	要点及难点
1	调用云端服务器 Quartus Ⅱ仿真软件平台，新建 Project	建立工程	建立有仿真功能的 Project，否则无法进行仿真操作
2	可用原理图、硬件描述语言、宏模块等方法设计32位加法器	32位加法器模块	可用多种方法设计该电路模块，可供后续设计模块调用
3	可用原理图、硬件描述语言、宏模块等方法设计32位寄存器	32位寄存器模块	基于分立器件或宏模块设计电路，难度和评分均不同
4	编写各类波形 mif 文件	正弦波、三角波、方波等 mif 文件	注意位数的选择
5	设计波形数据 ROM 模块	ROM 模块	建立多个 ROM 模块，分别存储各个波形数据
6	基于上述元件，设计包含正弦波、方波、三角波等任意波形发生器	DDS 信号发生器	能够根据频率控制字、位数和时钟频率计算输出信号的频率
7	进行仿真测试、根据时序波形结果验证设计的正确性	时序仿真波形图	合理设置仿真参数

续表

步骤	操作	结果	要点及难点
8	自定义 DDS 元件模块	DDS 信号发生器元件	设置其为顶层文件，生成元件
9	设计 ADC 采样控制电路	采样控制电路元件	通过调节输入端的电压信号，实现 DDS 模块输出频率可调
10	设计分频器模块	分频器元件	时钟频率可取 4MHz、3MHz 和 500KHz
11	基于上述元件，设计李萨如图信号发生器	李萨如图信号发生器	设置其为顶层文件，方可编译
12	虚实结合，进行任意波形及李萨如图的观察与分析	产生任意波形及李萨如图	结合 FPGA 实验教学平台、示波器等观察波形的幅值和频率

采用工程仿真软件 Quartus Ⅱ，首先完成一个简易正弦信号发生器设计；再完成一个包含正弦波、三角波、方波、锯齿波等任意波形信号发生器的设计；最后完成一个各种频率和相位成简单整数比的李萨如图形设计。实验设计操作过程由浅到深、逐级深入，在有限的实验教学课时数内，完成复杂数字电子系统的设计。

电路功能设计中，设计方法具有多样性，可用原理图、硬件描述语言、宏模块等多种方法完成实验设计。在此基础上，学生可以根据情况进行实验功能拓展。可扩展设计输出的信号波形具有调幅功能、用 VGA 显示观察输出的各类信号波形、用液晶显示输出频率的大小等。

（5）实验结果与结论要求。

①实验结果要求。采用“自主设计论文答辩”模式对实验设计进行验收和考核。除对仿真正确性、实物完成度、实验报告规范性等实验结果进行要求外，实验结果更注重发挥学生的自主性，从选题申报、开题审核、中期汇报、项目验收答辩等环节均以学生为主体，让学生去探索、去思考设计过程。教师起引导的作用，为学生指明前进的方向，学生在教师所指方向上探索前行。

②实验结论要求。学生按实验教学任务要求，经过选题申请、中期考核、实体平台测试、答辩汇报等环节完成实验设计，对所设计的实验进行测试验证，给出参数优化方案，提交实验总结报告。此外，实验结论的评判还关注学生的实验行为规范、团队协作、语言表达、论文写作等因素，使学生的实验素养得到提升。其中，实验总结报告内容应包含摘要、引言、系统总体设计、硬件电路仿真设计、仿真结果分析、参数优化方案、建议等部分。

（6）考核要求。

项目对学生的考核主要体现在“参与性、要点提炼、学识表现、文档资料表述”等方面。实验教学的具体考核评价内容及标准如表 4–5 所示，实验教学考核注重实验的过程性，避免以实验考试定成绩的方式。关注学生实验报告质量的同时，更关注学生在综合设计性实验中所展示的积极性、团队合作意识和工程创新能力等。

在过程性考核方面，基础性、设计性实验和综合性实验考核方式不同，基础性、设计性实验主要通过课前预习、课堂操作、实验报告等方面进行考核；综合性实验需要经过开题审核、阶段性检查、项目验收答辩等环节，根据学生的过程表现、团队配合以及学生提交的仿真、实物、报告及答辩的情况进行考核。在整个项目实施过程中，引导学生考虑实验成本、制作工艺、规范操作、环境、伦理等问题。学生如有做得好的地方，可以获得额外加分，但如有不合理、不规范的地方，也会被单独扣分。

表4–5　实验教学考核评价内容

类别	考核项目	考核评价内容
基础性、设计性实验	实验预习	根据学生实验前预习测试情况、视频观看情况、实验设计情况评分
	实验操作	主要考核学生的设计能力和仿真操作能力
	实验报告	在线提交报告，对实验报告的规范性、内容质量进行考核
综合性实验	开题审核	学生分组结合自由选题，申报课题设计目标及技术指标，教师审核并给予难度系数、创新性评分
	验收和答辩	验收分仿真验收和实物验收，教师根据实验结果及其达到的技术指标给予评分；答辩结合学生自述和教师提问的方式进行，教师给予评分；小组可合在一起答辩，但小组内每人的分工和贡献需表述清楚
	实验报告	教师根据学生撰写报告条理是否明白、逻辑是否合理、表述是否清楚、语言是否规范、内容是否有创新等方面进行评分

基础性、设计性实验 =20% 视频观看 +20% 预习测试 +40% 课堂操作 +20% 实验报告。

综合性实验成绩 =40% 实物验收 + 15% 提问解答 +30% 总结报告 +10% 创新性 +5% 实验行为。

在整个实验项目评分中，基础性、设计实验成绩占 30%，综合性实验成绩占 70%；如图 4–43 所示。

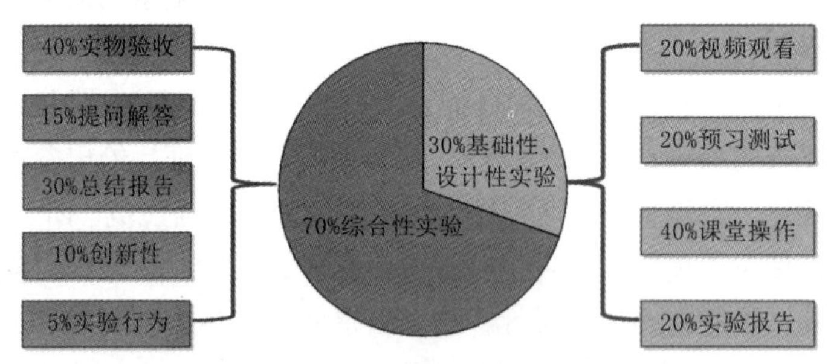

图4–43　实践项目评分比例图

项目根据学生报告的建议内容、学生问卷调查、实验组教师讨论意见、专家指导意见等多渠道收集反馈意见，对实验考核评价体系进行持续改进。

任意波形信号发生器设计实验包含简易正弦信号发生器，任意波形信号发生器，李萨如图信号发生器三层次的设计。设计过程具有多样性，还可扩展设计具有调幅功能的信号波形、用 VGA 显示观察输出的各类信号波形、用液晶显示输出频率的大小等。采用不同的设计方案，完成不同的程度的实验设计，所得的评分均不同。具体评分要求如

表 4-6 所示。

表4-6　任意波形信号发生器设计评分要求

项目及比例	分值	评价要求
验收 40%	10	基于任意发生器设计，拓展完成各种频率和相位成简单整数比的李萨如图信号发生器设计
	8	完成包含正弦波、三角波、方波、锯齿波等任意波形信号发生器设计
	6	完成简易正弦信号发生器设计
	≤ 4	仅完成部分仿真结果
提问解答 15%	10	理解电路原理、设计流程的基础上，正确回答所有提问
	8	基本理解电路原理、设计流程的基础上，能较好地回答主要问题
	6	了解电路基本原理，能回答部分问题
	≤ 4	电路原理、设计流程理解的不到位，问题回答较片面
总结报告 30%	10	内容完整，有详细的设计过程、仿真结果和数据分析
	8	内容比较完整，有设计过程、仿真结果和数据分析
	6	内容基本完整，设计过程、仿真结果和数据分析不全
	≤ 4	内容不完整，仿真结果不全或缺少数据分析
创新性、实验行为 15%	10	实验设计具有较高的原创性和新颖性，无迟到，积极参与讨论，实验操作严谨、过程规范
	8	实验设计具有部分原创性和新颖性，无迟到，积极参与讨论，实验操作严谨、过程规范
	6	实验设计的原创性和新颖性一般，有迟到或早退，态度不积极，讨论参与少，实验行为规范一般
	≤ 4	实验设计无原创性和新颖性，有旷课，基本不参与讨论，实验行为规范较差
综合成绩	≥ 9 优秀，≥ 8 良好，≥ 7 中等，≥ 6 及格，<6 不及格	

4.3.4　科创实践教学管理系统建设

随着学校管理变革的逐步推进，学校的实验室管理工作逐渐囊括了数字创新实践教学基地、实验教学示范中心和虚拟仿真实验教学中心管理，实验室建设和管理进一步复杂化，实验室建设和管理的问题渐渐暴露出来，如图 4-44 所示。

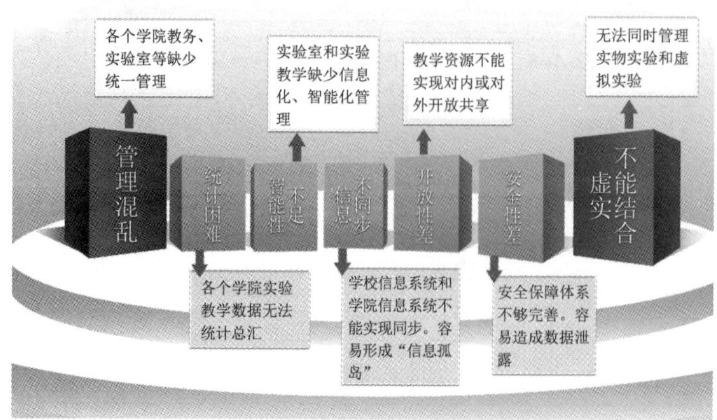

图4-44　实验室和实验教学管理目前存在的问题

（1）管理混乱。

高校实验课发展“学分制”，实验课不再以课程作业方式安排，而是将实验课从理论课中剥离出来，单独开设课程，并给予相应学分，传统的实验手工排课方式就变得异常艰难。实验室的信息化管理程度普遍不高，实验室及其仪器设备的开放、使用、购置维护均缺乏统一化的管理。实验设备、仪器、低值易耗品等没有较好地建立信息库，实验设备、仪器和低值易耗品基本信息及使用状态查询困难，不利于对这些实验设备的维护；对仪器设备的领用、借用、修理、报废的处理仍处于手工处理阶段，处理过程烦琐，容易出现纰漏，造成设备流失；实验耗材的管理也带有较大的主观随意性，容易造成耗材浪费。

（2）统计困难。

仪器设备信息统计过程复杂，占用大量工作时间，耗材消耗情况不能够得到很好统计。实验室的利用率等教育部要求上报的信息手工统计，工作负担较重且容易出现统计差错。实验教学数据也无法快速地统计汇总。

（3）智能性不足。

传统的实验室人工管理的模式，随着实验室开放工作和开展和实验课程的增多，人工管理难以做到实时，也难以实现对实验室的有效监管控制，因此实验室信息化升级改造已经成为各高校实验基地不得不面对的问题。

（4）信息不同步。

实验室信息智能化作为数字化校园工程的重要组成部分，需要实现各实验基地、实验室管理系统与教务管理系统等的有效数据对接，避免造成各管理系统之间的信息障碍。

（5）开放性差。

由于实验模式局限于传统实物的实验方式，未能充分利用基于现代科技的虚拟实验方式，同时，由于受空间、人力、时间等限制，实验设备、实验工作、实验并没有得到充分的利用，实验室资源浪费比较严重。

（6）安全性差。

首先在硬件安全方面，实验室开放程度和使用频率的加大给实验室的管理带来一定的安全隐患，如仪器设备的管理、电源的通断电等；其次在软件安全方面，传统的实验室管

理系统的安全管理机制和数据存储机制并不完善，容易造成数据泄露的问题。

（7）数字技术运用不足。

随着数字技术的高速发展，高校的许多实验基地将同时推进实物实验和数字化实验，形成数字与实体相结合的实验教学模式，传统实验室管理软件缺乏虚实一体化的解决机制，造成一个基地多个管理软件的困境，给实验室及实验教学的管理工作带来很大的困难。

针对目前存在的问题，需要制订一套整体的解决方案。学校已建成覆盖整个校园的计算机网络系统，使用计算机网络来进行实验室管理成为必然，特别是实验室开放选课给传统的实验室管理提出新的挑战。建立开放式科技创新实践教学管理系统，实现对实验教务管理、实验室示范中心管理、虚拟仿真基地管理、实验室管理等方面的全方位的统一管理。实现网上辅助教学和网络化、智能化管理，减轻实验室管理人员的工作负担，提供工作效率和服务水平。加强实验室主管部门对设备和材料的计划、采购、维修和使用的宏观控制和管理，以节约成本，提高利用，强化管理，并为本科教学评估、实验室评估、实验教学示范中心建设提供原始资料和翔实数据，有效推动学校的建设工作。

开放式科技创新实践教学管理系统，以深化实验室教学改革为指导，以学校实验室管理流程和基本事务管理为核心，以规范实验室管理信息化为准则，在深入分析、研究实验室管理规律、实验教学特点及其相关软件的基础上，根据实验室全面开放运行体系，设计、搭建开放式实验室综合管理系统，系统依托校园网络构建管理模式，充分利用学校实验室资源，实现了集实验教学、实验室管理、实验室开放预约、实验室门禁考勤、网络电源控制、视频监控、耗材资产管理、虚拟实验教学系统、互动交流通知、大型仪器共享、信息门户管理等功能于一体的实验室综合管理系统。该系统能够实现对上述系统的数据进行统一化管理，形成实验基地或实验室信息化管理整体架构，系统设计思路新颖，运行稳定，在学校的实验室管理中发挥了很大的作用。

图4–45　开放式科技创新实践教学管理系统的功能架构图

开放式管理系统是针对各学校实验教学和实验室管理信息化提供的 Web 化管理软件。采用 B/S 结构，突破地域空间的限制，整个实验数据放在服务器上，管理人员、教师在办公室、宿舍通过网络对仪器设备、实验项目、实验过程等进行管理监控，而学生则可以在机房或在能上网的地方进行实验预约、工位预约、仪器预约等。相对传统的手工管理，开放式管理系统有利于实验室资源的充分利用，有利于实验室管理的科学化和规范化。开放式科技创新实践教学管理系统的功能架构图如图 4–45 所示。

4.3.4.1 实践教学管理系统功能概况

（1）综合信息门户管理子系统。

该子系统采用符合基地实践教学需要的设计，设置符合实验室管理流程的栏目，如基地介绍、教师队伍、设备与环境、教学特色、通知公告等。门户网站后台管理方便，可自由编辑网站内容，支持多级拓展。

（2）实验教学与实验室管理子系统。

该子系统分为实验教务管理和实验教学过程管理两个主要模块。实验教务管理包含实验课程库管理、培养计划管理、开课计划管理、开课管理、开课审核等功能。实验教学过程管理包含实验前理论知识预习、实物实验安排、虚拟实验安排、实验批改、考勤管理、成绩管理、实验报告等功能。

（3）实验室开放预约管理子系统。

该子系统主要包括预约工位 / 实验室、设备外借、工位电源管理、实验室利用率等功能。

（4）实验室门禁考勤管理子系统。

该子系统包括刷卡开门、工位供电、刷卡考勤签到签离等功能。

（5）实验室网络电源控制。

该子系统包括系统操作试验台供电、断电等功能。

（6）实验室视频监控管理。

该子系统包括在线查看实验室实时视频及历史录像。

（7）数字化实验教学子系统。

该子系统包括数字化实验安排、实验指导、实验批改、查看成绩等功能。

（8）互动交流通知子系统。

该子系统包括实时答疑、在线留言、短信通知、邮箱提醒、搜索问题等功能。

（9）实验室资产管理。

该子系统包括资产建账、维修、报废、报失、调拨、负责人变更、总账、盘点等功能。

（10）实验室耗材管理。

该子系统包括耗材采购、入库、领用、报废、挂失、库存等功能。

（11）实验室建设项目管理。

该子系统包括项目申报、专家评审、主管审核、立项、检查项目进程、验收等功能。

（12）实习实训管理。

该子系统包括实习实训大纲、基地、单位、岗位、项目、工作汇报、学生成绩等功能。

（13）大型仪器设备共享管理子系统。

高效的管理功能可以将大型仪器进行分类、整合，向校内、外公布仪器的基本资料，有效提高大型仪器的利用率，并增强其开放性和透明度，并通过虚拟仿真系统为用户提供大型仪器使用的培训考核，保障设备安全。

（14）移动智能 APP。

基于实验室综合管理系统，实现实验室与实验教学管理、实验室开放预约等功能模块的功能，是系统的功能跨终端使用，满足现在智能手机逐渐成为管理工具的流行趋势。

整个系统由 14 个主要子系统构成，所有的子系统都是基于同一套基础数据，它们之间既实现了信息共享又拥有相互独立的功能。这种结构便于用户根据实际需求部署和使用其中一部分子系统，而随着实际需求的变化又可以随时扩展新的系统，所有的功能模块均基于同一管理界面，平滑过渡。这样用户就可以降低维护和管理风险，避免各个业务系统之间数据不能共享的问题。

4.3.4.2　实践教学管理系统设计原则

开放式数字创新实践教学管理系统设计原则主要从开放性、可扩展性、标准化、集成性、模块化设计等方面进行考虑，具体描述如表 4–7 所示。

表4–7　系统设计原则

平台设计原则	描述
开放性	系统是开放式、适应分布式和跨平台的计算机网络系统，具有先进的体系结构，能够实现广范围内的开放，并且可以预留校际之间开放接口，以实现更广范围内的开放共享
可扩展性	系统具有灵活的体系结构，具有良好的可扩充性，所有功能模块都遵循一套完整而健全的协议，不仅将系统的各模块紧密地融合为一体，而且方便单个功能模块的添加、升级，同时能十分有效地与其他系统进行兼容和数据交换，以实现数据的充分共享
标准化	采用教育部最新高等学校标准信息子集，为各级管理部门之间的数据共享及数据交换奠定了良好的基础。数据报表完全按教育部上报格式，并保证同步更新
集成性	所有的软件系统集成在一起，形成一个统一的集成系统，用户使用统一的用户名和口令，各系统的资源实现充分共享，使整个数字校园给用户一个整体的感觉
模块化设计	采用模块化的设计方法，提炼工作流程中的最小单元，形成相对独立的功能模块，使得应用系统能独立于具体的组织机构，能够适应组织机构的变革
数据库集中管理	所有应用系统使用统一的数据库管理，这样既能够节省硬件投资，又有利于数据共享，并且对于做好数据备份与管理大有好处，将减少后续系统维护的工作量
健壮性	具有高可靠性和高容错能力，保证局部出错不影响全系统的正常工作。应用系统对用户的操作顺序、输入的数据进行正确性检查，并以显著方式提示错误信息
安全性	本系统具有多级安全控制措施和监控措施，保证系统的安全性。在应用层面上采用了一整套完善的授权体系，通过对角色、用户设置相应的机构权限、操作权限、指标项权限来保证业务操作的安全性；在数据层面上提供数据库日志备份、事务备份、数据库自动备份、灾难恢复等功能；系统层面的安全特性通过系统错误捕获、日志功能实现
可维护性	能够方便和快速地维护系统性能。基础数据代码化，便于数据维护
可监控、可回溯性	系统能实现业务流程中的回执确认，能实现业务流程的监控，记录流程过程
易操作性	窗口界面简洁、直观，菜单层次清晰，功能项（功能按钮）定义明确，通用性强、操作简单，功能按钮具有指向式说明，设计人性化
实用性	系统功能丰富，充分贴近具体业务，既能用于实验教学过程，也能解决实验室管理方面的实际问题

4.3.4.3 综合信息门户管理系统设计

综合信息门户系统主要是针对网络用户、学校教职员工、学生等提供信息资源以及相关信息服务的应用系统，是开放式实验室综合管理平台的信息展示窗口和平台的登录入口，系统主要分为前端门户网站和后台门户管理两部分。前端门户网站能够按照学校 / 学院 / 实验基地的需求定制网站的导航栏目和页面显示栏目，可发布新闻资讯、通知公告，实验室风采、实验课程导航、规章制度等信息，学校 / 学院 / 实验基地可通过后台的内容管理模块自行定义、灵活配置需要的网站：自定义一级菜单、二级栏目、标志、图片、底部版权以及首页需要显示的各种动态交互信息。该系统可以动态生成门户网站，所有门户信息可以动态添加。

综合信息门户系统的功能特点主要有：

①兼容主流的浏览器，如IE8.0以上的浏览器、火狐浏览器、谷歌浏览器、360浏览器等。

②提供链接管理功能：对站点的链接进行统一管理，可无缝链接到国家级实验教学示范中心（链接）、省部级实验教学示范中心（链接）、各个二级实验基地门户平台等，以扩大学校的知名度。

③门户网站界面设计理念先进，设计风格庄严大气。

④支持多媒体信息在线编辑发布。

门户网站通常展示的主要模块有：首页、实验室管理平台登录入口、基地介绍、教学资源、实践创新、成果转化、师资队伍、校企合作、快速链接等。具体的内容如表 4-8 所示。

表4-8 门户网站的显示主要模块

首页	主要展示一些新闻动态、基地风采、通知公告、主要链接及登录入口等内容，给学生、教师及社会人士了解基地留下最初的总体、直观的印象
实验室管理平台登录入口	采用统一身份认证的方式，平台用户可以登录相应的后台，访问所需的资源
基地介绍	介绍教学实验基地的组织结构、基地状况
实验教学	介绍实验教学创新理念与改革思路、教学体系与教学内容、教学方法与教学手段、实验仿真教学资源、教学特色
实验队伍	介绍实验基地人员构成、队伍状况、名师风采
实践创新	集体活动、创新成果、获奖竞赛、获奖论文、获奖成果
管理体制	介绍实验室规章制度、运行体制、管理体制等
设备环境	介绍实验基地设备配置情况
成果转化	科研设备用于虚拟仿真实验教学情况、科研成果转化教学内容、科研成果促进创新
校企合作	合作思路、合作企业的概况、参与程度和合作成果
快速链接	通过网址后台编辑链接地址和名称，快速连接到重要的网站
基地新闻	发布实验基地最新的一些新闻、消息
基地公告	发布实验基地的一些公告、通知

网站的内容管理是通过虚拟仿真实验教学管理平台的综合门户信息管理后台进行管理。主要包括站点管理、栏目管理和文章管理三个部分。具体的内容如表 4-9 所示。

表4-9　门户网站的内容管理功能

站点管理	可购置不同的网络站点数量。在数量允许范围内，网站管理人员可添加不同学院的站点，并指定相应的内容管理员
栏目管理	网站管理人员可自行对门户网站上的栏目进行修改、调整。可以对现有的栏目进行查看、修改、删除操作
文章管理	支持对门户资源内容进行编辑和管理，可对网站上文章内容在后台管理中进行查看、修改、删除操作

4.3.4.4　实验室与实践教学管理子系统设计

开放式实验教学与实验室管理系统是针对各学校实验教学和实验室管理信息化提供的Web 化管理软件。系统基于实验增强的教学环境（4E）建设理念，以服务大中专院校实验教学信息化管理，提高实验教学水平为宗旨，以实现最广范围内的实验教学管理一体化为最终目标。该系统有四类角色：教务、实验室管理员、学生、老师。本系统以实验教学为基地，提供了教学教务管理、教学资源管理、教学过程管理、实验室考勤管理、实验室管理、实验报告管理、实验指导和答疑等功能，可满足开放式实验教学业务需求和开放式实验室管理业务需求，有利于推进实验教学管理的信息化、规范实验室管理、扩大实验室的对外知名度、降低学生进入实验室的门槛、启迪学生的设计能力和创新能力、改进实验教学设计、积累实验教学成果。

该系统的主要特点有：

（1）本系统由于采用模块化设计，系统功能易于扩展。随着实验教学应用的不断开展，可针对各类学校的实际需求进行定制。

（2）本系统可部署到校园网上。学生、教师、教务和实验室管理人员可通过浏览器参与实验的教学。系统的安装、部署、升级和维护比 C/S 架构的系统更简洁方便。

（3）具体教学过程的管理符合教学实际，提供多种先进的辅助功能，如：课前提供理论知识学习、预习功能；课中支持虚拟实验实验过程的智能指导；课后支持实验报告在线提交、在线批改、自动批改，实验成绩自动统计。

（4）可与系统的其他功能模块无缝对接，如实验室开放预约管理系统、互动交流通知系统、门禁考勤、电源控制、视频监控系统。

（5）提供先进的手机 APP，支持教师移动端预约实验室，实验室管理人员可在手机上进行审批。

（6）支持学生自选实验和实验开放预约功能。

（7）系统服务器采用 Linux 操作系统，安全、稳定且抵御病毒能力强。中间件和数据库采用开源技术。系统全部采用正版支撑软件集成，避免版权纠纷，是国家科技部倡导的教育信息系统架构方案。

（8）本系统可支持通过单点登录与学校现有的教学教务系统集成，也可以通过WebService与其他系统集成，以扩充本系统的功能。

4.4 产学合作协同育人模式的深化及实践

4.4.1 产学合作协同育人模式探索

伴随着经济的迅猛发展，在信息技术的带动下，各产业竞争发展愈发剧烈，知识创新能力保证企业拥有持久竞争力。知识在变化速度和创新跨度上呈现出跳跃性的发展，已逐渐成为各国的核心竞争资源。

党的十八大关于创新驱动发展战略指出我国未来的发展要靠科技创新驱动。Freeman和Lundvall表示产学合作作为一条基础的科技创新路径，是国家创新系统中重要的一环，在促进知识转移、推进产业提高创新竞争力、推动产业升级方面发挥着极其重要的作用。Beise、Stahl和Mansfield通过研究得出，在一些创新能力较高的企业中，其中有超过10%的创新成果产出都来自于产学合作过程。产学合作是指高等教育系统的任何部分与产业界之间的互动，作为技术创新的一种重要模式，其目的主要是为了鼓励知识和技术交流。对比各国的技术和经济的发展，发现产学合作在吸收外部知识、提高本国创新的能力对比其他方式效果更好。

近年来，认为产学合作已被广泛认为是加强开放式创新、组织外部网络发展创新和丰富知识存量的一种工具。我国政府在产学研合作相关政策的制定以及在法律层面积极探索、制定和实施了一些产学研合作政策。然而，大多数产学研合作政策主要由国家或国家部委颁布实施，由大学本身颁布的相关政策体系是较为罕见的。特别是近年来，中国经济增长的驱动方式由原来的要素转向政策和创新，产学合作为高校知识创造，企业技术升级提供了非常有利的环境。大学是知识孵化最好的基地，然而，目前我国大部分的高校在产学合作方面仍保持相对保守的态度，尤其缺失产学合作大学层面的制度供给。

杭州电子科技大学是一所电子信息特色突出，经管学科优势明显，工、理、经、管、文、法、艺等多学科相互渗透的教学研究型大学。与产业紧密相连的人才培养模式和研究方向决定了其在行业知识转移过程中也拥有着更大的实力和潜力，能发挥更大的作用。随着时代的发展在新的高等教育管理体制下，充分利用自身的行业优势，寻求地方政府和企业的支持，建立与地方产业的知识互动机制，融入区域经济活动，促进本地企业创新能力的提高。

依托杭州电子科技大学电工电子国家级实验教学示范中心，与德州仪器（TI）、美国国家仪器（NI）、微芯科技（Microchip）等一批国际高科技企业联合共建创新实践基地，如图4–46所示；2016年以来企业资助大学生各类创新创业类项目200余项，团队教师主持教育部产学研项目5项，学生实践项目与行业应用实现无缝对接，满足工程实践创新能力培养需要。

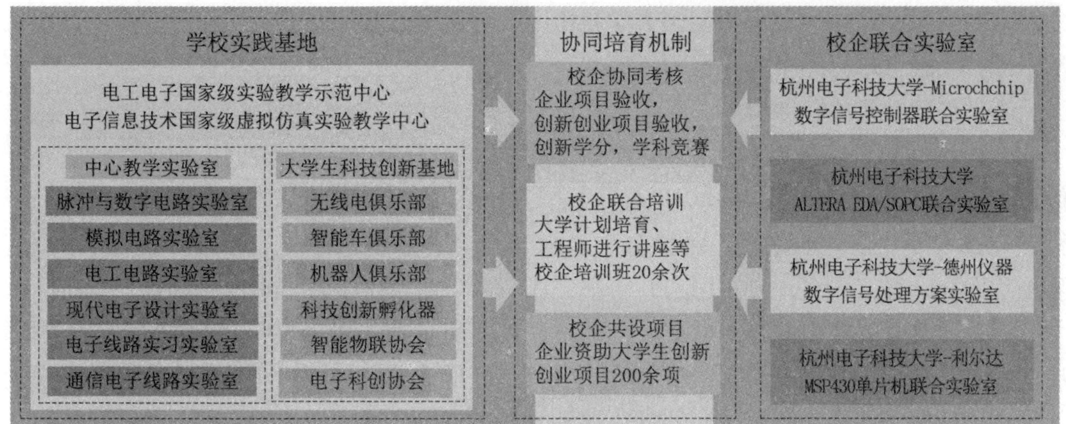

图4-46　校企协同共建创新实践基地

4.4.2　产学合作协同育人项目实例

4.4.2.1　实例一基于创新能力培养的信息化实践平台建设

普通省属高等学校电子信息专业人才培养应该具有多样性，既有学科型人才，更应该有大批能满足国家战略发展需求的工程技术人才。团队教师基于这一理念，充分调研，以提高学生的工程创新能力和可持续发展能力为培养目标，依托杭州电子科技大学电子设计综合实验室、全国大学生“小平科技创新团队”以及计算机、电子等学院各类学生科技实践创新实验室，进行信息化创新能力培养的实践平台建设，激发学生的学习兴趣，培养理论基础扎实、实践动手能力强、具有工程创新精神的电子信息类专业人才，更好地服务于省属高校电子信息类本科学生的工程创新能力的培养目标。

（1）与美国国家仪器（NI）公司项目相关的背景和基础介绍。

①项目成员。

学校十分重视信息化科技创新实践平台的师资队伍建设，建立了一支年龄、学历、职称结构合理，学术水平高，思想道德素质好，热心于实践教学的专兼职教师队伍。通过实践教学师资队伍的规划和建设，已建成一个实践教学与理论教学互通，教学、科研、技术相结合，热爱实践教学、勇于创新的实践教学队伍。

②电子设计综合实验室。

电子设计综合实验室建立于1999年6月，是一个面向全校学生开放的综合性实验室。实验室主要采用自主研发的信息化教学管理系统进行实践教学，同时配备了3D打印机、3D扫描仪、3D激光雕刻机、Analog Discovery 2口袋实验室、Basys3开发板、PIC18开发板、DSO7104A示波器、N9320A频谱仪、数字可调电源、8840A示波器等硬件设备。

作为开放性实验室，主要用于开设创新性实验教学课程，同时承担两年一届的全国电子设计竞赛，飞思卡尔智能车竞赛，浙江省电子设计竞赛，挑战杯竞赛及学院一年一度的电子设计培训和竞赛任务，并且向全校电子工程、电子科学与技术、电子信息科学与技术等专业高年级学生提供电子系统设计方面的实践，培养学生的工程实践能力和相互协作能力。自建实验室以来，在承担全国大学生电子设计竞赛过程中，获得国家一等奖、二等奖十余项，飞思卡尔智能车竞赛全国特等奖、一等奖等多项，另外有多项省级奖项。

③“创新性实验”课程。

本课程是电子信息类专业重要实践性课程，课程总学时为32学时。面向专业为电子信息工程、电子信息科学与技术、电子科学与技术、通信工程、信息对抗与技术、光信息科学与技术等专业。本课程开课学期为第5、6学期，是在学生完成基础实验后，针对实际工程问题，三人一组，自主思考，申报完成一个应用实验项目，重点是创新。

课程通过介绍数个综合性电子系统的设计思路和设计方法，给出一些对应的实验要求，让读者自己去探寻掌握电子系统设计技术及其创新的途径。实践过程注重工程能力、分析能力和创新能力的培养，通过实践的启迪和大量的有创意的实验项目训练，能动地激发创新意识，培养自主创新能力；使学生在理论、实践能力和创新精神三方面能得到同步收获。

（2）项目建设的预期目标和成果。

①建立校内实践基地。

依托电子设计综合实验室、全国大学生“小平科技创新团队”以及计算机、电子等学院各类学生科技实践创新实验室建立校内实践基地，实践基地采用美国国家仪器公司（NI）的VirtualBench多功能一体式仪器、Analog Discovery 2口袋实验室和自主研发的信息化教学管理系统进行实践教学。

②重构创新能力培养实践教学体系。

以“创新性实验”课程为切入点，侧重学生工程实践能力的培养，对后续系列科技创新实践教学进行改革。基于创新创业能力培养，构建自主研学的实践教学体系和网络实验室，实现了开放共享的实验管理模式。

③总结经验和成果，计划编写相关讲义1部，发表论文1篇。

在教学成果建设上，编写科技创新实践相关讲义1部，发表实践教学改革论文1篇。

④学生学科竞赛的成绩取得新的突破。

参加课程体系改革的学生在全国大学生电子设计竞赛、全国大学生“飞思卡尔”杯智能汽车竞赛的成绩更进一步，而且低年级学生获奖的等级和比例更有大幅提高。

4.4.2.2 实例二基于FPGA的远程数字电路实验平台建设

（1）杭州康芯电子有限公司项目相关背景和基础介绍。

①先进的网络设施为远程虚拟教学资源建设提供基础保障。

杭州电子科技大学是教育部“教育信息化——面向工程人才培养模式创新的智慧校园”试点单位，拥有先进的信息网络软硬件支撑平台，为开放式远程虚拟平台建设提供有力保障。电工电子国家级教学团队在多年的实践中，积累丰富的实验室建设和实验教学经验，为项目的顺利实施奠定了扎实的基础。

②完善的实验教学基础为项目建设提供明确导向。

学校建有国家级电子信息虚拟仿真实验教学中心和电工电子国家级实验教学示范中心，先后投资3390余万元，数字电路等多个基础教学实验室，满足电子、通信、计算机和自动化等专业每年 8420 名学生对实验教学的需要。经过多年的实验教学积累，已具备完善的实验类别和教学流程，并总结了传统实验教学中存在的问题和不足，能够为远程虚拟实验教学资源建设提供明确的指导性意见和建设方向。

③多元化的实验教学队伍为远程虚拟教学资源建设提供人才基础。

项目成员为国家级电工电子实验教学团队成员，且具有丰富工程实践教学经验。通过多年的实践教学师资队伍规划和建设，已建成一个实践教学与理论教学互通，教学、科研、技术相结合，热爱实践教学、勇于创新的实践教学队伍，为远程虚拟实验项目建设储备了大量创新性人才。

④具备了良好的虚实结合实验基础。

学校重视远程虚实实验教学，多年来不断探索虚拟仿真实验教学的规律与模式，已建设了国家级虚拟仿真实验教学中心和国家级电工电子实验教学示范中心，开设了满足各个专业培养计划要求的数字电路虚拟仿真实验教学。

本项目建设内容，充分考虑了现有设备条件，结合电子信息类实验课程的特点，结合应用型人才培养对电子基本知识与素养的需求。

（2）项目的特色和亮点。

①构建了适应新技术发展的远程实验教学体系。

依托虚拟设备等教学仪器，在“数字电路”“数字系统课程设计”等课程中试点开始远程在线教学项目，构建适应新技术发展的科创实践课程体系。新课程体系的实施，进一步激发了学生的学习欲望，使学生能够迅速由验证性实验过渡到自主设计实验，初步培养出学生自主设计能力，为学生终身学习习惯的形成打下坚实的基础。

②改革课程教学方法，优化课程内容。

依托杭州电子科技大学电工电子国家级实验示范中心、电子信息技术国家级虚拟仿真实验教学中心以及各类学生科技实践创新实验室，构建“线上线下混合、课内课外融合、理论实践结合”的教学模式。将其应用于实践教学中，极大地提高了学生的基础理论水平和系统设计实践能力，并拥有高起点去面对许多相关的后续课程。

③创建了自主设计论文答辩的考核方式。

采用“自主设计论文答辩”全新的实验考核方式，学生可自主选题或选择任课教师指定的实践项目，论文答辩的考核方式激发了学生自主学习的兴趣，使学生在数字电路自主创新设计、工程协作、语言表达及论文写作等各个方面得到了训练。

（3）项目建设目标。

依托电子数字电路实验室建立远程虚拟实验教学平台，平台采用 ELVIS Ⅲ仪器进行虚实融合教学设计，学生通过网络在线完成电子技术虚拟仿真设计；利用实验室配备的 ELVIS Ⅲ仪器开展远程实体实验研究测试；实现仿真指导实体实验、实体实验验证仿真的闭环流程。

①重构创新能力培养远程实验教学体系。

以“数字电路”课程为切入点，侧重学生工程实践能力的培养，对后续系列科技创新实践教学进行改革。基于创新创业能力培养，构建自主研学的实践教学体系和网络实验室，实现了开放共享的实验管理模式。

②总结经验和成果，发表论文。

在教学成果建设上，发表实践教学改革论文。

③学生学科竞赛的成绩取得新的突破。

参加课程体系改革的学生在学科竞赛的成绩更进一步，而且低年级学生获奖的等级和比例更有大幅提高。

（4）项目建设内容和实施路径。

①整合数字系列课程内容，构建了适应新技术发展的课程体系。

以“数字电路”课程改革为切入点，强化实践环节，构建了适应新技术发展的远程实验教学体系。新课程体系的实施，进一步激发了学生的学习欲望，使学生能够迅速由验证性实验过渡到自主设计实验，初步培养出学生自主设计能力，为学生终身学习习惯的形成打下坚实的基础。

②改革课程教学方法，优化课程内容，提出全新的有关教学模式。

依托杭州电子科技大学电工电子国家级实验示范中心、电子信息技术国家级虚拟仿真实验教学中心以及各类学生科技实践创新实验室，构建“线上线下混合、课内课外融合、理论实践结合”的教学模式。将其应用于实践教学中，极大地提高了学生的基础理论水平和系统设计实践能力，并拥有高起点去面对许多相关的后续课程。

③开放式远程控制虚拟仿真实验平台，推动泛在化教学。

杭州电子科技大学与墨西哥蒙特雷科技大学两校教师团队以打造全方位开放式教学为宗旨，以解决复杂工程问题为核心，围绕如何拓展实验内涵、激发学生的学习兴趣、培养工程创新意识等问题开展数字电路远程控制实验平台设计与研究。基于实验平台教学功能，精心设计了多个综合性电机学远程控制虚拟仿真实验，借助信息化手段，实现全方位开放式教学，满足泛在化教学需要。

第5章　校企协同杭电—美国微芯科技创新孵化器建设

5.1　杭电—美国微芯科技创新孵化器介绍

十载漫漫，未来可期。杭州电子科技大学杭电—美国微芯科技创新孵化器是杭州电子科技大学与美国微芯公司联合共建的、着眼于物联网和智能家居的科研组织。孵化创新型技术、孵化创新型产品、孵化创新型企业，是我们不变的宗旨。在“三个孵化”的引导以及数届成员的努力奋斗下，孵化器于 2016 年获得全国大学生“小平科技创新团队”称号。历经十年，实验室自负盈亏，自力更生，逐渐形成了以人才培养为宗旨，科技研发为载体，项目与竞赛为辅助的运营模式。如图 5–1 所示，杭州电子科技大学杭电—美国微芯科技创新孵化器获得大学生“小平科技创新团队”。

图5–1　大学生“小平科技创新团队”颁奖会

5.1.1　杭电—美国微芯科技创新孵化器发展历程

依托杭州电子科技大学国家级实验教学示范中心、国家级虚拟仿真实验教学中心，致力于物联网、网络数据和智能设备的研究；于 2009 年与美国微芯公司联合建立科技创新孵化器。孵化器面向校内外开放，接纳毕业设计、科技创新能力训练等完成相关的教学实践任务。

（1）管理模式：孵化器采用学生完全自主管理模式，每年资助 20 多名优秀本科生进驻孵化器，从一年级开始着手产品的学习和设计能力培养：一年级以自学为主，二年级进行实践培训，三年级开展自主设计，并参与科研和承揽第三方设计，四年级能够出专利、论文和创新技术产品等成果，培育完成。

（2）培养模式：针对大一新生，高年级学长定期授课并制订详细的暑期实验板学习计划，帮助其共同成长；大二阶段，依据兴趣划分并成立 PC、数字、模拟、网络开发等多个兴趣小组，分享学习心得，进行实践锻炼；大三阶段，开展自主设计，参与科研并组织参加全国大学生电子设计大赛、全国大学生“挑战杯”大赛、全国大学生机器人大赛等课外科技活动；大四阶段，孵化出专利、论文和创新技术产品等成果。

（3）运营模式：采用企业化运营管理模式，实验室成立采购部、后勤部、财务部等部门；采购部负责实验室的器件与日常用品的申购，后勤部负责实验室内部生活用品与规章制度的维持，财务部负责实验室的经费管理，实验室秘书负责实验室的日常事务和科研项目的统筹。

（4）自成立以来取得的成绩。

① 2015 年获得杭州电子科技大学“七色花”五四青春榜样，2016 年获得中国共青团和全国少年工委颁发的全国“小平科技创新团队”（全国 50 个，浙江省 2 个）。

②发表科技论文 8 篇，申请专利 9 项，获得省级以上科技项目 29 项。

③学科竞赛获得国际奖 1 人次，国家奖 36 人次，省级奖 81 人次。

④郑祥谱同学 2017 年获得浙江省国家特别奖学金（全省 10 个，杭电 1 个），周航、孙兴哲等 8 位同学获得 2016 年美国微芯“大学奖学金”。

⑤ 28 位同学考取浙江大学、电子科技大学、西安电子科技大学、上海交通大学、东南大学等高校硕士研究生；23 位同学在华为技术有限公司、海康威视、浙江大华技术股份有限公司、腾讯计算机系统有限公司等著名 IT 公司任职。

⑥先后为台湾松瀚公司、浙江省中医院等企业和社会单位开发人体经络分析仪、自组网灯控等 25 项产品，实现产学研结合。

⑦连续 9 年参加美国微芯公司“精英技术年会”，紧密跟踪产业界技术发展动态，并在 2016 年获得美国微芯公司颁发的大学教育杰出奖。

5.1.2 杭电—美国微芯科技创新孵化器开放资源

（1）孵化器基础实验室。

主要承担大一、大二等低年级学生创新能力的培养，孵化创新型技术。实验室配备了 3D 打印机、3D 扫描仪、3D 激光雕刻机、Analog Discovery 2 口袋实验室、Basys3 开发板、PIC18 开发板、DSO7104A 示波器、N9320A 频谱仪、数字可调电源、8840A 示波器等仪器设备。

（2）可开放的实验项目。

基于 FPGA 的贪吃蛇设计；DDS 信号发生器的设计；气象预报员；任意波形信号发生

器设计；多功能无人机控制系统的设计；基于陀螺仪遥控的智能小车；手势识别及灰度处理系统的设计；基于无线自组网协议的分层储物柜设计；视觉追踪系统的设计等。

（3）孵化器创新实验室。

主要承担产学合作项目和科研项目的开发，孵化创新型产品。实验室配备了频谱仪、1GHz 安捷伦示波器、贴片焊接设备、逻辑分析仪等仪器设备。

（4）在开发的项目。

立体图纹织机电机阵列控制系统；自组网灯控系统的开发；基于 ADRC 的自主路径规划无人绘测机研发；智能楼宇照明系统的研发；基于手势控制的汽车人机交互系统开发；基于 ROV 的一站式智慧渔业管理系统；基于毫米波雷达的智能安检系统；投影仪人机交互增强系统；电子科技创新共享生态圈的研发等。

（5）孵化器训练实验室。

主要承担实验作品课后制作、学科竞赛训练、创新创业项目申报，孵化创新型企业。实验室配备了数字可调电源、信号发生器、示波器、数字万用表、四旋翼飞行器训练模型、智能车训练模型、电子综合设计实验箱、大学生科技创新智能实训平台等仪器设备。

（6）承担学科竞赛、创新创业项目的类型。

中国杭州大学生创业大赛训练；全国大学生电子设计大赛高频组训练；全国大学生电子设计大赛控制组训练；全国大学生电子设计大赛四旋翼飞行器训练；国家级大学生创新创业项目孵化；浙江省新苗计划孵化；全国大学生 FPGA 创新设计邀请赛训练；全国大学生智能互联创新大赛训练等。

5.2　杭电—美国微芯科技创新孵化器制度建设

春树桃李，秋可得其实。传与承，是孵化器薪火相传的动力；培养人才，是我们一以贯之的宗旨。经过十年的积累，我们不仅拥有完备的项目开发档案、全面的培养计划、完整的实验室文件，也有标准化的存储与管理体系。在我们的服务器中，储存着的是世界顶尖的软硬件设计与学习资料，也是对于未来的期许。无论硬件还是嵌入式软件，无论射频通信还是信号处理，无论网络开发还是人工智能，我们都有大量的人才需求，也精心准备了详尽的培养计划。同时，每周一次的例会、经常性的分享会、研究生或已入职学长的指导，每位成员都是孵化器精神的传承者。

5.2.1　杭电—美国微芯科技创新孵化器章程

第一章　总则

第一条　名称：杭电—美国微芯科技创新孵化器

第二条　性质：杭电—美国微芯科技创新孵化器实验室是由杭州电子科技大学老师和学生组成，以“自由自愿”为准则、以“诚实诚信、服从管理、科技创新”为细则、以“企业管理”为模式的科研性质组织。坚持四项基本原则，注重思想性、学术性、知识性、趣味性和实践性，符合社会发展要求，有利于“四有”人才培养，有利于学生身心健康发展。

第三条 宗旨：为杭州电子科技大学老师和学生提供技术交流的平台，以“三个孵化”（孵化创新型产品，孵化创新型思维，孵化创新型人才）为宗旨，以“一个中心、二个平台、三项前提、四种观念”为指导思想（“一个中心”：把创新同学的理念作为我们开展一切工作的中心思想；“两个平台”：给学生锻炼自我提供平台，给学生展示自我搭建平台；“三项前提”：以学习为前提，以自我约束为前提，以客观条件为前提；“四种观念”：开展组织活动要有合理观念、反馈观念、大局观念、荣誉观念，为社会培养及输出有理想抱负、有技术实力、有创新思维的优秀人才。

第四条 准则：孵化器必须在宪法和法律范围内开展活动，不得从事与宗旨无关的活动。以“制度化管理，人性化服务”为理念，把握好孵化器的发展方向，了解孵化器，服务孵化器；监督好孵化器的活动开展。务必做到放管结合、统筹兼顾、职能明确，密切配合，服务大局，真正做到全心全意服务于孵化器的全面发展与老师学生的成长成才。

第五条 任务：组织管理好孵化器，不断培养成员的兴趣、爱好、特长，让越来越多的同学能够创建或拥有一个符合自身兴趣的能够锻炼和提升自我素养的平台，鼓励“百家争鸣，百花齐放”。共同为高校学生“创新、创业”第二课堂的建设做出应有的贡献，致力于孵化面向新时代的创新型技术和人才。

第二章 组织机构

第六条 孵化器组织原则是民主集中制，理事会是最高决策机构，理事会由孵化器主席和学生干部组成，理事会实行例会制，定期举行一次例会，负责审查和商讨孵化器工作。

第七条 孵化器设立理事会、办公室、后勤部、宣传部等行政部门，各部门设立一个部长及若干干事，具体负责日常事务。

第八条 孵化器实行主席责任制，主席负责组织孵化器开展活动，并积极根据计划等开展活动和项目研发。

第九条 孵化器主席及各部门部长任期为一年，换届时间为每年 4 月。

第三章 职责

第十条 理事会：领导和团结、管理孵化器会员，有计划有步骤地指导各部开展工作，制定总的方针和审批活动方案。

第十一条 办公室：一、辅助理事会进行各项规制度起草；二、安排各种会议和活动；三、报告整理、送审、监督等；四、财务支出记录、报销等。

第十二条 宣传部：一、对外宣传与联络；二、网站、服务号等维护；三、活动策划。

第十三条 后勤部：一、实验室耗材采购与管理；二、仪器维护与保修；三、物品借记管理。

第四章 成员

第十四条 孵化器是高校学生在自愿基础上自由结成的群众组织，可打破年级、系科以及学校的界限自由组成。孵化器管理实行主席负责制。以“孵化创新型产品，孵化创新型思维，孵化创新型人才”为宗旨，以“汇聚志同道合的朋友，培养提高会员的兴趣，并让会员有机会发挥和施展自己的才华”为目的，开展有益于学生身心健康的活动，为学生服务，为社会服务。社团的发展方向是为社员服务，找准各自的定位，能坚持长期担任研发工作，让会员在孵化器中学到知识，增强其爱好，做到入会时是兴趣爱好，走出的时候成为特长。

第十五条　孵化器成员由杭州电子科技大学本科学生组成。

第十六条　孵化器干部由理事会指定产生，一般情况下按照能力考核。

第十七条　孵化器主席由理事会与指导老师共同推举产生。

第十八条　成员一经审批通过，孵化器尽快以公告、公开会议或网络形式宣布成立，以配合孵化器开展活动。

第十九条　孵化器成员享有以下权利：

（一）负责人（主席）是理事会成员。

（二）对孵化器工作有监督、建议和批评的权利。

（三）依照孵化器有关规定使用孵化器的设施与器材。

（四）参加孵化器组织的各种活动。

第二十条　孵化器成员必须履行以下义务：

（一）拥护本章程、支持各项活动。

（二）服从组织安排，完成计划任务。

（三）不得做任何有损与孵化器利益的行为。

第五章　经费与活动

第二十一条　孵化器经费以项目申请为主，按照规划使用。

第二十二条　任何老师、学生在申请加入孵化器之前不得以孵化器的名义开展任何活动，不得以孵化器名义擅自收取费用。

第二十三条　新入会成员必须到孵化器备案后方可开始以孵化器的名义开展活动，必须严格遵守《杭电—Microchip科技创新孵化器章程》及其他管理制度。

第二十四条　孵化器活动要做到：

（一）以孵化器名义活动开展前要填写《杭电—Microchip科技创新孵化器活动策划评审报告》并附《活动策划书》，须经主席签字负责老师审批后方可举办，重大活动须经学校分管部门同意方可举办。

（二）活动中有需要孵化器支持的可以口头或书面形式向孵化器提出。

（三）活动结束后要及时总结汇报活动的过程、效果，并上交活动总结报告（注明活动开展的时间、地点、参与人数、活动流程、效果、经验教训，若是比赛还需附上比赛结果）。

第二十五条　举办以下性质的活动须于活动开始时间10个工作日前报孵化器审批，经批准后方可实施：

（一）群众性集会、沙龙及研讨会等活动。

（二）邀请校外人员举办的讲座、报告等活动。

（三）设计出版发行报纸、刊物等印刷品的活动。

（四）收取费用的培训班、学习班等活动。

（五）与其他单位、团体或个人联合主办的活动。

（六）两个以上（含两个）社团共同举办的活动。

（七）其他重大活动。

第六章　奖惩

第二十六条　孵化器实施公司化管理模式，采取奖惩制度保证组织内部的高效性。

第二十七条　对孵化器工作做出贡献或有突出成绩的团体和个人给予表彰和奖励。

第二十八条　凡有违反孵化器章程者，视情节轻重，给予批评或罢免职务。

第七章　附则

第二十九条　章程的修改须由指导老师、孵化器理事会讨论决定。

第三十条　章程的解释权归孵化器理事会所有。

5.2.2　杭电—美国微芯科技创新孵化器人事管理制度

第一章　总则

第一条　为提高本团队的工作效率，最大限度实现团队资源配置，保证日常学习工作的顺利进行，特制定本制度。

第二条　本团队的所有成员及预录用成员均适用本制度。

第三条　本团队的各成员均应遵守本制度的相关规定。

第二章　录用

第四条　本团队的新成员面向本校在校的大学生公开招选。

第五条　团队每学年定期对有意向加入本团队的在校大学生展开招新工作。

第六条　本团队成员分为预录用成员和正式成员。

第七条　预录用成员是指通过推荐、公开招选等方式进入本团队的本校在校大学生。预录用成员经过考核通过后可成为正式成员，预录用成员考核时间为四到六周。预录用成员比例与拟录用成员比例不超过 2 : 1。

第八条　预录用成员在试用时间段内若表现不佳、自己主动停止接受考核或考核未通过，不予录用为正式成员。

第九条　正式成员是在本团队学习工作一段时间后、经考核合格而被批准成为正式成员的预录用成员。

第三章　休假

第十条　团队学习工作倡导自由轻松的氛围，即任何时间都可学习工作，因此无规定节假日。此休假制度为特殊情况而设立，如生病、私事等。

第十一条　生病、私事或需要放松，以病假或事假对待。

第十二条　病假应及时向组长报告并填写请假条方可暂停手头工作，组长需及时协调相关工作。事假则最好在做完所有工作或一阶段工作后，向组长提出请假要求得到允许后，方可填写请假条休假。组长休假则向总负责人或人事负责人说明病登记。

第十三条　如有特殊事情，则可视情况减少相应的请假步骤，由人事负责人做好休假记录。

第四章　绩效

第十四条　团队实施公司化管理模式，对孵化器所有成员进行绩效考核。

第十五条　成员绩效考核由理事会执行，由各部门部长及各团队负责人辅助实施。

第十六条　绩效考核内容包括日常工作、项目开发、招新培养、对外推广等，考核周期为一个月，月绩效考核于每学期末进行汇总。

第十七条　在期末绩效考核中评定为优秀的成员，由组织进行表彰，并给予一定物质奖励。

第十八条　团队实施淘汰制度，保持每学期 10% ~ 20% 的淘汰率，作为绩效考核不合格的成员的惩罚措施。

第五章　迁出

第十九条　正式成员和预录用成员因故不能继续留在本团队，需提前向人事负责人提出申请，并填写相关的迁出团队申请表（正式成员需提前 1 个月，预录用成员可在试用期内任何时间）。

第二十条　迁出成员在离开团队前需要将自己正在进行的工作做好相关的交接。

第六章　附则

第二十一条　与人事相关的其他项目，请参考相应的制度。

第二十二条　本制度修改由团队所有正式成员集体讨论进行，决议超过总人数 60% 方可修改。

第二十三条　本制度自颁布日起正式施行。

5.2.3　大学生电子科技创新孵化器经费使用制度

第一章　总则

第一条　为规范本团队的资金使用情况，最大限度实现经费的合理配置，保证项目开发及日常运营工作的顺利进行，特制定本制度。

第二条　本团队的所有资金往来条目均适用本制度。

第三条　本团队的各成员均应遵守本制度的相关规定。

第二章　经费组成

第四条　本团队的经费组成主要有项目开发经费、资料及耗材采购经费、活动经费、运营和宣传经费等。

第五条 项目开发经费包括项目开发、测试、生产过程中必要的成本费用以及开发人员的劳务补贴费用等。

第六条 资料及耗材采购经费包括学习资料采购费用、日用物品采购费用、易耗元器件采购费用等。

第七条 活动经费包括招新活动费用、年度聚餐费用、春秋游费用、羽毛球赛费用等。

第八条 运营和宣传经费包括宣传资料制作费用、广告费用等。

第三章 经费来源及使用

第九条 本团队的经费来源由立项经费以及公司拨款两部分构成。

第十条 由本团队通过项目立项等方式自主取得的经费，全部归属团队所有；借由公司渠道取得的经费，部分归属团队所有。

第十一条 本团队的经费由财务部门管理，由理事会进行合理调度。

第十二条 本团队的任何经费使用前必须填写经费使用说明，由理事会批准后方可使用。

第十三条 原则上不允许任何团队成员将私人资金作为团队经费使用。

第四章 项目开发经费

第十四条 本团队的项目开发经费为流动经费，由本部财务处于项目启动时下拨。

第十五条 项目开发经费应于项目正式开始前进行预清算，附于立项书尾一同交由理事会审批。

第十六条 项目开发经费包括项目开发成本以及劳务费用，劳务费用一般为项目总报价除去开发成本后的 30% 至 40%。

第十七条 项目开发经费最终交由项目负责人，由项目负责人进行支配。

第十八条 项目经费使用不合理的，理事会及公司有权收回经费使用权。

第五章 资料及耗材采购经费

第十九条 本团队的资料及耗材采购经费为固定经费，由本部财务处于每个自然年年初下拨。

第二十条 团队须于年初进行当年资料及耗材采购经费预清算，交由理事会审批。

第二十一条 团队出现资料及耗材采购经费短缺的，可向公司提起经费补助。

第二十二条 资料及耗材采购必须开具发票（无发票场合除外）。发票抬头为公司的，交由公司保存；发票抬头为杭州电子科技大学的，由财务处保存。

第六章 活动经费

第二十三条 本团队的活动经费为固定经费，由本部财务处于每个自然年年初下拨。

第二十四条 团队须于年初进行当年活动经费预清算，交由理事会审批。

第二十五条 团队出现活动经费短缺的，可向公司提起经费补助。

第二十六条 活动经费使用项目必须开具发票（无发票场合除外）。发票抬头为公司

的，交由公司保存；发票抬头为杭州电子科技大学的，由财务处保存。

第七章　运营和宣传经费

第二十七条　本团队的运营和宣传经费为固定经费，由本部财务处或公司于每个自然年年初下拨。

第二十八条　团队须于年初进行当年运营和宣传经费预清算，交由理事会审批。

第二十九条　团队出现运营和宣传经费短缺的，可向公司提起经费补助。

第三十条　运营和宣传使用项目必须开具发票（无发票场合除外）。发票抬头为公司的，交由公司保存；发票抬头为杭州电子科技大学的，由财务处保存。

第八章　附则

第三十一条　本制度中“公司”指“杭州遥临科技有限公司”。

第三十二条　与经费使用相关的其他项目，请参考相应的制度。

第三十三条　本制度修改由团队所有正式成员集体讨论进行，决议超过总人数 60% 方可修改。

第三十四条　本制度自颁布日起正式施行。

5.3　杭电—美国微芯科技创新孵化器3X培养计划

Xplain：理论基础和知识体系构建阶段，科普关于嵌入式开发的基本流程和组成部分。主要形式为孵化器内部成员的对外授课。规模可覆盖 200 位左右学生。

Xplore：动手实践阶段，主要针对第一阶段接触的理论知识进行深化与实践。主要形式为动手实验，完成 IoT 系统中的分立部分。面向第一阶段理论基础掌握较好的学生。

Xport：工程意识和项目思维培养阶段，通过已有技术储备，实现完整的“项目设计—项目开发—后期测试”等流程。面向第二阶段实践效果较好的学生。

5.3.1　杭电—美国微芯科技创新孵化器软件培养计划

第一周

1. 考查范围

C 语言设计的基础知识、基本数据类型 (int、char、double) 及常用库函数（math.h）、算数表达式、控制结构与语句。

2. 重点考查内容

各个进制之间的相互转换；

熟悉运用 printf 和 scanf，换行符等；

学会给自己的程序写注释；

学会调用常见的库函数；

了解基本数据类型及其相应的数据格式；

考查各个符号的优先级；

学会运用 if、switch、while、for 等基本语句。

第二周

1. 考查范围

子函数的编写及调用、数组、复习控制结构和语句。

2. 重点考查内容

提升对 if、for 等语句的考查难度；

学会用子函数来实现相应的程序；

初步了解递归函数的运用，可出书本原题；

解全局变量和局部变量；

掌握一维数组和二位数组；

冒泡排序；

了解字符串的相关知识。

第三周

1. 考查范围

编译预处理、指针。

2. 重点考查内容

学会指针在子函数里的运用；

学会指针与数组之间的关系运算；

重点掌握指针与字符串之间运用；

初步了解多级指针的运用；

简单了解编译预处理的相关知识。

第四周

1. 考查范围

结构体、指针。

2. 重点考查内容

提升指针的运用难度；

掌握最基本的结构体运用；

重点掌握结构体数组和结构体指针；

初步了解链表结构。

第五周

1. 考查范围

位运算、文件、综合性程序。

2. 重点考查内容

掌握位运算的相关知识和运用；

学会文件的读写、打开与关闭；

综合函数的考查。

第六周

1. 考查内容

综合性程序、led灯。

2. 重点考查内容

提升综合的编程能力；

了解51的相应IO口配置

了解高低电平和延时；

点亮第一个led灯。

第七周

1. 考查内容

数码管显示、按键及矩阵按键、蜂鸣器。

2. 重点考查内容

了解静态数码管和动态数码管的相关知识；

了解蜂鸣器及按键、矩阵按键的相关原理；

学会按键与矩阵按键控制数码管或蜂鸣器。

第八周

1. 考查内容

8*8LED点阵、外部中断。

2. 重点考查内容

了解8*8LED灯的相关内容；

通过外部中断改变点阵的显示或数码管。

第九周

1. 考查内容

计时器中断、单片机综合小任务。

2. 重点考查内容

学会运用定时器中断控制数码管；

提升对单片机的整体运用。

第十周

1. 考查内容

C语言复习，单片机综合任务。

2. 重点考查内容

复习C语言；

巩固单片机的运用。

5.3.2 杭电—美国微芯科技创新孵化器硬件培养计划

第一周

1. 微电子定义及其与电子的联系
什么是微电子；
微电子与电子的关系。
2. 微电子的历史与故事
微电子的起源；
IC 发展时间线。
3. 微电子行业的细分与前景
集成电路产业链；
IC 设计；
IC 的生产与制作；
IC 产业公司分类；
IC 行业的国际分布；
IC 行业在中国的分布；
IC 行业的前景。

第二周

由小米智能插座引出的电子知识：
电容基础知识；
电感基础知识；
继电器基础知识；
二极管的分类及用途；
三极管的种类及原理。

第三周

1. 基尔霍夫定律
2. 电压与电流的参考方向
电流；
电压。
3. 电路仿真软件 Multisim 验证基尔霍夫定律

第四周

1. 电压源与电流源的等效替换
电压源；
电流源；
电源的等效变化。
2. 电阻的等效变换

第五周

1. 电路的等效变换与化简方法
2. 电路的叠加原理
3. 支路电流法、节点电压法、网孔电流法

第六周

1. 受控源
2. 戴维南等效电路

第七周

常熟变易法求解电路方程：
含有电感的一阶电路。

5.3.3　杭电—美国微芯科技创新孵化器考核试题

（1）现有一个 12V 的电池，一个 LM324 运放芯片（内含四个独立运放），以及一个可以产生峰值为 0.1V、频率为 500Hz 正弦波（设为 u1）的信号发生器。请设计电路，使 u1 加至加法器的一端，另一端输入自制的，峰值为 0.2V、周期为 2000Hz 的用示波器观察基本不失真的三角波（设为 u2），加法器的输出为 uo=10u1+u2，uo 经过滤波器滤除 u2 的频率分量，使得滤波之后的信号为峰峰值为 9V 的正弦信号 u3，u3 经过比较器之后在 1000Ω 负载上得到峰峰值为 2V 的输出电压。

①根据要求画出系统框图，明确各个部分承担的作用。

②根据前一步的分析，分析每个运放所扮演的角色，并使用运放设计符合要求的电路。

③根据要求组合各个模块，完成题目。

④用仿真验证方案的可行性。

⑤用 Altium.Designer 绘制原理图和 PCB。

（2）现有一个处于 0.1 ~ 10Hz 频段的信号，有效值为 10mV，但是其湮没在市电干扰中（峰峰值为 1V 的 50Hz 正弦波），请设计电路，滤出这个有效信号，并使其有效值变得在 1V 以上。（干扰信号的有效值至少是有用信号有效值的 1% 以内）。

①参考《测量电子电路设计——滤波器篇》第三章的内容，给出方案，并使用软件仿真，验证可行性。

②最后使用 Altium.Designer 绘制原理图及 PCB。可以使用的器件是电阻（贴片）、电容（贴片）LM324 等运放（直插）。

（3）以三极管或者三端稳压器件为主，设计一个压控电压源。

①要求：输入 18V 的电压，输出 0 ~ 15V 范围之内可调。输出电流要求大于 100mA，纹波电压不大于 50mVp-p。

②调节的方式是，有一个控制电压输出端，通过在这一端加一定的电压，输出和这个控制端呈一定线性关系，比如 Vo=3*Vi，或者其他的线性关系都可以，但是 Vi 要小于等于 5V。

③给出方案，并使用软件仿真，验证可行性，最后使用 Altium.Designer 绘制原理图及 PCB。

（4）设计一个可控增益放大器。输入与输出的增益是由一个控制端用电压进行控制，增益 A 为 1、2、5、10、50 五种，交直流都可以放大。增益可以用电压控制，比如 0 ~ 1V，A=1，1 ~ 2V，A=2 等，也可以自己设定。

①给出方案，并使用软件仿真，验证可行性。

②使用 Altium.Designer 绘制原理图及 PCB。

（5）请设计一个电机驱动（H 桥）电路。电路可以实现的功能为直流电机的正反转和调速，并且有死区保护等功能（这里需要注意的是，虽然没有明白地提出，但是现实中要考虑三极管的功耗问题）。

①请再设计一个电源给电机供电。我们提供的是一个将 220V 交流电变为 18V 的变压器。即是说，设计一个整流电路以符合要求。

②给出方案，并使用软件仿真，验证可行性，最后使用 Altium.Designer 绘制原理图及 PCB。

5.4　杭电—美国微芯科技创新孵化器示范辐射

为了充分发挥高校人才培养、社会服务和示范辐射的功能，本着“优势互补、合作互惠”的原则，杭州电子科技大学杭电—美国微芯技创新孵化器（获全国大学生“小平科技创新团队”称号）和杭州市实验外国语学校高中部，于 2016 年 2 月合作共建“杭电—杭实高中科技创新实训基地”。基地合作挂牌仪式和校外基地场所如图 5-2 所示。

图5-2　杭电—杭实高中科技创新实训基地挂牌仪式

基地成员由杭州电子科技大学低年级本科生和杭州实验外国语学校高中生共同组成，由杭州实验外国语学校提供专项基金，资助基地成员开展各类科技创新项目锻炼。基地采用以学生为主体、教师为主导的学生自主管理模式，由本科生带领高中生进行科技项目的的学习和设计能力培养，经过三年多的探索及实践，学生成果及成效显著。

实训基地主要采用自主研发的教学套件进行实践锻炼，同时配备了虚拟仪器、教学套件、示波器等硬件设备，满足各类科技创新活动的开展需要。

5.4.1　杭电—杭实高中科技创新实训基地建设条件

5.4.1.1　基地建设指导教师队伍

基地建设依托杭州电子科技大学电工电子国家级实验教学示范中心和杭电—美国微芯技创新孵化器。基地十分重视学生科创实训基地的师资队伍建设，成立了一支勇于创新、热心于科创实践指导的教师队伍。杭电—美国微芯技创新孵化器成员指导高中学进行科技创新活动场景如图 5–3 所示。

图5–3　科技创新活动现场教学

5.4.1.2　全国大学生“小平科技创新团队”

“杭电—杭实高中科技创新实训基地”主要成员来自于杭州电子科技大学大学生科技创新孵化器实验室（2016 年获得全国大学生“小平科技创新团队”称号）。

孵化器实验室致力于物联网控制电路设计与网络数据分析以及生物医疗信号处理与控制电路设计。自成立以来，在学科竞赛、科研项目、辅助教学、服务社会等方面取得了一定成绩，在国家级、省级科技竞赛中获奖 32 项，获得国家级大学生创新创业训练计划项目、浙江省“新苗人才计划”资助项目 6 项。实验室先后与杭州市中医院等单位建立合作关系，所研发的部分项目产品已投入使用。目前，实验室正创办高新技术产业园区企业，计划在未来几年内将技术转化为产品，推向市场，积极为社会服务。

5.4.1.3　“创新性实验”课程

“杭电—杭实高中科技创新实训基地”实践教学模式，参照和借鉴杭州电子科技大学“创新性实验”课程，该课程的主讲教师同时兼任实训基地的指导教师。

本课程是电子信息类专业重要实践性课程，课程总学时为 32 学时。面向专业为电子信息工程、电子信息科学与技术、电子科学与技术、通信工程、信息对抗与技术、光信息科学与技术等专业。本课程开课学期为第 5、6 学期，是在学生在完成基础实验后，针对实际工程问题，三人一组，自主思考，申报完成一个应用实验项目，重点是创新。课程通过介绍数个综合性电子系统的设计思路和设计方法，给出一些对应的实验要求，让读者自己去探寻掌握电子系统设计技术及其创新的途径。实践过程注重工程能力、分析能力和创新能力的培养，通过实践的启迪和大量的有创意的实验项目训练，能动地激发创新意识，培养自主创新能力；使学生在理论、实践能力和创新精神三方面能得到同步收获。通过本课程学习，可以提高学生运用专业知识分析实际问题，提出解决方案，合理选用现代工具与仿真平台解决实际问题，同时也可以培养学生创新意识和团队意识，本课程实施，拟达到如下目标：

（1）能结合实际应用，利用专业知识，根据系统功能和指标，设计实现方案，或者对现有的系统或方案进行优化，体现创新意识。

（2）针对复杂工程问题，能够选择合理的设计平台或工具（如程序仿真、电路板设计制图工具等），并熟练使用。

（3）能够自行组队分组（3 人一组），培养团队合作意识，胜任团队成员的角色与责任，组织团队成员开展工作完成团队分配的工作。

（4）能够借助申报选题、中期汇报、期末答辩、撰写报告等环节，就电子信息相关的复杂工程问题，通过书面或口头方式表达自己的观点。

5.4.2 杭电—杭实高中科技创新实训基地建设方案

5.4.2.1 科技创新实训基地建设目标

（1）建立示范性校外实训基地。

基于“杭电—杭实高中学生科技创新实训基地”开展国家、省、校级的各类学生科技创新计划和学科竞赛活动。

（2）重构创新能力培养实践教学体系。

以“创新性实验”课程为切入点，侧重学生工程实践能力的培养，对后续系列科技创新实践教学进行改革。基于创新创业能力培养，构建自主研学的实践教学体系和网络实验室，实现了开放共享的实验管理模式。

（3）总结经验和成果，编写相关指导讲义。

在教学成果建设上，编写科技创新实践相关教材，发表实践教学改革论文。

（4）学生学科竞赛的成绩取得新的突破。

参加实训基地锻炼的学生在国家、省、校级的学科竞赛的成绩更进一步，而且低年级学生获奖的等级和比例更有大幅提高。

5.4.2.2 科技创新实训基地建设实施过程

通过建立校外实践基地，进行基于创新能力培养的信息化实践教学探索。通过开设“创新性实验”课程试点班进行适合新技术发展需要的创新性实践教学体系研究。通过教学项目库的建设与持续更新培养具有工程创新精神的电子信息类专业人才，更好地服务于省属高校电子信息类本科学生的工程创新能力的培养目标。科技创新实训基地建设具体实施过程如下：

（1）充分调研，科学论证，顶层设计。

团队教师调研了如美国密歇根大学、墨西哥蒙特雷科技大学、清华大学、东南大学、西安电子科技大学等国内外知名高校实践课程开设的情况，学习国内外高校的成功经验，制定了科技创新实践平台建设的实施方案。

首先，科技创新实践活动不是孤立存在的，必须与人才培养目标紧密结合，与整体育人体系相协调。本科院校应准确定位科技创新实践在人才培养模式中的功能，明确实现这些预设功能的路径，确保科技创新实践围绕人才培养目标形成系列化活动。其次，要“两手抓”。一手抓场地、指导人员的落实，一手抓管理和评价制度建设。再次，让学生明确本专业培养目标、服务面向、学习任务等，使学生在大学期间能结合自己的志向和兴趣，有意识地学习和有效地开展科技创新实践活动，形成自己的知识结构以及相应的实践能力。

（2）从实际出发，综合考虑，开设系列科技创新实践课程。

以学生需求为出发点，改变以往受实验条件限制只能开设简单实验的局限性，打破跨学科的实验屏障，以“创新性实验”等科创课程为切入点，支撑复杂的多学科交叉的系统性实验，提升实践教学效果。

（3）由点到面，整体推进，将重构科技创新实践教学体系。

项目建设依托我校电子设计综合实验室、全国大学生“小平科技创新团队”以及计算机、电子等学院各类学生科技实践创新实验室，借助“多元化”课程体系开设科创实训课程。以本实验课程为切入点，侧重学生工程实践能力的培养，对后续系列科技创新实践教学进行改革。基于创新创业能力培养，构建自主研学的实践教学体系和网络实验室，实现了开放共享的实验管理模式。

①创新类科技竞赛。科技创新活动是培养大学生综合素质的有效手段，是提高大学生就业竞争力的重要方法。因为科技创新活动是一项全面的综合的活动，也是一项将理论应用于实践的活动，大学生的能力和素质能够得到全面的锻炼，解决了高校课堂教学与实践脱节的问题，从而缩小高校人才培养与社会需求之间的差距，增强大学生的就业竞争能力。

②科普类课题研发。科普近年来受到了国家的高度重视，科学普及对于提高全民的科学文化素质至关重要，因此将高尖端技术应用于科普中，以广大民众喜闻乐见的形式表现出来，不仅有助于科学技术的传播，也有助于学生创新能力的培养。结合学科的优势，依托丰富的产学研合作经验和实践教学经验，完善智能系统实验室建设和运行管理，增加实验室的开放性，建立基于科普类科研课题的学生研发平台。

③产学研合作。产学研合作教育就是充分利用学校与 NI 公司多种不同教学资源在人才培养方面的各自优势，把以课堂传授知识为主的学校教育与直接获取实际经验、实践能力为主的生产、实践有机结合的教育形式。学生通过这些实践，提升了自身的素质，服务意识、工作能力，使得学生的创新实践能力逐年提高。

（4）项目建设周期外的后续设想。

基于创新能力培养的信息化实践平台建设项目后续设想如下：

①以点带面，借鉴平台建设经验，扩大示范辐射作用。中心充分利用浙江省实验室指导委员会和工作研究会等平台，借鉴信息化创新能力培养的实践平台建设经验，与兄弟院校开展广泛的交流和合作，扩大示范辐射作用。

②完善实验库建设，扩大共享受益面。大力进行校内实验资源的整合与共享，基于NI 公司的 VirtualBench 多功能一体式仪器和 Analog Discovery 2 口袋实验室，完成创新性实验项目资源库建设。同时加强实验教学资源的共建共享，实现校内外资源共享，以此带动周边高校信息化实践平台的建设和发展。

③推进信息化实践平台标准化建设工作。对信息化实践平台的硬件设备和配套管理软件进行标准化定义。同时，联合周边院校共同研究探索有利于创新性实践教学绩效考核激励机制，建立并试点运行高教园区内互认的实践考核评价机制。

5.4.3 杭电—杭实高中科技创新实训基地实践教学内容

“杭电—杭实高中科技创新实训基地”开设了阶梯递进式的实训教学内容，通过分阶段的教学激励学生进行复杂系统工程的研究与设计，通过实践培养创新意识和创新能力。

阶段一

课程性质：科普性理论课程

课程时长：1 课时

课程目标：让学生对电子、计算机行业建立概念，有基本的认识。

课程内容：

上半课时：结合科技热点，介绍电子、计算机领域的宏观知识体系结构，提高学生学习兴趣。

下半课时：介绍电子实验仪器的功能和操作方法。

阶段二

课程性质：理论 + 实践课程

课程时长：5 课时

课程目标：让学生对物联网技术及物联网设备有一定的了解及基础开发能力。

课程内容：

课时一：对物联网技术进行宏观介绍，内容包括：

物联网的前身今世。

物联网的应用场景。

物联网行业的发展趋势。

课时二：以开发者的身份，介绍物联网开发的关键性技术及开发流程，内容包括：

介绍物联网开发需要掌握的技术。

介绍物联网开发的常用软硬件。

介绍“微控制器”概念，让学生在单片机上运行进行自己的第一次开发。

课时三 ~ 课时五：熟悉单片机开发软件及开发流程，尝试通过自己编程实现对单片机的简单控制。

阶段三

课程性质：理论 + 实践课程

课程时长：6 课时

课程目标：让学生实际参与传感器物联网项目的开发，在开发过程中加强知识体系的构建、体验团队合作。

课程内容：

课时一：对一个典型物联网系统——温湿度传感节点的软硬件进行剖析，讲解温湿度传感器的原理。

课时二 ~ 课时三：学生尝试自主编写代码，完成单片机 + 温湿度传感器结合的环境温湿度采集系统设计。

课时四：介绍网络模块的软硬件组成，介绍目前热门的三种网络协议——TCP 协议、HTTP 协议、MQTT 协议，帮助学生理解数据在网络中的传输过程。

课时五 ~ 课时六：学生尝试自主编写代码，完成单片机 + 网络模块结合的无线数据收发系统设计。

阶段四

课程性质：实践课程

课程时长：3 课时

课程目标：让学生将模块组合成为系统，完成自己的第一个物联网作品。

课程内容：

课时一：学生完成模块联调，搭建自己的第一个物联网设备。

课时二 ~ 课时三：学生完成模块联调，搭建自己的第一个物联网设备。

阶段五

课程性质：理论课程

课程时长：2 课时

课程目标：对整一期课程中设计的知识点进行总结和复盘，对项目开发过程中团队合作理念的探讨，解答专业、行业选择的相关问题。

课程内容：

课时一：课程内容总结与复盘，以讨论课的形式分享收获、提出不足。

课时二：结课，解答同学关于专业选择和行业选择的问题。

阶段六

课程性质：理论 + 实践课程

课程时长：3 课时

课程目标：让学生对四旋翼无人机及其控制技术有一定的了解，让学生亲自体验无人机的控制。

课程内容：

课时一：

上半课时：对无人机相关知识进行宏观介绍，内容包括：

无人机的发展历史。

无人机的应用场景。

下半课时：让学生体验无人机的控制。

课时二：以开发者的身份，介绍无人机开发的关键性技术及开发流程，内容包括：

介绍无人机开发需要掌握的技术。

介绍无人机开发的常用软硬件。

简单介绍无人机飞行过程中用到的算法，帮助学生理解无人机飞行的原理。

课时三：复习单片机开发流程，编写单片机控制程序。

阶段七

课程性质：理论 + 实践课程

课程时长：9 课时

课程目标：让学生实际参与无人机项目的开发，在开发过程中加强知识体系的构建、体验团队合作。

课程内容：

课时一：对一个无人机系统的软硬件进行剖析，讲解无人机飞行的原理。

课时二 ~ 课时三：学生尝试自主组装无人机，并编写代码实现无人机的起飞和降落。

课时四：介绍无人机上搭载的姿态传感模块以及无人机姿态解算法。

课时五 ~ 课时六：学生尝试自主编写代码，完成无人机姿态数据的采集和可视化。

课时七：介绍无人机与遥控器之间的交互过程，讲解无线通信中“数据帧”的概念。

课时八 ~ 课时九：学生尝试自主编写代码，完成遥控器与无人机之间的数据交互，能够通过遥控器控制无人机的起飞和降落。

阶段八

课程性质：实践课程

课程时长：3 课时

课程目标：让学生将模块组合成为系统，完成自己的第一个无人机作品。

课程内容：

课时一：简单介绍 PID 控制的思想，学生开始进行模块联调，搭建自己的无人机。

课时二 ~ 课时三：学生完成模块联调，见证无人机从单个零件到真正能够飞行的全过程。

阶段九

课程性质：理论课程

课程时长：2 课时

课程目标：对整一期课程中设计的知识点进行总结和复盘，对项目开发过程中团队合作理念的探讨，解答专业、行业选择的相关问题。

课程内容：

课时一：课程内容总结与复盘，以讨论课的形式分享收获、提出不足。

课时二：结课，解答同学关于专业选择和行业选择的问题。

阶段十

课程性质：理论 + 实践课程

课程时长：3 课时

课程目标：让学生对图像处理算法有一定的了解，引入 Python 语言在图像处理中的优势与应用。

课程内容：

课时一：

上半课时：对图像处理相关知识进行宏观介绍，内容包括：

图像处理算法的发展历史。

图像处理算法的应用。

下半课时：在 PC 机上让学生体验图像处理算法。

课时二：以开发者的身份，介绍图像处理的关键性技术及开发流程，内容包括：

介绍图像处理中的常用算法。

介绍开源图像处理库——OpenCV 以及编程语言 Python。

利用 OpenCV 开源库，在 PC 上编写第一个图像处理程序。

课时三：利用 OpenCV 开源库，完成图像的放大、缩小、二值化、腐蚀、膨胀等基本操作。

阶段十一

课程性质：理论 + 实践课程

课程时长：9 课时

课程目标：让学生实际参与图像处理项目的开发，在开发过程中加强知识体系的构建、体验团队合作。

课程内容：

课时一：介绍嵌入式图像处理的概念和硬件平台——树莓派以及软件平台——Linux，进行树莓派的第一次操作体验。

课时二 ~ 课时三：体验、熟悉 Linux 中的命令行操作和代码编写方法；体验 Linux 下 OpenCV 开源库的使用。

课时四：介绍 Python 语言语法，利用 Python 语言和 OpenCV 开源库，在嵌入式平台上编写第一个图像处理程序。

课时五 ~ 课时六：学生尝试自主编写代码，完成嵌入式平台上的图像处理基本操作。

课时七：介绍树莓派配套 USB 摄像头的使用方法。

课时八 ~ 课时九：学生尝试自主编写代码，完成树莓派 + 摄像头的图像采集，实现一个“简易照相机”。

阶段十二

课程性质：实践课程

课程时长：3 课时

课程目标：让学生将模块组合成为系统，完成自己的第一个图像处理作品。

课程内容：

课时一：讲解系统工作流程，帮助学生理解图像处理中的关键步骤。

课时二～课时三：学生完成模块联调，完成对图像的采集、处理和输出过程，体验如何用代码而不是修图软件对图像进行处理。

阶段十三

课程性质：理论课程

课程时长：2 课时

课程目标：对整一期课程中设计的知识点进行总结和复盘，对项目开发过程中团队合作理念的探讨，解答专业、行业选择的相关问题。

课程内容：

课时一：课程内容总结与复盘，以讨论课的形式分享收获、提出不足。

课时二：结课，解答同学关于专业选择和行业选择的问题。

5.4.4 杭电—杭实高中科技创新实训基地建设成果

“杭电—杭实高中科技创新实训基地”已稳定运行三年多，杭州电子科技大学共有 39 名同学参加了实训基地的实习任务，累计完成对杭州市实验外国语学院高中部 243 名高中生共 153 课时的科技培训任务。

由实训基地直接培养的学生获得的成果如下：

（1）国家级大学生创新创业训练计划。

2018 年国家级创新创业训练项目——大学生科技创新智能实训平台，学生负责人：尹天浩。

2019 年国家级创新创业训练项目——Sub-G 频段下的无线自组网通信系统，学生负责人：杨健强。

2019 年国家级创新创业训练项目——立体图纹织机电机阵列控制系统，学生负责人：郭奔铮。

（2）浙江省新苗计划。

2018 年浙江省新苗计划项目——基于 IOTWiFi 架构的数字荧光示波器，学生负责人：徐乙琳。

2019 年浙江省新苗计划项目——基于物联网的楼宇火灾监测与智能应急疏散系统设计，学生负责人：毛忆宁。

2019 年浙江省新苗计划项目——基于深度学习的智能物流机器人，学生负责人：郭奔峥。

（3）校级大学生创新创业训练计划。

2019 年校级创新创业训练项目——“云机”—自主路径规划绘测机，学生负责人：徐际翔。

2019 年校级创新创业训练项目———种高效投影仪人机交互增强系统，学生负责人：庞益国。

2019 年校级创新创业训练项目——云舟—基于 ROV 的一站式智慧渔业管理系统，学生负责人：姚寅豪。

（4）学科竞赛。

徐乙琳、徐建淼，浙江省“互联网 +”大学生创新创业大赛，浙江省银奖，2018 年 7 月。

李心慧、徐乙琳、尹天浩等，浙江省“挑战杯”，浙江省三等奖，2018 年 3 月。

麦深、姜佐腾、尹天浩等，2018 全国大学生智能互联创新大赛，华东赛区三等奖，2018 年 7 月。

王超，浙江省机械设计竞赛，浙江省二等奖，2017 年 6 月。

姜佐藤、宋扬、徐建淼，校“挑战杯”，校二等奖，2018 年 3 月。

王超、严铮、郭奔铮，2018 全国大学生 FPGA 创新大赛，全国二等奖，2018 年 11 月。

洪心怡、庞益国，2018 全国大学生 FPGA 创新大赛，全国二等奖，2018 年 11 月。

汤俊、宋扬、尹天浩，2018 全国大学生 FPGA 创新大赛，全国二等奖，2018 年 11 月。

（5）专利。

唐玉高，一种任意波形发生装置，实用新型专利授权，2018 年 1 月。

王超、宋扬、罗林等，Sub-G 频段下的无线多级分层组网系统，软件著作权授权 2017 年 9 月。

尹天浩、李心慧、王超等，一种基于人机交互的智能实训平台程序，软件著作权授权 2017 年 2 月。

（6）论文。

张晓琪，尹天浩，姜佐腾 . 科技创新智能实训平台的研制，2019 年 3 月。

马学条，程知群，陈龙 . 数字电路虚拟仿真实验教学改革研究，2018 年 10 月。

马学条，程知群，郑雪峰等 . 电子信息技术虚拟仿真实验教学平台的建设与实践，2018 年 11 月。

王永慧，马学条，郑雪峰等 . 创新性实验课程的综合性虚实结合实验教学改革研究，2019 年 6 月。

张晓琪，马学条，程知群等 . 大学生科技创新实践教学改革与实践，2019 年 6 月。

马学条，程知群，周涛等 . 飞行器电磁散射特性分析虚拟仿真实验教学项目建设研究，2019 年 8 月。

马学条，汤峻 . 手势识别车载人机交互系统虚实结合实验教学项目研究与实践，2019 年 10 月。

（7）企业合作项目。

松瀚科技股份有限公司，自组网灯控系统的开发，2018 年 3 月。

湖州中鹏纺织科技股份有限公司，3D 纺织机器控制系统的研发，2018 年 7 月。

杭州中温科技有限公司，火灾监测与智能应急疏散系统研发，2019 年 3 月。

（8）学生科技作品实物。

学生科技作品见图 5-4 ~ 图 5-7。

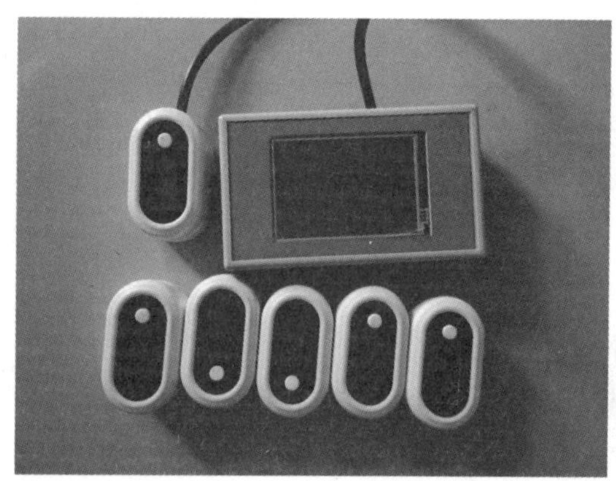

图5-4　血氧饱和度测试仪

图5-5　蓝牙门禁系统

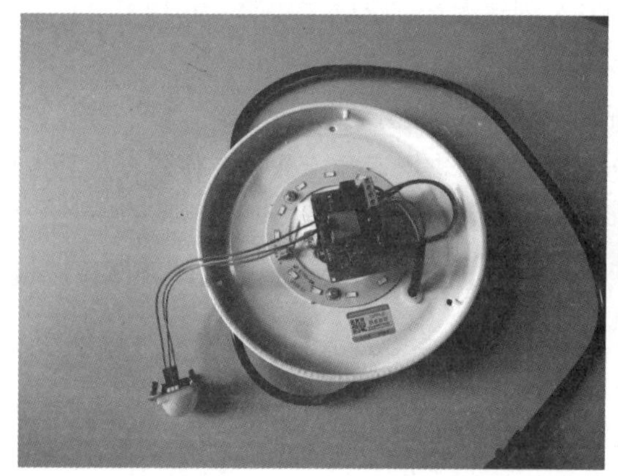

图5-6　智能LED照明系统

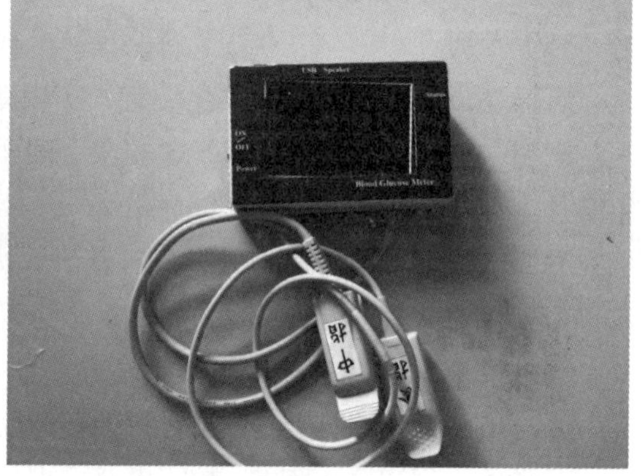

图5-7　血糖测量仪

5.5　杭电—美国微芯科技创新孵化器社会服务

世有佳酿，必先埋藏。经历了十年发展的孵化器，就像一坛深深埋藏的美酒，馥郁香甜，历久弥新。近年来，秉持人才培养的宗旨，孵化器在学科竞赛、项目开发、辅助教学等方面取得了许多优秀成果。实验室取得发展的同时，实验室成员也走出了自己的辉煌，孵化器实验室于 2018 年注册成立杭遥临科技有限公司。

杭电—Microchip 科技创新孵化器自成立以来，在学科竞赛、科研项目、服务社会等方面取得了很多成绩，申请发明专利 12 项、实用新型专利 16 项，公司成员获得国家级大学生创新创业训练计划项目、浙江省“新苗人才计划”资助项目 13 项。目前，实验室正将技术转化为产品，推向市场，积极为社会服务。

一张一弛，谓之道也。从绩效考核到成员例会，均有明确的内部架构和严格的公司管理模式；从项目提出到测试生产，均有严谨的项目开发流程。仅仅技术研发阶段，就有无数的可行性分析文档与数不清的项目研讨会。当然，我们也是一群热爱生活的年轻人，集体出游、羽毛球赛、生日聚餐，以及——通宵达旦后二教楼顶的观日出。有人说，最美好的青春要献给最美好的事物。而公司的张弛之道，也成就了最美好的我们。

5.5.1 创办三位一体服务平台

杭电—Microchip 科技创新孵化器成员基于新工科背景下的产学研三位一体服务平台进行创新型公司孵化，于 2018 年 9 月注册成立了杭州遥临科技有限公司。

5.5.1.1 项目概况

近年来，信息技术的蓬勃发展完全改变了经济常态，互联网与信息化更是成为社会发展的主要动力，随之而来对相关从业技术人员的需求也水涨船高。几乎每一所大学都有计算机或电子技术相关专业，初高中也在不断推行信息技术的引用，职业培训更是热火朝天。在这样的背景下，一类学习能力强，成长性极高的群体——学习相关技术的学生却面临所得资源与实际需求不符的尴尬现状。

在程序员的需求逐渐饱和，互联网相关产业寒冬的大环境下，各大互联网公司和科研机构对信息技术及电子相关专业的大学生提出了更高的要求，粗浅的理论和课堂编程实践并不能帮助学有余力的学生在完成课业的同时也满足业界需求。课堂不能提供实打实的项目研发实践和相关的理论建设是这种教学模式的最大硬伤，同时，教育理论的滞后性也意味着学生在进行商业开发和理论研究工作之前需要很长一段时间的适应期。

针对这一现状，遥临科技团队结合自身实际情况以及所在实验室的实际运营情况，创立了杭州遥临科技有限公司，以期实现实验室资源的充分利用和先进信息即电子技术的传播。公司有研发和教育两大功能部门，研发部门负责自主产品的开发并承接项目外包，获取公司运营所需费用。其科研成果将以实训教育资源的形式输出给教育部门作为其第一手资料，而教育部门则是负责学生的课外实训教育，培养具创新能力及项目思维能力。通过本公司自主研发的科技创新智能实训云平台和实训平台，可以让不同学习阶段、不同时空和地域的学生在投身于科研项目的实训经历中快速提升其实战能力，掌握先进开发思想。其中表现优异者更可以被研发部门吸纳。两个部门通过实训项目和优秀人才的交流互相合作，最终实现公司的技术创新、产品研发和人才孵化目标，并创造经济效益。

5.5.1.2 团队介绍

对于一个高科技创业公司，科研能力是其强大生命力的根本来源。主要团队成员中有三人具备科研创造能力和相应的项目开发和项目管理能力，且各自有其擅长的研究领域。在未来研发部门的日常项目开发过程中都能作为项目负责人实行管理和监督并在大方向上把握研究走向及进度，为公司日常所需费用的获取和实训教程的输出打下了良好的基础。此外，研究部门的重要性也避免了决策权的分散。非技术性人才中，翁同学具备社团管理和自主创业经历，在初创期可以使公司的组织架构尽快成型，并在管理上提供建议和相应措施，此外商业计划书的撰写和对外的形象工作展示也同样重要。团队中会计专业的同学也会以其专业知识对公司的财务进行管理，相关的竞赛和实习经历也有助于在金融方面规避风险和进行相关决策。

5.5.1.3 市场分析

（1）项目背景及需求分析。

①信息化成为经济常态，技术人才需求水涨船高。

随着时间的推移和信息技术的进步，我国的互联网和信息技术相关产业已经进入稳步高速发展阶段，从“我们万事俱备，只差一个程序员”，到“创业如何寻找技术合伙人”，技术型人才在科技创业公司中的分量越来越重。对技术人员的行业标准也越来越清晰。2010年后的移动互联网时代，中国互联网进入高速发展期，2015年中国提出互联网+概念，“双创”风起，随后大数据、人工智能、网络安全，相关领域投资水涨船高，中国涌现出一批公司估值超过10亿美元的独角兽公司。

2017年，全国IT行业从业人员已达1950万人，平均每年创造15%左右的新增人才需求。2012—2017年，IT行业每年新增人才需求由240万人增长至290万人。我国IT行业在近二十年中迅速发展，并且大概每5年就会出现新的行业热点，技术迭代更新快，对专业人才的水平要求高、需求大。随着我国经济产业结构不断升级，电子商务产业、移动互联产业的发展及云计算技术在全球范围内的推广，智能手机终端、移动应用、云管理、云物流、云手机等人才需求扩张显著，已成为新增人才需求最多的IT子行业。

在此情景下，大学及大中专IT专业毕业生在近年中呈现增长态势，但仍无法满足行业快速扩张的人才需求。2012年，我国大学及大中专IT专业毕业生约90万人；2017年大学及大中专IT专业毕业生约105万人，增长16.7%。但与IT行业每年百万级的新增人才需求相比，大学及大中专IT专业毕业生的增长仍然杯水车薪，存在着巨大的人才供应缺口。除了数量上的供需不匹配，部分IT毕业生在校期间仅以理论学习为主，缺乏实际项目经验，无法满足用人单位的需求，进一步加剧了大学及大中专对IT行业的人才供应不足。

② 人才需求具体多样化，教育与实际脱节严重。

在新工科教育模式背景下，IT行业对从业人员的实践能力要求较高，实践能力和实践经验是用人单位考量的主要指标，也正是大学及大中专毕业生最为缺少的。IT行业最普遍的问题就是大学及大中专与企业实际需求相脱节的矛盾。大学及大中专等机构偏重理论学习，对于学生实际项目开发经验要求较低，且IT相关专业教材的更新速度远比不上技术的更新迭代速度；用人单位则更为看重求职者承担具体工作任务的能力，并不过多考察对专业理论精准掌握的能力。因此，IT专业的部分毕业生实践能力较差，与企业需求脱节，呈现出就业难的现象。

用人单位普遍倾向雇用具备 1 年以上工作经验的求职人员，从侧面反映出大中专教育与企业需求融合度有限。以大数据分析岗位为例，用人单位更为倾向雇用具备 1 年以上工作经验的求职者，招聘应届生及工作经验在 1 年以下求职者的职位不足 15%。对比投递者的学历构成，投递者中硕士及以上学历者占比已达到 27.2%，但求职者的普遍高学历依然无法改变企业对具备丰富经历求职者的偏爱，可见大学及大中专教育与企业需求融合度有限。

此外，项目和竞赛经验也是国内高中生、大学生申请国外学校必不可少的加分项，而重视理论教学实行规模化教学的大学并不利于学生获取这方面的经验以及相关的经历证明，从而在激烈的全球化竞争中处于不利之地，也对自己的未来规划产生了一定的影响。

③ 初高中 IT 教学需求日益增长，产业尚未形成规模。

在 IT 技术蓬勃发展的今天，基本的技术知识正在如同数理化一样成为普及性知识的一部分，江苏、浙江、上海、北京等地都在大力推进技术科目的普及落实，尝试性地将其引入高考体系。学有余力的初高中学生对信息技术的热爱和竞赛需求也让他们逐渐踏足这一陌生的领域。

然而，相应适用于初高中生，较浅层次的 IT 知识普及教育并没有得到很好的重视和发展，甚至还处于探索阶段，现有的少儿编程班只是对职业教育体系进行生搬硬套，难度高、任务量大、无法应用于实际，容易让学生产生厌学情绪；或者所传授的知识太过简单，课程拖沓，浪费学生的时间和精力，这一产业并未成熟也无行业标杆出现。将技术知识普及引入现有的初等教育体系仍然还有很长的一段路要走，相应各种形式的课外辅导培训也会在未来的短时间内不断涌现。在未来这也将是互联网市场规模较大的相关产业之一。

（2）可行性分析。

经过十年的技术积累与发展，团队不仅拥有了丰富的技术储备，也通过校企合作的形式获得了支撑产品研发与教育平台建设的优质资源，已经培养了一批又一批优秀的新时代工科人才。所以，以 IT 技术教育作为遥临科技除自主研究和外包项目开发外的主要业务，并非无的放矢。职业教育的兴盛和国内现行教育模式的欠缺、自身的先进教学方法和配套硬件，以及紧密结合互联网时代的全新推广模式，都让遥临科技有自信，也有能力在这一领域站稳脚跟。

① 技术实力雄厚，研发团队运行模式成熟。

遥临团队的前身成立于 2008 年，由学生自主运营管理。团队的运营成员均为杭州电子科技大学电子信息相关专业中有技术实力、有团队合作经验、有项目开发能力的优秀学生。经过十年的积累，团队有了非常雄厚的技术实力与项目积淀，先后为各大高校、企业开发了基于 PIC 的口袋实验仪器、人体经络分析仪、中小学智能教辅仪器、无线自组网灯控系统等产品。累计签订技术开发合同达一百余万元，并申请专利、论文几十篇。成熟稳定的项目开发和运行模式，使遥临未来的研究工作可以稳步开展并迅速取得成果，并向实训教程进行转化。这也是一个技术密集型公司的立足之本，而雄厚的技术积累和稳定的人才输入输出使得公司在创业初期就拥有稳定资金来源，在对应细分教育市场迅速站稳脚跟。

② 学校企业双背景，教育资源丰富。

遥临科技依托杭州电子科技大学科技创新基地和电工电子国家级实验中心及电子信息技术国家级虚拟仿真中心，拥有丰富的实验教学资源。其中，中心与各类全球顶尖半导体及芯片公司联合共建的联合实验室，能够提供电子相关行业最领先的技术培训与实践机会。此外，遥临科技也积极通过项目外包、自主知识产权输出的形式与电子相关行业的企业对接，让学生“学有所用”，在企业级的项目中淬炼自身的项目实践水平。相应的科研项目和实习经历都可以转化为学生在教育培训中的丰富资源，使其对学生具有较强的持续吸引力。

③ 自主研发教学及实训平台，教学方法先进。

为了满足不同类型、不同水平学生的不同实训教学需要，遥临科技开发了一套集远程实验预约、数字化信息管理、智能电源控制、远程评分功能为一体的科技创新智能实训云平台。通过该平台，参与实训的学生可在 APP 和网页上自主预约实训的时间和地点。通过身份验证后，学生便可在对应时间、对应地点完成当次实训。不同于普通的实验课程，该平台在实训过程中产生的数据完全由数据采集设备和服务器自动获取，并在实训完成后以实训报告的形式呈现给学生。实训的评分者亦可通过实验过程中上传至云端的数据进行远程打分。实训平台的产生，使实训过程突破了时空限制，大大简化了学生参与实训的流程，让学生能够“返璞归真”，专注于创新能力的锻炼和项目能力的提升。此外，杭州电子科技大学资深教师编写的教学计划和教程，对于学生的理论构建和系统的知识学习会有很大的促进作用。

5.5.1.4 技术实现及创新

参与工程实训是锻炼项目思维最根本也是最有效的方式。为了更好满足实训教学的需要，遥临科技开发了科技创新智能实训云平台，包括人机交互系统、工程类实训教学套件、智能实训管理系统、通用实训桌四部分，适用于信息化实践训练、竞赛集训和创新能力锻炼。

学生通过平台预约并远程完成各类创新实训设计，教学者可以远程完成成绩评定；实训模式突破时空限制，让学生自主控制实训进程。

（1）技术先进性和创新性。

目前，互联网等技术发展十分迅速，然而，各高校学生参与实训类课程的方式仍然十分传统，传统教学方式产生的各种问题日益凸显出来。因此，把当下发展十分迅猛的互联网技术与学生参与实训课程的方式结合起来，是当代实验课程改革不可避免的趋势。而我们研发的适用于工科类工程实训教学、学科竞赛集训和开放实验使用的实训平台及配套管理软件，是使得实训课程教学走向创新的重要技术保证。于此，探究如何通过当代的新兴技术来优化学生接受实训的过程，已经成为当前重要的研究课题。

此外，随着初中、高中教育体系的不断丰富完善，对于初中和高中学生创新能力以及工程意识的培养也已然成为我国“素质教育”中不可或缺的一部分。对于初、高中学生而言，实训场地、仪器、教学资源的缺乏是阻碍其参加实训类创新能力培养的最大问题。此外，由于课业压力较大，如何利用好碎片化的课余时间参加实训，也是一般教育平台难以解决的问题。

而科技创新智能实训云平台，通过自主实验预约，可以使学生通过课外自主实验，实现对理论的深入理解，起到深化理论知识培训的作用；通过智能数据采集，打破以往从示波器、扫频仪、万用表等大型测量仪器上，手动收集数据的方式，实现数据的自动采集和上传，同时也便于计算机进行多组数据对比分析，避免数据浪费，改变了以往测量仪器数据量少的情况；系统通过自动报告生成，改革了以往学生根据实训过程中获取的数据，手动记录实训过程的形式，提高了实训效率。

（2）云平台技术实现。

实验预约技术采用了 RESTful API 的设计模式，将功能拆解为微服务，通过进程间通讯同步数据。

为了实现实验预约技术，在 ThinkPHP 搭建的主服务中设计了多个 API，用于发送数据实现预约状态改变的功能。而服务器与单片机之间，使用了基于 node.js 实现的 HTTP API 服务器，单片机通过 TCP/IP 发送数据包至服务器，API 服务器对该数据包做出响应，从而实现了预约功能。

在数据安全上，下位机链接时，使用 Outh2 的方式对下位机身份进行了验证，提高安全性，防止黑客抓取到数据包后通过发送伪造的 http 请求篡改数据。

实训报告生成使用 Markdown 作为页面内报告编辑器的填写方式，并集成了代码高亮截图上传和 LaTaX 等实用功能，便于学生操作。

当学生填写完一部分内容后，页面内 js 将会在浏览器的 localStorge 内对应字段（实验编号）内追加存储当前学生填写内容直到进行到最后一项。

当学生填写完最后一项内容后，页面内 js 将 localStorge 中的内容追加载入到页面内，通过特定 css 进行修饰，以满足打印需求，最终将其打印为 PDF，实现实验报告即时存储和导出。之后，这部分数据将被存放在数据库内，当教师需要导出时，重复上述操作，即可进行打印。

5.5.1.5　商业模式

（1）运行机制。

如图 5-8 所示，公司的运营模式为产学研结合模式，公司组织架构分为研发部门与教育部门，两个部门相互联系、相互合作，以科技研发提升实训质量，以项目实训培养创新型人才，以创新型人才输入反哺科技研发，产学研三位一体，实现公司的技术创新、产品开发、人才孵化以及零劳动成本风险下的盈利目标。

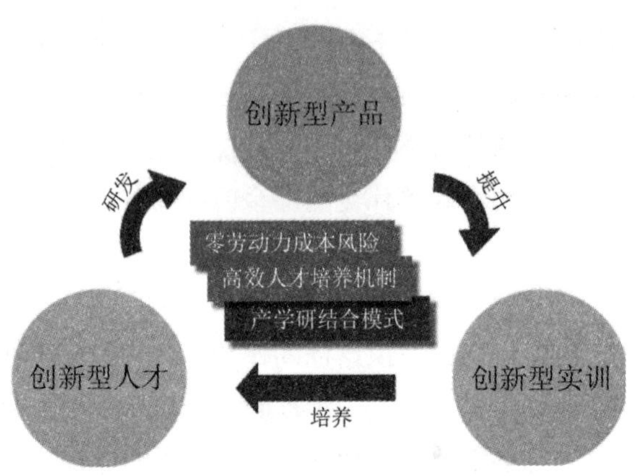

图5-8　遥临科技运营模式图

公司的研发部门主要负责自主产品的开发与项目外包，实现自主产权以及项目开发经验的积累，获取公司运营必需的经费并实现盈利；研发部门主要围绕智能家居、智能农业、智慧校园、智慧医疗四个方向开展项目外包与自主技术研发。研发部门将研发成果以实训教育资源的形式输出给教育部门，作为实训教育的第一手资料。

教育部门负责学生的课外实训教育以及创新能力和项目及思维锻炼。其中，实训教育的受众主要为在校工科类专业大学生以及有相关项目能力及背景需求的初中、高中生。同时，为了满足不同阶段、不同层次学生的时间、能力、学习兴趣的需求，我们开发了一套科技创新智能实训云平台，适用于信息化实践训练、竞赛集训和创新能力锻炼。学生能够通过平台预约并远程完成各类创新实训设计，教学者可以远程完成成绩评定；实训模式突破时空限制，让学生自主控制实训进程。

对于在校大学生，我们搭建了将课业所学的理论知识转化为实践能力的实训平台。通过项目训练的形式，在巩固与加深理论基础的同时，提升学生的实践能力及团队开发经验，缩短大学理论教育与实际工作岗位对学生综合能力之间的差距。我们的项目直接与相关领域的企业对接，让学生深入体验公司化的开发流程。在此过程中，公司也会完成人员的培养与吸收，为研发部门输送技术创新人才。

对于有相关项目能力及背景需求的初、高中生，我们提供了一整套从理论到实践的项目能力提升课程。理论课程包括项目开发相关基础理论及技术基础理论，以提升初、高中生的理论水平；实践课程主要为经过精心挑选的、适合初、高中生能力与水平的实战项目，以锻炼创新思维、提升项目能力。

而作为研发、运营以及提供实训培训的主要人员，公司会吸纳部分受过遥临科技良好理论培养、实训教育及项目级思维和创新能力培养的、有团队意识、有责任和担当的优秀大学生，成为公司的核心成员。新成员们按照兴趣加入不同部门，共同参与到公司的运营中去。这样的人才输入模式，提升了公司成员之间的凝聚力，使公司内部形成了“传帮带”机制——公司成员之间不仅仅是同事，更是良师益友。同时，项目开发、团队管理本身就是一种价值的积累，而优秀大学生乐于奉献、有责任有担当的团队精神也使公司的劳动力成本风险降至最低，成为公司立足的关键因素之一。

（2）盈利模式。

遥临科技有限公司的主要盈利点分别来自产品研发部门和教育部门。产品研发部门主要通过自主产品研发以及项目和解决方案外包，取得一定经济效益；而教育部门则是对外输出实训教育，并取得相应的教学收入。

①项目开发收入。

技术研究与产品开发是公司研发部门的主要职能，起到将科研成果转化为商业价值的关键作用。研发部门的项目开发主要以自主产品研发、专利授权、外包服务等形式进行。

② 教育培训收入。

教育培训部门是遥临科技主要的对外部门和盈利部门，通过对不同层次、不同教学目标的学生进行项目能力及实践能力的提升训练，并获取一定报酬，实现盈利。实践培训的种类如下：

a. 初高中普及教学：针对初、高中生开设线上＋线下的初级入门教学，可以在较大规模内对信息技术做普及性教学，收取单人较低、按学时的课程费用，并提供一对一，相对高技术含量的，竞赛科研相关的高价值、完整体系的特殊培训。

b. 专业相关学生项目实训：为电子、计算机、自动化等专业的学生提供课外的、和课程高度相关的实训项目，在验证成熟的实训项目中帮助学员将知识融会贯通的小班化教学和团队型作业，同时提供竞赛和项目开发相关的更加专业化的进阶培训。

c. 实战性项目培训：针对需求较为明确如科研专利、项目开发经历的高水平学员，提供专业化一对一的项目开发指导并根据工作量和重要性收取相应报酬，帮助其获取科研、出国等所需的项目开发能力及经验。

遥临科技教育部门根据不同的实训教育模式，针对不同定位的学生，制定相应的定价策略。同时，公司吸收在校优秀大学生成为公司教育部门成员，以较低的劳动力成本和风险，负责教育部门的正常运转与教育输出，最终实现公司盈利。

（3）营销策略。

本公司开发的线上教育系统本身就具备网络属性，结合公众号、网站进行线上经营推广将会成为公司的主要营销方式。此外，遥临科技扎根校园，在学校内有坚实的线下基础和较高的知名度，并且每年在在校本科生中招收新成员，进行线下宣传也会取得良好的效果。

① 线上宣传。

加强公众号建设，将线上学习通道和报名通道引入其中，并通过对先进技术的转载和分享增加关注度和转发度。并对公司的主营业务和文化进行宣传，吸引更多人报名。

在线上开放部分课程的部分内容，供初等普及和项目实训的同学实验性学习，提高公司的知名度并积累线上用户对公司的信任。

建设公司主页，将公司主营业务和主要技术成果和教育资质及课程内容在公司主页上进行展示，着重突出教学内容和教学效果的宣传。

② 线下宣传。

借实验室成员吸纳过程对公司的第二三阶段课程培训进行宣传，鼓励更多的学生借这一渠道学习课外知识并进行一定的费用减免，增加更多学生的参与度并积累知名度。

在相关科目的学习中引入实训项目，以教师配合授课的方式让学生体会到这一教学方式的好处并引导其持续学习。

通过会员制建立线下技术交流组织，增加遥临科技受众的外围成员，定期进行技术分享探讨和线下宣传。

5.5.2 以创新技术服务社会

“穷理以致其知，反躬以践其实。”科学研究的价值，体现在对知识、真理的追求，也要靠服务经济社会发展、增进人民群众福祉的实效来检验。

科学技术是第一生产力。一个国家的科技创新水平，很大程度上决定了这个国家经济社会发展的基本面貌。抓好科技创新、加强科技供给，就抓住了牵动发展全局的牛鼻子。改革开放以来，我国发展不断跃上新台阶，经济总量已稳居全球第二，但不少领域依然大而不强、大而不优。与此同时，人口结构发生变化，环境压力日益增大，消除贫困任务紧迫，民生问题牵动人心；从经济发展、社会建设到生态文明、国家安全，都呼唤更多更好的科技创新用以服务社会发展。

杭电—美国微芯科技创新孵化器成员不断地探索新技术和提供复杂工程问题的解决方案，申请了大量的专利用于社会服务。

专利实例一 一种基于人机交互的数字化实验教学管理系统

1 引言

1.1 编写目的

本系统设计了一种基于人机交互的实验教学管理系统。目前，传统实验教学管理方式存在操作烦琐、记录繁多、上传烦杂等问题，数字化程度不高将大大增加人力劳动成本和物力损失。因此，本系统实现整个实验过程的数字化管理，通过学生预约、扫码签到、现场上传成绩、线上提交报告等操作，结合人机交互的硬件设备将实验情况实时发送至服务器，数字化存档整个实验过程，大幅减少管理成本。

1.2 背景

目前，互联网等技术发展十分迅速，然而，各高校学生参与实验课程的方式仍然十分传统，传统教学方式产生的各种问题日益凸显出来。传统实验教学需要学生纸质签到，实验进度固定，实验过程中需要老师值守，实验结束需要老师用笔登记每个学生的各项实验成绩，学生需手写纸质报告上交老师，在学期末老师需统计繁多的纸质实验报告并将最后成绩统计完成，并手动导入教务系统，传统的实验教学管理方式过于烦琐且出错易，查错难。随着计算机及信息技术的发展，如何将数字信息技术运用到高校的实验教学当中去，越来越受到教育部及各高校的重视。在国家办公无纸化、环保化的倡导下，数字化的实验教学管理系统将成为现代高校实验教学发展的趋势。

1.3 定义

人机交互：指用于与用户交互并实时将实验情况发送至服务器的硬件终端。

数字化：指将纸质记录替代为电子数据记录在服务器端。

实验管理系统：指本系统主要用于管理实验中的各个环节。

2 总体设计

2.1 需求规定

2.1.1 软件功能要求

2.1.2 软件性能要求

2.1.3 输入输出要求

2.1.4 故障处理要求

2.2 运行环境

硬件环境：

CPU: Intel 2.20GHz 以上

内存：1G 以上

硬盘：20G 以上

软件环境：

操作系统：WindowsXP 系列及以上

开发工具：keiluvision3.8 系列及以上

2.3 基本设计概念

本系统分为人机交互终端和服务器两个子模块。

人机交互终端是联系用户数据与外部互联网的通道。用户通过人机交互终端的 UI 界面，进行不同的操作，终端采集用户数据，通过 HTTP 等网络协议将信息上传至服务器端进行处理；亦可接收服务器的命令，实现对用户操作的反馈。当网络连接暂时断开，数据无法上传服务器时，人机交互终端可以将数据暂存至本地数据库，当网络连接恢复后，终端再重新上传数据，保证实验数据不丢失。

服务器系统通过 WiFi 与实验教学套件、视频设备、电源控制模块等硬件设备进行数据通信。系统集成了实验教学、成绩评定和报告管理等功能，为用户提供超文本编辑器和实验报告生成向导。同时满足翻转实验课程的教学要求，提供在线视频学习、课前知识测验、实验讨论、后台大数据统计等功能。

2.4 软件整体结构

服务器部分利用 pycharm 集成开发环境，利用 python 的 web 开发框架 Django 进行编写。该框架具有专业化、易管理等优点，可以大大提高程序的可读性。数据库部分采用 MySQL 构建。在前端可通过调用后端接口对数据库进行查询，对数据进行显示。数据库用 ER 图进行设计，并将其转换为数据表。服务器通过 TCP/IP 协议与地面站通信，通过 PDO 与数据库之间的交互连接，通过 http 并由 ajax 辅助与前端页面交换数据，是构建本系统必不可少的部分。PDO 是 PHP DataBase Object 的缩写，是一个高度抽象的数据库对象，将各种数据库指令抽象为统一的函数，当业务量扩张时，整个程序仅需修改 PDO 的 object 名称，而不需要大范围修改程序。

人机交互终端部分利用 Keil uVision5 集成开发环境，搭载 FreeRTOS 嵌入式操作系统，结合 STemwin 专业级图形库制作人机交互界面，整个程序设计按模块化编写，并集合状态机编程思想，核心代码提供必要的注释，方便程序的升级与维护。

本程序主要由 WiFi 任务、二维码扫描任务、各 UI 界面任务、数据库任务构成。主程序流程如下所示：

人机交互终端上电后，首先执行初始化任务，并通过控制台任务显示 WiFi 模块、二维码模块、外部 flash 及 Fatfs 文件系统等模块初始化状态，初始化成功后执行各 UI 界面任务，显示人机交互界面，WiFi 模块向 mqtt 服务器订阅实验状态的主题，等待用户操作。

正式上课开始前，教师点击管理系统网络前端页面的“开始实验”键，web 服务器向 mqtt 服务器发布当前实验状态，mqtt 服务器转发至订阅该主题的人机交互终端。WiFi 任务解析收到的消息，开始实验后，发送 HTTP 请求获取当前实验名称、本桌实验者姓名、学号等实验信息，UI 界面反馈当前实验信息。

学生点击学生 UI 的签到按键，释放二维码扫描任务，唤醒二维码扫描模块，等待用户出示其个人二维码，5s 内未扫描到有效信息则自动关闭模块，否则将获取的二维码信息解析后，释放 WiFi 任务，挂起二维码扫描任务，通过 HTTP 请求将学生信息发送至服务器端，等待接收服务器响应，经解析响应后，UI 界面反馈当前签到状态。

实验结束后，教师点击教师 UI 的身份验证按键，执行流程与上述学生签到流程一致。身份验证成功后，教师点击选项框对本次学生实验进行评分，再点击上传按键，通过 HTTP 请求将学生成绩发送至服务器端，等待接收服务器响应，经解析响应后，UI 界面反馈上传状态。

实验过程中，每一步骤的完成都会以日志的形式记录在数据库中，以防实验中突然断电或网络连接中断等突发情况造成的数据丢失。

3 模块设计

3.1 WiFi 模块

WiFi 模块内部已集成 TCP/IP 协议栈，MCU 通过串口发送指令即可与服务器完成 socket 连接，在透传模式下 MCU 可方便高效地与服务器进行通信。

WiFi 模块采用 ESP8266，MCU 通过串口与该模块进行通信。采用串口通信，需打开 GPIOB 时钟，将 PB10、PB11 设置为推挽复用输出，并复用上述引脚为 USART3 串口 3 的 RX、TX 引脚；通过库函数对内部串口进行配置，包括串口波特率、数据格式、串口收发模式等。在设置完了以上信息后，开启串口中断；再设置好串口中断优先级后即完成串口初始化。MCU 与 ESP8266 之间通过 AT 指令协议通信，串口发送“AT+CWMODE=1”设置 WiFi 模块工作在 STA 节点模式，AT+CWJAP=“WiFi 名称”，“WiFi 密码”设置模块连接对象路由器的名称和密码，AT+CIPSTART=“TCP”，“xxx.xxx.x.xxx”,xxx 设置模块与服务器端的连接方式和要连接的 IP 与端口号，“AT+CIPMODE=1”设置模块开启透传模式，“AT+CIPSEND”设置模块开始透传。完成上述配置后 MCU 即可通过串口与服务器进行通信。

3.2 图形化交互模块

图形化交互模块采用 STemwin 专业级图形库制作，其主要由学生界面、教师界面、设置界面、管理员界面组成，各界面由底层 UI 与顶层逻辑构成。底层 UI 用于实现页面的整体布局，界面的友好程度直接影响用户体验；顶层逻辑用于实现用户的操作和状态显示，是图形交互模块的核心。各界面结构基本相同，此处以学生界面为例进行介绍：

学生界面主要由编辑框、文本框、按键、图片控件构成。编辑框与文本框用于显示实验各项信息和状态显示，按键用于实现学生签到。根据 STemwin 的回调机制，检测到按键按下后，底层 UI 文件在回调函数中设置当前 UI 界面状态切换为学生签到状态。在顶层逻辑文件中，学生界面任务循环检测当前界面状态，当状态切换为签到状态时，通知二维码扫描任务开启扫描，并重新切换为等待状态。当接收到 WiFi 任务发送的签到状态的任务通知，提示框显示当前签到状态。

3.3 服务器数据接收和处理模块

数据采集和处理模块采用 Socket 实现服务器与终端的通信。将 Socket 设置为非阻塞模式，采用每隔 5s 进行一次扫描的方式检测终端如服务器连接是否正常。若连接正常，则服务器等待数据发送；否则等待下一次扫描，如果扫描次数达到设定的阈值仍然没有接收到回应，则服务器主动断开与后端的连接。如果服务器接收到数据，则对数据进行处理。

数据处理的方式如下：根据接收的 HTTP 请求参数，与后端数据库中的预约信息进行比对，判断签到是否成功；与后端数据库中的教师信息进行比对，判断教师身份验证是否成功；将学生成绩存入与此学生对应的数据库中；将日志信息存入其对应的数据库中。

4 接口设计

4.1WiFi 模块接收与发送接口：

4.1.1 ESP8266 初始化函数

【函数】u8 esp8266_init(void)

【功能】通过串口初始化 ESP8266 配置

【返回值】0：初始化失败

1：初始化成功

【参数】无

4.1.2 ESP8266 发送命令函数

【函数】u8 esp8266_send_cmd(u8 *cmd,u8 *ack,u16 waittime)

【功能】发送 AT 指令到 ESP8266

【返回值】0：发送成功（得到期待的应答结果）

1：发送失败（未得到期待的应答结果）

【参数】cmd：发送的命令字符串

ack：期待的应答结果

waittime：等待时间

4.1.3 ESP8266 发送 HTTP 请求函数

【函数】u8 usr_c322_WiFista_HTTP_request(u8* request,u8* parameter)

【功能】发送 HTTP 请求

【返回值】0：HTTP 请求不通过

1：HTTP 请求通过

2：HTTP 请求发送失败

【参数】request：HTTP 请求头

parameter：HTTP 请求参数

4.2 图形化交互接口

4.2.1 学生 UI 生成函数

【函数】WM_HWIN StudentPageOnCreate(void)

【功能】生成学生 UI 框架

【返回值】当前页面句柄

【参数】无

4.2.2 设置界面状态机函数

【函数】static void setting_event(void)

【功能】根据当前界面状态执行不同操作

【返回值】无

【参数】无

4.2.3 教师界面任务函数

【函数】static void teacherwin_task(void)

【功能】接收其余任务通知并做出处理

【返回值】无

【参数】无

4.3 服务器数据接收和处理接口

4.3.1 Socket 监听终端端口函数

【函数】socketListen()

【功能】对连接到服务器的终端端口进行监听和管理

【返回值】无

【参数】无

4.3.2 接收数据处理函数

【函数】socketDataDeal(accept_data, conn)

【功能】对从终端接收到的数据进行处理

【返回值】0：接收到正确的数据并且进行正确的处理

1：接收到错误的数据

【参数】accept_data：服务器接收到的数据

conn：服务器与终端的连接

专利实例二 基于深度学习的智能物流机器人控制系统设计说明书

1 引言

1.1 编写目的

本系统开发了一套嵌入式机器人控制系统，一种新型的基于深度学习的末端物流配送机器人控制系统，利用基于视觉的深度学习与路径规划等关键技术实现智能化的末端配送，能够感知周围的复杂环境，并在系统中重建自己所抓取的图像信息和根据预先设定的目的地实时规划出配送路径，并通过端到端模型和强化学习技术在周围环境中实现较为完备的自主路径规划及其物流配送。

1.2 背景

从目前的末端物流现状，社区单位的管理造成包裹投递困难。很多快件投递的最终地址包括居民小区、单位大院、写字楼、学校的等地方。而很多的社区、单位处于安全和管理的要求禁止快递员进入，这就给快件包裹的交付造成一定的困难。末端投递业务的激增和成本的上升，使得电商和快递公司需要创新的服务方式。据国家邮政局的数据显示，目前我国的快递规模世界第一。消费者对快递服务质量的要求越来越高，也产生了更多的个性化和多样化的物流需求。针对以上问题，末端物流智能机器人的出现可有效地解决社区单位的包裹投递和提升成功投递的比例，由此提高快递服务的质量。

2 总体设计

2.1 需求规定

2.1.1 软件功能要求

2.1.2 软件性能要求

2.1.3 输入输出要求

2.1.4 故障处理要求

2.2 运行环境

2.2.1 硬件环境

CPU: Intel 2.30GHz 以上

内存：4G 以上

硬盘：50G 以上

2.2.2 软件环境

操作系统：Ubuntu 12.04.5 及以上

开发工具：pycharm

2.3 基本设计概念

本系统主要分为路径规划、运动控制以及数据三方面，由一块主机 jetson Nano 和多个从模块构成。从模块包括 WiFi 模块、Robot-Eyes 摄像头以及电机驱动等。软件部分的三个方面如下：

（1）软件中的路径规划方面，算法会根据起始点和终点的位置把路径分解为一系列指令（如直走，左拐，直走，右拐，直走，直走），然后会把指令依次传递给控制机器人运动的深度神经网络模型。

（2）软件中的机器人运动控制方面，主要采用计算机视觉与深度学习算法，具体而言，算法模型由卷积神经网络、循环神经网络和深度神经网络组成，在接收到图像信号，输出对车的控制信号；训练上使用端到端的训练方法，即直接学习图像视觉信息到控制信号的映射。

（3）数据方面，深度学习算法需要大量且优质的数据做支撑，数据的质量从根本上决定算法的上界，通过先对机器人遥控的方式在不同地方、不同光泽条件下进行一定范围的活动，记录下所有数据，完成数据采集，通过算法将不合格或质量差的数据筛选掉。

3 模块设计

3.1 WiFi 模块设计

WiFi 模块采用了 esp8266，它内部集成 MCU，采用串口与外部通信，并且使用 AT 指令集，开发起来十分方便。esp8266 还可以方便地在 TCP 客户端、服务器端之间来回切换。

在本项目中 WiFi 模块主要用于通过 MQTT 协议与服务器通信，接收服务器传来的指令。并且在主机下识别之后及时向服务器汇报。当用户需要更改主机所连接的 WiFi 时，可以将本模块调至服务器模式，通过手机连接 eps8266，并将要连接的 WiFi 账号密码信息发给主机，之后进行连接，从而实现进行手机控制的目的。

3.2 Robot-Eyes 摄像头模块软件设计

图像数据采集部分采用 Robot-Eyes 摄像头，当主机发送图像采集命令之后，Robot-Eyes 摄像头首先确认主机的命令是否正确以及命令中的采集模式。

（1）初始化摄像头，函数 cvCreateCameraCapture()，返回一个结构体 CvCapture 指针；

（2）设置图形属性，使用函数 cvSetCaptureProperty()，CV_CAP_PROP_FRAME_WIDTH 和 CV_CAP_PROP_FRAME_HEIGHT 代表图像的宽和高；

（3）获取一帧图像使用 cvQueryFrame()，参数是 CvCapture 指针；

（4）显示图像 cvShowImage()；

（5）保存图像并返回给主机，主机负责对图像进行处理学习和分析等。

4 接口设计

4.1WiFi 模块接收与发送接口：

4.1.1 WiFi 模块 esp8266 初始化函数

【函数】void esp8266_init(void)

【功能】通过串口对 WiFi 模块进行初始化

【返回值】无

【参数】无

4.1.2 WiFi 模块 esp8266 发送数据函数

【函数】u8 atk_8266_send_data(u8 *data,u8 *ack,u16 waittime,u8 len)

【功能】通过 WiFi 模块向服务器端发送数据

【返回值】是否发送成功

【参数】数据，期待返回的结果，可以等待的时间，数据长度

4.1.3 WiFi 模块 esp8266 接收数据函数

【函数】void USART1_IRQHandler(void)

【功能】通过串口中断接收服务器端发来的数据

【返回值】无

【参数】无

4.2 Robot-Eyes 摄像头模块接收与发送函数

4.2.1 Robot-Eyes 摄像头模块初始化函数

【函数】cvCreateCameraCapture()

【功能】对 Robot-Eyes 摄像头进行初始化

【返回值】CvCapture 指针

【参数】无

4.2.2 Robot-Eyes 摄像头模块设置图像参数函数

【函数】cvSetCaptureProperty()

【功能】设置获取图像的高、宽等参数

【返回值】无

【参数】CV_CAP_PROP_FRAME_WIDTH、CV_CAP_PROP_FRAME_HEIGHT

4.2.3 Robot-Eyes 摄像头获取一帧图像函数

【函数】cvQueryFrame()

【功能】Robot-Eyes 摄像头获取一帧图像

【返回值】无

【参数】CvCapture 指针

第6章　大学生科技创新实践活动

科技创新实践活动作为一种探索性的实践过程，其任务是探索未知，其最为突出的特征就是“创新”。学生课外科技活动是一种实践环节，在活动过程中强化学生实际动手能力和实践技能，实现从科学知识型向实用技能型转化。群众性的学生科技创新活动，是迸发创新灵感的好时机，有利于学生将课本知识和实际问题相结合。许多新思想、新方法、新技术的产生均源于这种实践活动。

课外科技活动在培养人才方面有不可低估的作用，是一种新型的学习方式，也是一种创新的教学方式。对此，各高校针对自身的具体情况，为推进课外科技活动的开展采取了一系列的方法和措施，并取得了不少的成绩和进展。杭州电子科技大学作为一所电子信息特色突出的教学研究型大学，在这方面取得了良好的成效。

（1）搭建科研竞赛平台，指导学生科技创新。

学校、学院采取措施，要求并鼓励专业教师加强对学生参加课外科技创新实践活动的指导。成立学科竞赛指导委员会，下设电子设计竞赛、智能小车竞赛、挑战杯、嵌入式系统邀请赛等教练组，对学生科研竞赛进行全面的指导。对于参加科技创新和科技竞赛的同学，学院有组织地提供竞赛培训、实验场地，配备多名指导老师。学院以“芯苗人才”基金为保障的学生科研资助体系，每年立项近百项，每个立项的项目都配有指导老师。学院以无线电协会为基地，不仅提供专门的实验室、元器件、实验设备，还配备专业的科技社团指导老师。

（2）重视学生职业生涯规划教育。

从新生入学开始到毕业踏入社会，职业生涯规划教育一直贯穿于学生的学习和生活，通过新生入学教育、优秀校友沙龙讲座、职业生涯规划讲座、专业就业指导等方式，帮助学生明确对未来的规划，激发其学习积极性。

大一和大二学习期间，学院开展各项指导活动，举办名师大讲堂，组织校内外知名教授给学生做讲座。开展名师沙龙活动，和知名教授面对面交流，让教授直接指导学生。学生进入高年级后，学院更加重视学生的就业技能培养，通过就业指导课在课堂上进行指导，邀请知名工作人力资源专家给学生讲解职业生涯规划、组织学生参观企业、组织学生去企业进行工程实训，邀请知名校友面对面指导学生。这些活动对学生职业生涯规划、职业从业提供了切合自身的教育和指导，为学生的成长提供了条件。

6.1　国家级大学生创新创业训练计划

6.1.1　国家级大学生创新创业训练计划管理办法

第一章　总则

第一条　为贯彻落实全国教育大会和新时代全国高等学校本科教育工作会议精神，根据《国务院办公厅关于深化高等学校创新创业教育改革的实施意见》（国办发〔2015〕36 号）要求，深入推进国家级大学生创新创业训练计划（以下简称国创计划）工作，深化高校创新创业教育改革，提高大学生创新创业能力，培养造就创新创业生力军，加强国创计划的实施管理，特制定本办法。

第二条　国创计划是大学生创新创业训练计划中的优秀项目，是培养大学生创新创业能力的重要举措，是高校创新创业教育体系的重要组成部分，是深化创新创业教育改革的重要载体。

第三条　国创计划坚持以学生为中心的理念，遵循“兴趣驱动、自主实践、重在过程”原则，旨在通过资助大学生参加项目式训练，推动高校创新创业教育教学改革，促进高校转变教育思想观念、改革人才培养模式、强化学生创新创业实践，培养大学生独立思考、善于质疑、勇于创新的探索精神和敢闯会创的意志品格，提升大学生创新创业能力，培养适应创新型国家建设需要的高水平创新创业人才。

第四条　国创计划围绕经济社会发展和国家战略需求，重点支持直接面向大学生的内容新颖、目标明确、具有一定创造性和探索性、技术或商业模式有所创新的训练和实践项目。国创计划实行项目式管理，分为创新训练项目、创业训练项目和创业实践项目三类。

（一）创新训练项目是本科生个人或团队，在导师指导下，自主完成创新性研究项目设计、研究条件准备和项目实施、研究报告撰写、成果（学术）交流等工作。

（二）创业训练项目是本科生团队，在导师指导下，团队中每个学生在项目实施过程中扮演一个或多个具体角色，完成商业计划书编制、可行性研究、企业模拟运行、撰写创业报告等工作。

（三）创业实践项目是学生团队，在学校导师和企业导师共同指导下，采用创新训练项目或创新性实验等成果，提出具有市场前景的创新性产品或服务，以此为基础开展创业实践活动。

第二章　管理职责

第五条　教育部是国创计划的宏观管理部门，主要职责是：

（一）制定国创计划实施的有关政策，编制发展规划，发布相关信息。

（二）制定国创计划管理办法，组织开展项目立项、结题验收等工作，加强项目的规范化管理。

（三）制定国创计划成效评价指标体系，定期组织开展实施情况评价。

（四）组建国创计划专家组织，加强大学生创新创业工作研究，推进高校创新创业教育经验交流。

（五）组织举办全国大学生创新创业年会，推进大学生创新创业学术交流和成果推介。

第六条 省级教育行政部门主要职责是：

（一）根据本区域经济社会发展特点，指导、规范本区域大学生创新创业训练计划运行和管理，推动本区域高校加强大学生创新创业教育工作。

（二）负责组织区域内高校国创计划立项申报、过程管理、结题验收等工作，按照工作要求向教育部报送相关材料。

（三）负责区域内参与国创计划高校交流合作、评估监管等工作。

第七条 高校是国创计划实施和管理的主体，主要职责是：

（一）制定本校大学生创新创业教育管理办法，开展创新创业教育教学研究与改革。

（二）负责国创计划项目的组织管理，开展项目遴选推荐、过程管理、结题验收等工作。

（三）制定相关激励措施，引导教师和学生参与国创计划。

（四）为参与项目的学生提供技术、场地、实验设备等条件支持和创业孵化服务。

（五）搭建项目交流平台，定期开展交流活动，支持学生参加相关学术会议，为学生创新创业提供交流经验、展示成果、共享资源的机会。

（六）做好本校国创计划年度总结和上报工作。

第三章 项目发布与立项

第八条 教育部根据国家经济社会发展和国家战略需求，结合创新创业教育发展趋势，确定重点资助领域，制定重点资助领域项目指南，引导国创计划项目申请。

第九条 国创计划项目申报基本条件：

（一）项目选题具有一定的学术价值、理论意义或现实意义。鼓励面向国家经济社会发展、具有一定理论和现实意义的选题，鼓励直接来源于产业一线、科技前沿的选题。

（二）选题具有创新性或明显创业教育效果。鼓励开展具有一定创新性的基础理论研究和有针对性的应用研究课题，鼓励新兴边缘学科研究和跨学科的交叉综合研究选题。

（三）选题方向正确，内容充实，论证充分，难度适中，拟突破的重点难点明确，研究思路清晰，研究方法科学、可行。鼓励支持学生大胆创新，包容失败，营造良好创新创业教育文化。

（四）项目团队成员原则上为全日制普通本科在读学生，成员基本稳定，专业、能力结构较为合理。每位学生同一学年原则上只能参与一个项目。鼓励跨学科、跨院系、跨专业的学生组成团队。

（五）项目申请团队应选择具有较高学术造诣、较好创新性成果、热心教书育人、关爱学生成长的教师作为导师，鼓励企业人员参与指导或共同担任导师。

（六）创新训练项目和创业训练项目获得经费支持平均不低于 2 万元 / 项，创业实践项目获得经费支持平均不低于 10 万元 / 项。高校根据学科专业特点，确定项目资助额度标准。

第十条 根据教育部发布的国创计划申报要求，符合立项申请基本条件的项目向所在高校提出申请，高校评审遴选后报省级教育行政部门和教育部审核备案。

第十一条　教育部组织专家对申报项目进行审核后发布立项通知。

第四章　项目过程管理

第十二条　高校应加强对国创计划的管理，成立由校领导牵头、相关职能部门组成的国创计划管理机构，确定主管部门。管理机构负责协调落实条件保障，主管部门负责国创计划日常管理。

第十三条　项目负责人要负责项目的整体推进，按照计划开展工作，加强团队建设和管理，加强与导师和管理人员的沟通联系，并组织好相关报告撰写工作。项目负责人和项目内容原则上不得变更，特殊情况经学校有关部门审批后执行。

第十四条　国创计划经费应专款专用。学生要在相关教师指导下，严格执行学校相关财务管理规定。

第十五条　国创计划项目所在高校应建立国创计划师生培养培训机制，加强对国创计划项目团队成员和导师的培训和管理。

第十六条　鼓励项目团队积极参加中国“互联网 +”大学生创新创业大赛等创新创业赛事和“青年红色筑梦之旅”等活动。

第十七条　推动国创项目不断提高整体水平和发挥示范带动作用。高校应充分发挥国创计划引领示范作用，及时总结学生在项目中取得的成绩，协调解决存在的问题。支持高校通过举办大学生创新创业年会等方式加强国创计划成员之间的学习交流。

第五章　项目结题与公布

第十八条　国创计划项目完成后，均需进行结题验收，履行必要的结项手续。

（一）国创计划项目结题验收工作由所在学校组织。学校应组织校内外专家对国创计划项目进行结题验收，并将验收结果报省级教育行政部门审核备案。

（二）省级教育行政部门按年度向教育部报送本区域高校国创计划项目验收结果，并组织开展项目抽查。

（三）教育部对省级教育行政部门报送的验收结果进行审核，并将审核结果公布。

第十九条　国创计划项目结题验收结论的申诉。国创计划项目团队成员、导师，如对结题验收结论有异议，可向高校有关部门提出。

第二十条　国创计划项目结题信息公开对外服务。相关网站向公众提供结题信息服务，助推高校创新创业教育深入发展。

第六章　项目后期管理

第二十一条　高校对通过结题验收的项目团队成员可根据实际贡献给予学分认定，对导师给予相应工作量认定。

第二十二条　建立国创计划年度进展报告制度。高校要按年度编制国创计划项目进展报告，内容应包括项目整体概况、教育教学改革探索、项目组织实施与管理、支持措施和实施成效等。年度报告报省级教育行政部门和教育部备案。

第二十三条 国创计划项目执行较好的高校可向教育部申请承办全国大学生创新创业年会。

第七章 附则

第二十四条 在国创计划实施中，凡是属于国家涉密范围的，均按照相关保密法规执行。

第二十五条 各省级教育行政部门、各高校根据本办法制定实施细则。

第二十六条 本办法自公布之日起施行。

6.1.2 国家级大学生创新创业训练计划实例

6.1.2.1 实例一 一种高效分类的分层式储物柜

目前，储物柜已经发展得非常完备。小型仓库中普遍采用的储物柜，柜体采用SUS304进口不锈钢装饰板，易于清洁；双开掀式门，使用120° 开门铰链与箱体紧密；门框边采用专用铝合金套框，紧密美观；根据不同用途设计内层横竖隔板，便于存取物品；采用特制圆弧与墙板紧密结合，不积灰尘。这些性能特点都带来了很多便捷。

通过前期的调查我们发现，现有使用的储物柜主要存在如下三个问题。

①老旧非智能储物柜不存在高效节省空间功能。由于小型仓库内的小型物件种类繁杂、数量繁多，普通的储物柜不便于存取和整理，长此以往，会造成老式仓库寻找物品困难，取用物品费力，甚至带来器材物品浪费的现象。

②老旧非智能储物柜不存在高效查找及自动智能化取物件的功能。使用老旧非智能储物柜寻找物品会花费大量时间，费时费力，给生活带来诸多不便，老旧非智能储物柜已经无法满足人们的需求。

③老旧非智能储物柜不具备无人化管理方式，依赖人力操作，增加不必要的成本。

2010 年 10 月 18 日，国务院通过了《加快培养和发展战略性新兴产业的决定》，提出了七大支持产业，包括智能家居紧密相关的物联网行业。2011 年 11 月，工信部出台的《物联网“十二五”发展规划》，也明确将智能家居列入九大重点领域应用示范工程中，体现了政策扶持倾向。

（1）国内外研究现状。

①对于储存柜智能取物及节约方向的研究。

成都千易信息技术有限公司的莫尚易等人对一种用电机连接位置检测装置的旋转储物柜有研究，其特征在于，包括圆柱柜体、穿过圆柱柜体中轴的转轴、电子密码锁、位置检测装置，所述圆柱柜体包括围绕圆柱壁设置的多个存储阁，每个存储阁设置有柜门，电子密码锁控制每个存储阁设置的柜门的开关，所述位置检测装置设置在转轴上，且连接电子密码锁，柜体与转轴之间设置驱动柜体旋转的电机，所述电机连接位置检测装置。所述电子密码锁包括密码输入装置、设置在柜门上的电机锁、计时器。其特征在于，所述圆柱壁上设置的多个存储阁可为均匀分割的存储阁或不均匀分割的存储阁。其实现可旋转方式的

节约存储空间的方法可以借鉴。

②对自动在柜检测系统的研究。

中国计量学院的硕士张月欢等人在生物安全柜多参数检测系统的研究中，提出一种由主、从机单元构成的分体式生物安全柜多参数自动化检测系统。鉴于内置的从机检测机构易对安全柜内流场产生扰动，建立了从机机构误差引入机理仿真模型，从机构的几何外形分析其对安全柜流场的影响；根据密闭空间精密充气和气流流速多点测量的要求，完成了充气结构和气路控制机构的设计，并重点讨论了多参数检测系统从机检测平台机械结构的设计与实现；完成了系统硬件的方案设计和关键器件选型，详细描述了高性能稳定的电源模块、电机控制模块、实时通讯模块以及传感器模块的设计实现；采用模块化设计方法，完成了各个基本功能模块的代码编写。

③对存取系统的研究。

弗兰度集团开发的托盘及料箱的自动存取系统 (AS/RS)，其托盘和大件料箱的自动存取系统都是在轨道上运行的，根据系统的需求，带单桅或双桅杆构架自动存取系统配备了不同的夹持系统（如伸缩叉等），用于存储和拣选单或双深货架，使该解决方案高度适应各种物料和处理需要。对于高的结构，其自动化存取系统配备了操作舱以进行人工操作，如手工盘存或检查。弗兰度集团还开发和提供所有与自动存取系统相关的软件。这不仅备注管理自动存储系统本身，而且管理整个仓库逻辑，包括地面、装载码头、打包和装运区域。

④对智能柜应用的研究。

德国为解决储柜高度限制而建成搭状的智能储存柜 (TOWER24)，可支持顾客自主取件与寄件。

⑤对空间优化的解决方案的研究。

弗兰度集团的垂直旋转柜 EUROT 是一种具有可旋转货架的自动存储系统。它是在有限的空间实现快速操作和符合人机工程学的理想解决方案。旋转货架总是遵循最短的运行路线，将物料送到供操作者使用的检索区域。弗兰度集团自主研发的 Ejlog 管理软件确保了文档的快速识别，易于管理的选择列表，以及远程访问存档。

（2）项目研究目标及主要内容。

①项目研究目标。

在简单的小型仓储中普遍存在由物件混杂、标识不清、管理不严谨导致的物件积压严重、寻找物件困难等现象，使得物件浪费严重，购买物件的花销成本增大，每次在寻找所用的物件时花费太多的时间，浪费大量的人力物力，更不能对现存的物件进行很好的数据管理和数量统计，容易在物件用完后出现购买不及时的情况。结合物联网和智能家居的发展潮流，如何最大地满足仓储库存管理的无人化、有序化和智能化的要求是新式储物柜的研究目标。

为了改变仓库和高校电子实验室目前的物件混乱的现状，提升仓储管理效率，解决仓储的无序化管理，降低物件购买成本，达到物尽其用，物畅其流。本项目力求开发出一款优秀的基于服务器的自动化智能储物柜，能够使用服务器和数据库对物件进行数量统计和位置归类，能够使用主控面板使所需物件的存放位置自动弹出，很好地解决物件的数量和位置的统计和物件寻找困难的问题，做到储物柜的自动化和无人式管理，提高用户的体验舒适度和实验室的物品整洁度。

②主要内容。

本项目拟开发一款基于服务器的智能储物柜，由在服务器端的数据库和实体的器件柜部分构成，实体的器件柜的主控芯片为stm32f104，负责主控液晶板显示和控制，同时发送数据包与服务器通信，确定存取物件的位置和数量，与每层的主控芯片进行无线通信。每层嵌入低成本的无线通信芯片，利用无线自组网协议通信传输具体需要自动弹出的储物格层数和旋转角度，做到多储物格同时弹出。

实体储物柜以一层配置为基本架构，中心为基本机械结构，周围为八个扇形圆环围绕构成，扇形圆环大小可变，每层基本架构以圆心为中心实现层层叠加，做到储物柜的层数自定，排布自拟的特点，具有较大的灵活性和可调性。中间嵌入无线通信芯片，实现数据传送和控制电机，完成特定层数特定柜子的自动弹射。

主控液晶控制系统由显示模块、通信模块和指纹模块构成。为保护用户使用储物柜的隐私性，我们添加指纹识别和检验的功能，开启功能后，只有通过指纹识别，才能从储物柜中取物，显示模块负责显示用户交互界面，提示用户输入所需物件的名称和用完是否放回、取用数量多少等要求。输入确认后传送数据给分控芯片做到储物柜的自动弹出。

网端系统包括进行入库出库处理的网页，服务器数据库。服务器用来进行数据的储存，通信信息的处理，网页负责大批量物件的入库出库登记和显示物件清单，同时包括后台维护诸多方面，数据库存储所有物件的名称、数量和位置信息，在数量较少时会提出警告，告知需要重新购买。用户通过网页进行物件分类，所有物件的储存位置由网页端进行同步设定，进一步满足用物件分类按照使用者情况分类的特性，方便用户使用。

（3）项目创新特色概述。

本项目的创新特色主要包含以下几个方面。

①服务器数据的同步使用。服务器数据库中对于储物柜每个位置放置的储物物件进行入库分类和数量统计，网页同步进行入库登记，方便用户可以直接在网页中搜索储物物件是否存在、所在位置和剩余数量，方便仓储管理者进行库存管理和物件整理，形成电子版的储物数据库。

②自动化机械结构。在实体器材柜的主控搜索页面中确认需要的储物物件名称，由服务器确定储物物件的储物格的层数和位置，利用机械结构将储物格旋转到每层的出口再从出口弹出进行取物，做到器材柜的无人式和自动化。

③星形—树形混合拓扑结构的自组网通信协议。在实验室中，储物柜的数目随物件总数增加而增加，为保证储物柜做到一个用户交互屏幕控制整个仓储空间的仓储储物柜，并且尽可能地节省成本，本项目采用星形—树形混合拓扑结构进行储物柜的多层通信，实体储物柜系统内部的无线通信机制能大大降低分立储物层之间的连接复杂度，不仅更有利于后期维护，也能为用户提供更好的产品体验。作为一个小型的物联网系统，储物柜内部有一套独特的无线自组网机制。

④简易用户使用界面。用户界面设计简单，用户寻找物件只需输入物件数量和物件名称，方便用户对物件进行取用整理。简单、便捷的用户界面利于用户的日常使用。

⑤多学科交融。实现多功能复杂现代智能产品，将机械原理和电子控制以及服务器数据管理进行多方向多学科的联合，弥补了传统储物柜和仓储系统的不足。

（4）项目研究技术路线。

本项目技术路线如图 6–1 所示：

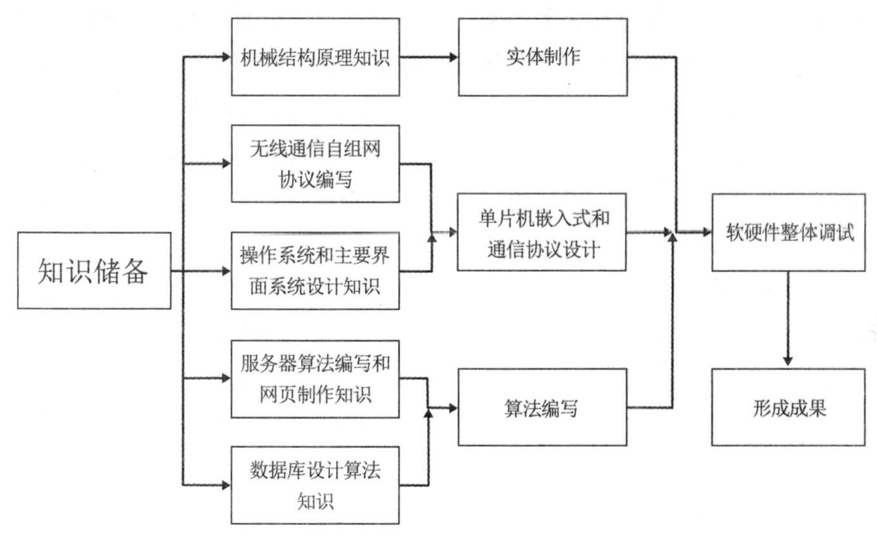

图6–1　技术路线图

①机械结构实现。

本储物柜以控制底板 + 独立储物层分立式结构搭建。每个独立的储物层与其他储物层之间通过连接槽与卡扣相互连接，利用每层储物层顶部的弹簧顶针实现供电。控制底板与储物层均被设计成圆柱状，其中，储物层分为外壳和内部可旋转结构，内部可旋转结构能够绕着中心轴转动，它通常被均分为八等分，每一等分作为一个基本储物单元格，均置有导轨和滑槽，能够被独立推出。外壳上有与储物单元面积相同的出口，用于器材的出 / 入库。

每个独立储物层都有两个独立工作的电机，一个控制中心轴，带动整个储物层内部可旋转结构的旋转，用于定位所需器材；另一个控制储物单元的直线运动，在内部旋转结构转到合适位置时，通过储物单元底部的导轨将独立的储物格推出，实现器材出库。

由于整个储物柜的各层都能可拆卸的，用户能够自由选择储物层数量。利用卡槽 + 卡扣的可拆卸固定结构，用户轻易就能实现储物层的增减。同时，为了降低用户接线的难度，各储物层之间使用了弹簧顶针实现传递式供电，利用无线通信尽心信息传输而不是传统的有线通信，在简化机械结构的同时，也大大提高了使用体验。而储物柜的每一个储物单元格可通过放置不同的储物模具实现储存器材的“细分类”，能更好地满足用户对小型物件的存储需求。

②嵌入式软件实现。

本器材柜实体部分由控制底板和能自由拆装的独立储物层组成。为了降低储物层与其他储物层、控制底板的连接复杂度，我们采用独立研发的无线通信协议实现对各储物层的控制。其中，控制底板负责实现与服务器之间的双向通信，主要途径为上传和接收 HTTP 请求。底板从服务器获取柜内器材位置信息后，将位置信息转换为电机控制命令，通过内部无线局域网将命令发送给对应器材所在的储物层。储物层本身是能够独立工作的电机控制系统，它不断轮询接收控制板下发的电机控制命令，当收到命令时，根据命令内容完成对本层两个电机的控制。

a. 控制底板软件实现。

实时操作系统：为了实现与服务器通信、内部数据库管理、局域网构建、用户交互界面等一系列功能，主控底板搭载了实时操作系统 FreeRTOS。作为一个轻量级的操作系统，FreeRTOS 的功能包括：任务管理、时间管理、信号量、消息队列、内存管理、记录功能、软件定时器、协程等，可基本满足较小系统的需要。并且，FreeRTOS 操作系统是完全免费的操作系统，具有源码公开、可移植、可裁减、调度策略灵活的特点，可以方便地移植到各种微控制系统上运行。

用户交互界面：为了实现器材的本地存取，实体储物柜系统的控制底板搭载有一块 4.3 寸的 TFT 触摸屏，并以 UCGUI 为基础，实现了一个图形化用户交互界面。UCGUI 是一种嵌入式应用中的图形支持系统，它设计用于为任何使用 LCD 图形显示的应用提供高效的独立于处理器及 LCD 控制器的图形。高效的回调机制使其非常适用于实时性较高的系统中。同时，UCGUI 还是一款用标准 C 代码编写的、完全开源的图形界面系统，非常适合嵌入式系统中的图形界面设计。

b. 无线局域网。

实体储物柜系统内部的无线通信机制能大大降低分立储物层之间的连接复杂度，不仅更有利于后期维护，也能为用户提供更好的产品体验。作为一个小型的物联网系统，储物柜内部有一套独特的无线自组网机制。该组网系统以台湾松瀚公司的 868MHz 射频芯片为基础，建立了一套星形—树形混合拓扑结构的自组网通信协议。该通信系统工作在 868MHz 频段下，避开了 2.4GHz 的 WiFi 常用频段，因而不会受到 WiFi 信道拥挤的干扰。其搭载的无线通信协议具有成本低、能耗低、精确度高、可拓展性强等特点，十分适合信息吞吐量不大但组网节点相对灵活的场景。

c. 嵌入式系统数据库。

为了应对可能出现的服务器故障、网络崩溃等问题，实体器材柜系统内部也搭载了一个小型数据库。基于此，储物柜系统在无网络情况下也能够正常实现内部器材的存取。该数据库以 FatFs 文件系统为基础，FatFs 是一个通用的文件系统模块，用于在小型嵌入式系统中实现 FAT 文件系统。 FatFs 的编写遵循 ANSI C，因此不依赖于硬件平台。它可以嵌入到各种型号的微控制器中，如 8051, PIC, AVR, SH, Z80, H8, ARM 等，不需要做任何修改。搭载了文件系统后，对于数据库文件的管理变得十分简单——只需将柜中所有器材以哈希表形式储存为一个 txt 文件就能够方便地实现内部器材的统计，大大增加了查找效率。

③网络通信。

本器材柜与服务器通过无状态、安全的 HTTPS 协议链接，并利用 Socket 保持链接，获得消息推送，服务器利用阿里云服务器构建，包含了数据库服务器、网络服务器、Web 服务器等功能。

器材柜与服务器之间利用基于 TCP/IP 的 socket 进行进程通信，当服务器端获得取物请求时，服务器通过 socket 通知器材柜，器材柜收到消息后发起 HTTP 请求获得详细的取物信息，进行操作。

由于 HTTP 是基于 TCP/IP 的一套数据发送协议，因而 socket 通信与 HTTP 通信实际复用了一条信道。

④服务器实现。

服务器搭建在腾讯云服务器上，利用 node.js 作为网络编程语言，Redis 实现消息队列，MySQL 作为日志文件持久化存储及器材索引。

服务器利用 node.js 监听某多个端口，其中 80 端口用于提供面向用户的 Web 服务、3000 端口用于与器材柜建立链接，每次链接时 node.js 实例化一个链接对象互不干扰，并进行异步 IO，提高并发性，进而提高了每个链接的可靠性。

服务器中利用 Mysql 存储类似 FAT 表的器材分配表，具体实现是将文件名称的哈希值，扇区号，盘块号作为一条记录进行存储，存储为一个功能盘面的数据表，通过外键关联到单个器材柜。

服务器中利用 Redis 存储查询请求，作为消息队列，这是考虑到当实验室规模变大，器材柜的数目增加后，系统的吞吐量将会变大，为了确保消息均能被响应，我们设计了消息队列机制，用去应对可能发生的高并发情况。

6.1.2.2　实例二 大学生科技创新智能实训平台

目前，互联网等技术发展十分迅速，然而，各高校学生参与实验课程的方式仍然十分传统，传统教学方式产生的各种问题日益凸显出来。因此，把当下发展十分迅猛的互联网技术与学生参与实验课程的方式结合起来，是当代实验课程改革不可避免的趋势。本作品的目的是研发适用于电工电子实验教学、学科竞赛集训和开放实验使用的实训平台及配套管理软件，是使得实验教学走向创新的重要技术保证。因此，探究如何通过当代的新兴技术来优化学生做实验的方式已经成为当前重要的研究课题。

通过前期的调查发现，当前传统的实验教学方式存在的问题分为以下两个方面：

①学生方面。

学生上课时间固定，使得一些课余时间丰富，想要动手实践的同学缺少参与实践的客观条件，实验室的资源并没有被充分高效地利用起来，学生在实验的过程中处于十分被动的地位。

在实验的过程中，实验数据的采集和实验报告的撰写的过程十分枯燥，往往会花费学生较多的时间和巨大精力，使学生无法专注实验的本身，无法领会到实验的精髓。

②老师方面。

传统的教学使得老师很难直接了解学生的实验情况，因此也无法对每个学生的实验情况进行客观的打分和评价。

本实验平台，通过自主实验预约，可以使学生通过课外自主实验，实现对理论的深入理解；通过智能数据采集，打破以往从示波器、扫频仪、万用表等大型测量仪器上，手动收集数据的方式，实现数据的自动采集和上传，同时也便于计算机进行多组数据对比分析，避免数据浪费，打破以往测量仪器数据量少的情况；通过自动生成报告，改革了以往学生根据实验中记录的数据，手动撰写实验报告的形式，方便老师进行比较、评分，避免因为字迹不清、抄写错误影响学生的实验成绩。此外，报告格式、实验数据、实验结果均由系统自动采集生成，学生无权修改，确保实验结果真实、可靠。

因此，在这个市场需求逐渐变大的背景下，对实验平台创新项目的研究就具有非常重要的研究意义和市场价值。

（1）国内实验平台现状。

我国的大学教育中，由于受到“重理论，轻实践”思维的影响，实验室在高校中处于辅助地位，未得到应有重视。实验教学从属于理论教学，定位不准确。仪器设备使用率低，实验室相对封闭，很多只用来进行本专业的验证性实验。实验室的投入经费不足，人才设置不够合理，管理模式相对落后，欠缺评估机制。尽管国家教育投入的逐步加大，高校实验室的发展有了长足进步，但是与国外优秀大学的实验室相比，依然有提升空间。

此外，我国大学的课程还是以验证性实验为主，创新性项目较少。另外，国内大学的实验室教学难以或者不会随着工业的发展进行革新，实验内容多年不变。国外大学的实验课程与其国家的工业结合得比较好实验课程根据内容和受众不同有所不同。

高校一般采取在实验桌上放上各种仪器，学生写实验报告，然后在实验室里完成实验，最后总结实验报告这样一个传统的方式，这种方式不仅耗时长，效率低，而且让学生做实验变成了以完成实验报告为目的工作，对锻炼学生动手能力，解决问题能力提升不大，且抑制了学生们做实验的热情。

我国高校实验课大部分只允许学生在特定的时间段到实验室里完成实验。从实验室开放管理来看，日本大学的实验室管理值得借鉴。以日本香川大学为例，其实验室布局和设施就很方便开放管理，凸显了管理的科学性和人性化。实验室大门与各个分室都有智能门禁系统，不同的人持有的卡有效期和级别有所不同。全天候开放，不设门卫。另外，进入实验室的学生需要购买实验仪器意外损坏保险，如果发生意外，由保险公司按合同约定负责维修。这样，有效规避了风险，为实验室开放创造了很好的条件。在实验教学中，根据导师不同学生分成不同的组，实验实行预约制，按时段划分，提高实验室利用效率。

（2）项目研究目标及主要内容。

①研究目标。

随着现代科技的发展，时代对当代电子类大学生的要求越来越高。实验是培养优秀电子类大学生的重要环节，但是当今的电子类实验教学无论从教学方式上还是从教学仪器上都无法满足当代大学生的学习需要。如何最大化地使学生学到行之有效的知识成为实验教学改革的首要目标。

本作品希望通过人机交互系统实现实验的线上预约、个人信息核对、实验分数评定等功能；通过智能实验管理系统对实验的硬件设备进行管理、自动生成与评定实验报告以及采集与统计实验数据；通过丰富教学套件给学生提供发挥思维的广泛空间；通过通用实验桌上的电源管理设备对平台的电源进行管理以及通过桌上的视频设备对图像经行实时传输；最后希望将四个分立的系统有机结合形成一个整体，优化实验操作从而优化实验教学方式，最终提高学生的工程创新能力和可持续发展能力，使学生受益。

②主要内容。

大学生科技创新智能实训平台包括人机交互系统、智能实验管理系统、实验教学套件、通用实验桌四部分，结构框图如图 6–2 所示。

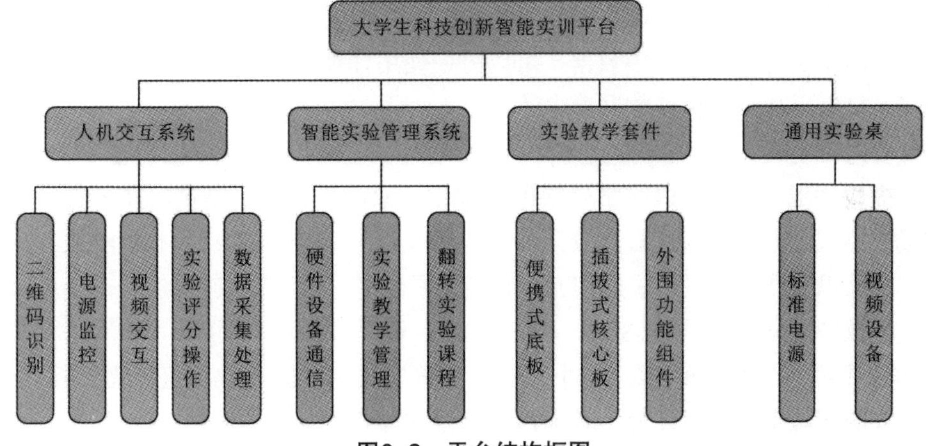

图6–2　平台结构框图

人机交互系统：系统主要由二维码识别模块、语音模块、显示模块以及图形交互界面组成，承担电源监控、视频交互、实验呼叫应答和数据采集处理等功能。学生通过扫描包含学号信息的二维码进行实验预约验证及实验操作，教师扫描包含工号信息的二维码后对学生的实验操作进行成绩评定。

智能实验管理系统：不同于常用的教学管理软件，智能实验管理系统能通过 WiFi 与实验教学套件、视频设备、电源控制模块等硬件设备进行数据通信。系统集成了实验教学、成绩评定和报告管理等功能，能将虚拟仪器采集到的数据直接嵌入到实验报告中，并为用户提供超文本编辑器和实验报告生成向导。同时能满足翻转实验课程的教学要求，提供在线视频学习、课前知识测验、实验讨论、后台大数据统计等功能。

实验教学套件：实验教学套件包括便携式底板、插拔式核心板和外围功能组件块三部分。便携式底板提供 3.3V、5V、± 12V 和 24V 电源等。插拔式核心板包括 51 单片机核心板、PIC18 单片机核心板、STM32 单片机核心板和 FPGA 核心板，可根据实际需要进行插拔更换。外围功能组件包括物联网开发组件、机电控制开发组件、无线电开发组件、电源学习组件及各类教师自制组件等。

通用实验桌：实验桌提供了 220V 交流电源和 24V 标准直流电源，方便用户进行选择使用。220V 交流电源以无引线导轨的形式对外供电，24V 直流电源为各类实验教学套件和实验箱进行供电。每张实验桌配备了视频设备，通过 WiFi 将视频数据传输到管理系统。

（3）项目创新特色概述。

①自主实验预约。

自主实验预约，打破以往仅能在固定时间实验的模式，实现实验室 24 小时开放。这为学生提供更加丰富、自由的实验资源，实现对理论的深入理解。此外，本平台在预约时还将进行实验相关的“理论测试”，其主要目的是为了确保学生在实验前已经拥有相关知识，节约宝贵的实验资源。

②智能数据采集。

智能数据采集在实验中实时、自动进行，相关数据自动上传云端，打破以往手动收集数据的方式，实验台的屏幕可以实时显示相关数据，取代以往实验台的示波器、扫频仪等大型仪器。由于实时、自动采集数据，可以方便使用计算机进行多组数据对比分析，避免数据浪费，打破以往测量仪器数据量少的情况。

③自动报告生成。

自动报告生成，改革了以往学生根据实验中记录的数据，手动撰写实验报告的形式。统一的报告格式，方便老师进行比较、评分。实验报告在实验结束后自动生成，学生仅需要填写实验反思等回顾性栏目，对实验进行相关总结。

④云端教师评分。

云端教师评分，辅助实现了 24 小时无人监管实验，实验的教师仅仅需要在空余时间对标准格式的实验报告进行评分。教师仅需登录实验管理系统的网站，即可查看相关学生的实验报告及实验的过程，并对学生的实验表现进行评分。

（4）项目研究技术路线。

①云平台技术实现。

a. 实验预约技术实现。

参考 RESTful API 的设计模式，将功能拆解为微服务，通过进程间通讯同步数据。为了实现实验预约技术，在 ThinkPHP 搭建的主服务中设计了多个 API，用于发送数据实现预约状态改变的功能。而服务器与单片机之间，使用了基于 node.js 实现的 HTTP API 服务器，单片机通过 TCP/IP 发送数据包至服务器，API 服务器对该数据包做出响应，从而实现了预约功能。

在数据安全上，由于单片机与服务器通信没有通过校园网，单片机链接的 WiFi 信号也是隐藏 WiFi，对数据加密没有考虑，以此实现高效的数据传输，但是在单片机链接时，使用 Outh2 的方式对单片机身份进行了验证，提高安全性，防止有黑客抓取到数据包后通过发送伪造的 http 请求篡改数据。

b. 自动实验报告生成技术实现。

选择 Markdown 作为页面内报告编辑器的填写方式，并集成了代码高亮截图上传和 LaTaX 等实用功能，便于学生操作。当学生填写完一部分内容后，页面内 js 将会在浏览器的 localStorge 内对应字段（实验编号）内追加存储当前学生填写内容直到进行到最后一项。

当学生填写完最后一项内容后，页面内 js 将 localStorge 中的内容追加载入到页面内，通过特定 css 进行修饰，以满足打印需求，最终将其打印为 PDF，实现实验报告即时存储和导出。之后，这部分数据将被存放在数据库内，当教师需要导出时，重复上述操作，即可进行打印。

c. 后台数据库技术实现。

数据库部分采用 MySQL 构建。在前端可通过调用后端接口对数据库进行查询，对数据进行显示。数据库用 ER 图进行设计，并将其转换为数据表。服务器框架图如图 6–3 所示。

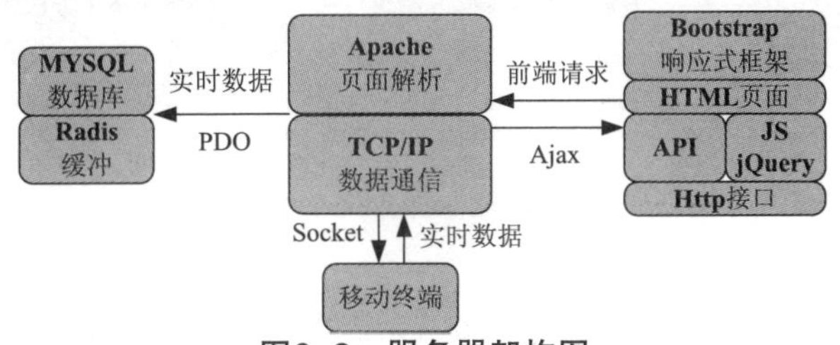

图6–3　服务器架构图

服务器通过 TCP/IP 协议与地面站通信，通过 PDO 与数据库之间的交互连接，通过 http 并由 ajax 辅助与前端页面交换数据，是构建本系统必不可少的部分。

PDO 是 PHP DataBase Object 的缩写，是一个高度抽象的数据库对象，将各种数据库指令抽象为统一的函数，当业务量扩张时，整个程序仅需修改 PDO 的 object 名称，而不需要大范围修改程序。

②智能实验桌技术实现。

a. 硬件部分。

该系统以 STM32 为控制芯片，ESP8266 WiFi 模块实现实验台与云平台的通信，科大讯飞的 XFS5252 语音合成模块为用户提供语音提示，4.3 英寸 TFTLCD 电容式触摸屏与用户进行交互，二维码扫描模块 GM—65 用于验证用户身份，继电器用来控制实验台的上电。已在云平台预约的用户可在预定的时间，在预定的实验桌进行二维码扫码验证，学生信息会通过 WiFi 模块与云平台预约信息对比，验证成功后交互系统为实验台提供 24V 直流电压，学生可进行实验，预定时间结束后自动断电。交互系统硬件设计图如图 6–4 所示。

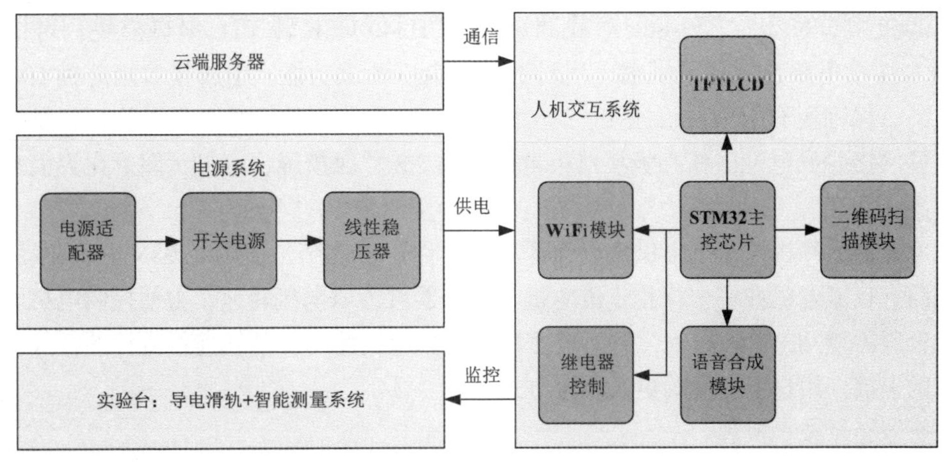

图6–4　用户交互系统硬件设计图

b. 软件部分。

实验桌交互系统软件部分以 ucosIII 嵌入式操作系统为基础，结合 STemwin 专业级图形库，包含了实验桌预约信息显示，学生教师身份验证，控制实验箱上电断电，教师打分并数据回传服务器，WiFi、提示音设置等功能，承担实验前后与学生老师进行信息交互的任务。交互系统软件设计图如图 6–5 所示，交互系统 UI 结构图如图 6–6、图 6–7 所示。

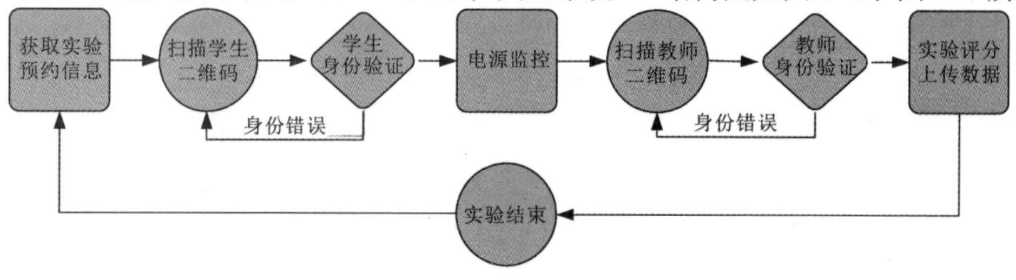

图6–5　用户交互系统软件设计图

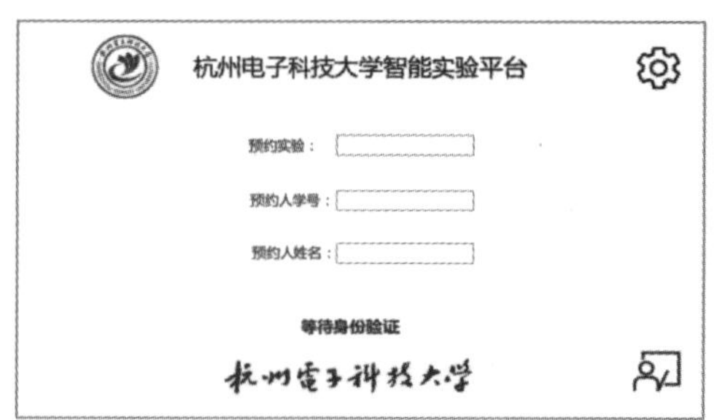

图6–6　交互系统UI结构图（学生界面）

图6–7　交互系统UI结构图（教师界面）

③开发套件技术实现。

本产品为便携式智能实验平台模块之一。安装方便，使用简单，拥有统一且丰富的接口资源。可方便地更改核心板型号、模块类型和数据输入输出接口。可以让用户方便地测量各个接口的输入输出情况。这作为实验平台，可以将用户从烦琐的接线、电源适配等底层劳动中解放出来，专注于实验本身。

核心板接口板集成了 J-link 下载调试器，CH340 USB 转 TTL 串口模块，可以使用 USB 接口连接电脑，实现了供电、代码下载和串口调试功能。引脚接口矩阵拥有 200 个排针接口，保证所有引脚都可连接。“金手指”接口保证了核心板方便更换，容易插拔且拥有良好的接触导电性。核心板接口板自带一块 2.8 寸触摸屏，可显示图形化界面和数据状态信息。

机电模块使用 12V DC 座供电以保证功率器件正常使用，使用 L298N 电机驱动芯片，可控制两个直流电机或一个两相步进电机。编码器可读取电机转速，方便控制电机。多个舵机或伺服器使用 PWM 控制，可实现多种功能。模块使用杜邦线连接排针的方式实现与核心板的连接。用户可方便的更改连接方式。

④智能测量技术实现。

数据采集装置是一款为实验数据采集并进行分析、显示的智能产品，由 Digilent Analog

Discovery 2 和 PC 端组成。Digilent Analog Discovery 2 是一个迷你型 USB 示波器和多功能仪器，可以让用户方便地测量、读取、生成、记录和控制各种混合信号电路。同时可以搭配 PC 端 LabVIEW 软件调用 DIGILENT 智能仪器基础硬件进行编程控制及用户界面设计的 API 函数来自行定制属于自己的智能仪器创新应用及创新仪器用户界面，例如函数信号发生器、电压表、示波器等。极大提高了工作效率，降低了开发成本，使用起来更加方便。

（5）市场应用前景。

我国的大学教育中，由于受到“重理论，轻实践”思维的影响，实验室在高校中处于辅助地位，未得到应有重视。实验教学从属于理论教学，定位不准确。仪器设备使用率低，实验室相对封闭，很多只用来进行本专业的验证性实验。实验室的投入经费不足，人才设置不够合理，管理模式相对落后，欠缺评估机制。尽管国家教育投入的逐步加大，高校实验室的发展有了长足进步，但是与国外优秀大学的实验室相比，依然有提升空间。

此外，我国的课程还是以验证性实验为主，创新性项目较少。另外，国内大学的实验室教学难以或者不会随着工业的发展进行革新，实验内容多年不变。国外大学的实验课程与其国家的工业结合得比较好，实验课程根据内容和受众不同有所不同。

高校一般采取在实验桌上放上各种仪器，学生写实验报告，然后在实验室里完成实验，最后总结实验报告这样一个传统的方式，这种方式不仅耗时长，效率低，而且让学生做实验变成了以完成实验报告为目的工作，对锻炼学生动手能力，解决问题能力提升不大，且抑制了学生们做实验的热情。

随着时代的发展，实验室也经历时代的变革，实验室管理工作的复杂性和艰巨性大大增加，对工作的规范性和高效性也提出了更高的要求。传统的实验室管理模式已不再适应，甚至产生了巨大的阻力，暴露出信息滞后和失真、使用效益差、管理效率低等问题。传统实验室的智能化改造已经是大势所趋。智能化实验室是时代发展的必然，智能化的实验室主要从实验室的安全性、人性化等要求进行设计。本作品满足了信息化管理、提高了工作效率；创新实训突破了时空限制，让学生能泛在学习。

依托国家级示范教学中心，充分利用浙江省实验室指导委员会和浙江省实验室工作研究会等平台，与其他学校开展广泛的交流和合作充分发挥我校在浙江省的资源优势、积极参加全国实验教学示范中心的联谊会活动，将大学生科技创新智能实训平台进行推广；同时借助企业的影响力来扩大营销面。

6.2　“挑战杯”全国大学生课外学术科技作品竞赛

6.2.1　“挑战杯”全国大学生课外学术科技作品竞赛概况

挑战杯是“挑战杯”全国大学生系列科技学术竞赛的简称，是由共青团中央、中国科协、教育部和全国学联、举办地人民政府共同主办的全国性的大学生课外学术实践竞赛。“挑战杯”竞赛在中国共有两个并列项目，一个是“挑战杯”中国大学生创业计划竞赛，另一个则是“挑战杯”全国大学生课外学术科技作品竞赛。这两个项目的全国竞赛交叉轮流开展，每个项目每两年举办一届，“挑战杯”系列竞赛被誉为中国大学生学生科技创新创业的“奥林匹克”盛会，是目前国内大学生最关注最热门的全国性竞赛，也是全国最具代表性、权威性、示范性、导向性的大学生竞赛，“挑战杯”由中共中央原总书记、原国家主席江泽民同志亲自题名。

（1）概述。

“挑战杯”全国大学生课外学术科技作品竞赛是一项全国性的竞赛活动，简称“大挑”（与挑战杯创业计划大赛对应）。该比赛创办于1986年，由教育部、共青团中央、中国科学技术协会、中华全国学生联合会、省级人民政府主办，承办高校为国内著名大学，“挑战杯”系列竞赛被誉为中国大学生学术科技“奥林匹克”，是目前国内大学生最关注最热门的全国性竞赛，也是全国最具代表性、权威性、示范性、导向性的大学生竞赛。该竞赛每两年举办一次，旨在鼓励大学生勇于创新、迎接挑战的精神，培养跨世纪创新人才。

（2）背景。

“挑战杯”科技竞赛是由共青团中央、中国科协、全国学联主办，国内著名大学和新闻单位联合发起，国家教育部支持下组织开展的大学生课余科技文化活动中的一项具有导向性、示范性和权威性的全国性的竞赛活动，被誉为中国大学生学术科技“奥林匹克”。此项活动旨在全面展示我国高校育人成果，引导广大在校学生崇尚科学、追求真知、勤奋学习、迎接挑战、培养跨世纪创新人才。这项活动坚持“崇尚科学、追求真知、勤奋学习、迎接挑战”的宗旨，自1989年以来已分别在清华大学、浙江大学、上海交通大学、武汉大学、华南理工大学、重庆大学和西安交通大学成功地举办了七届，挑战杯已形成校级、省级、全国的三级赛事，参赛同学首先参加校内及省内的作品选拔赛，优秀作品报送全国组委会参赛。

（3）竞赛影响。

由于“挑战杯”竞赛活动在较高层次上展示了我国各高校的育人成果和推动了高校与社会间的交流，已成为学校学生课余科技文化活动中的一项主导性活动，成为高校与社会交流与合作的重要窗口，成为促进高校科技成果向现实生产力转化的有效方式，成为培养高素质跨世纪人才的重要途径，也是企业界接触和物色优秀科技英才、引进科技成果、宣传企业、树立企业良好形象的最佳机会，从而越来越受到广大学生的欢迎和各高校的重视，也越来越在社会上产生广泛而良好的影响。

（4）赛事发展史。

自1989年以来，“挑战杯”竞赛规模发展到包括全国所有重点高校在内的1000多所高校，先后共有200万大学生直接或间接参加了此项赛事。清华大学、上海交通大学、浙江大学、武汉大学、重庆大学、南京理工大学、西安交通大学、华南理工大学和复旦大学先后成功举办了前九届赛事，为国家培养了一批批跨世纪的创新人才，并日渐成为我国培养大学生自主创新能力和展示主办高校所在地区社会经济与高等教育发展水平的重要平台。第十届“挑战杯”竞赛将邀请全世界的青年大学生共襄盛会，使“挑战杯”走向世界。

“挑战杯”竞赛作为一项综合性、全国性的大学生学术科技竞赛，从一个侧面反映了高校教学水平和师生的科研水平，折射出我国高等教育的育人导向和理念，体现了我国青年的创新意识和创新能力，从而受到了社会普遍关注和高度重视。在历届获奖者中产生了一大批卓有成绩的青年学者和学科带头人。

更重要的是，“挑战杯”赛事培育和造就了从大学生个体到所在高校，从一所大学到一个省市再覆盖全国的青年学子课外学术创新实践体系，20 年来，200 多万大学生得以直接或间接地在这一创新的舞台上，关注新领域、研究新问题、运用新方法、创造新成果。与之相适应，各省市教育主管部门和高校则将“挑战杯”赛事构筑为创新教育的系统工程，搭建起大学生课外学术科技创新的组织保障体系，以国家、城市及市场需求为导向的项目推介、成果转化体系，对学生创新能力和项目的综合评估体系。这些创新人才培养的长效机制建设、为全面贯彻“科教兴国”战略，切实开展全面素质教育，提升城市甚至整个国家的创新意识和创新能力奠定了坚实基础。

6.2.2 “挑战杯”全国大学生课外学术科技作品竞赛实例——基于ROV的水产养殖环境检测系统

6.2.2.1 产品简介

如图 6–8 所示，本产品主要由无人潜水器和无人船两部分组成，目的是采用无人船加无人潜水器的组合方式，利用无人船作为中介，成为能源补给、信号传递和临时停靠的平台，通过对水质进行监测判断其是否适合水产养殖。无人船采用双体船结构，搭载各类传感器及通信控制设备。无人船上通过放线绞盘自动释放脐带缆与无人潜水器相连。

无人潜水器外形呈扁平流线状，配有三个推进器及温度、pH 值、叶绿素、浊度、溶氧量等一系列传感器，通过摄像头及云台进行水下观测。两者协同运动，提高了整体的续航能力和活动范围。同时还可实现数据的实时回传，通过智能手机对组合系统进行远程遥控和监控。并适配传回数据的处理分析系统，以对回传数据实现更加合理的利用。

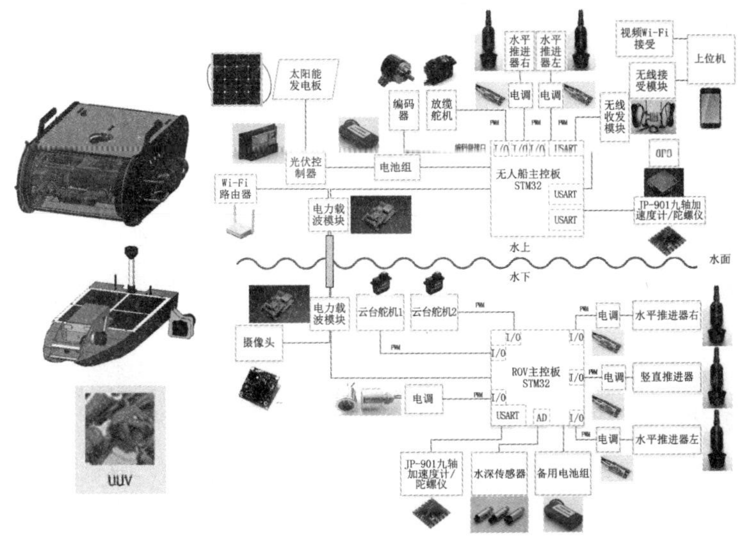

图6–8 产品实现图

6.2.2.2 产品开发背景

（1）水产养殖业发展现状。

中国是世界上最大的水产品生产国、出口国和消费国，占据了全球大概三分之一的市场份额。中国是世界上水产品产量增长最主要的来源，尤其是中国的水产养殖在过去三十年间的快速增长。中国是世界上水产养殖产量最大的国家，占全球水产养殖总量的60%以上。由于中国在水产养殖方面的亮眼表现，如不把中国算在统计范围内，水产养殖所占消费份额将由56%降至33%(2017年)。

但同时中国的水产养殖业仍处于快速发展阶段，产业成熟度低，与发达国家的水产养殖产业，如挪威工业化的三文鱼网箱养殖相比，中国的水产养殖仍较为传统，生产分散，技术水平低，集约化程度不高，未来仍有很大的发展空间。

渔业发展空间不断拓展，由过去的“菜篮子”逐步发展成集养殖业、捕捞业、加工流通业、休闲渔业等为一体的产业新格局，形成了以黄渤海、东南沿海出口水产品优势养殖带和长江中下游优势养殖区为主体的“两带一区”区域布局。以企业为龙头，产加销、贸工农一体化的渔业产业化组织不断壮大，辐射带动能力不断增强。

（2）水产养殖业存在的问题。

随着养殖技术、理论的发展和市场需求的不断增长，水产养殖业得到了大力的发展，然而这样的发展却是在追求数量和增长速度的前提下，以高成本、低效益换取的，以透支未来的资源和环境为代价取得的，可见我国在进行水产养殖过程中存在着许多问题。

①水产养殖依旧采用粗放式的养殖模式。

水产养殖的发展在追求数量和增长速度的过程中，是以占有和消耗大量资源为代价取得的。粗放式的养殖模式导致生态失衡和环境恶化等问题日益突出，同时细菌、病毒等大量滋生和有害物质的积累，给水产养殖业自身带来了极大的风险和困难，威胁着水产养殖业的生存和发展。

②水产养殖水域开发与规划欠科学。

近年来，沿海地区都对浅海滩涂和养殖水域进行了功能区划。应该说，这种区划从整体上看是科学可行的，但在具体生产操作中却存在不少问题。

养殖区域过度扩张，影响了自然资源的繁衍和生长。众所周知，自然资源的产生、生长和消亡都有一定的规律。从海洋渔业资源的角度说，任何水域若经过较大的人工改造，必然打乱固有的自然生物生长环境，使传统的地方名产变态变性，甚至灭绝。另外，不少地方在规划养殖区时，忽视了鱼类洄游和索饵通道，严重影响了各种自然水生物的生长，导致自然生物的变态与减少。

③水产养殖对环境产生负面影响，可持续发展性受挫。

水产养殖被认为是满足世界对水产品日益增长需求唯一的解决方案。然而，水产养殖生产与环境的保护存在一定的矛盾，如水产养殖引起水体污染、湖库富营养化、海水发生赤潮等。同时水产养殖行业出现了饵料商业化、养殖模式集约化的趋势。中国目前的水产养殖模式也很快进入了以饲料为基础的新阶段，传统的粗放式淡水鱼混养的养殖逐渐变为

单一品种的集约化精养，从而使水产养殖的模式和方式发生了很大的改变，使得中国水产养殖产品正面临着诸多环境可持续性的问题。

在绿色、低碳和环境友好发展新理念的引导下，发展生态系统水平的水产养殖已成为业界的共识，但是，现在我国水产养殖中不论淡水养殖还是海水养殖，传统的、粗放式的养殖方式在生产中都占绝对优势，这种状况在短时间内不会根本改变。为此，不仅要探索新的养殖生产模式，还要采取现代化工程技术措施，如大力推进传统养殖方式的标准化、规模化发展，提升机械化、信息化技术水平和防灾减灾能力，缩小与发达国家在产出和耗能方面的差距，使我国水产养殖业的现代发展有一个新的起点，从而促进我国渔业的科技进步和现代化发展。

6.2.2.3 产品技术设计

（1）产品功能与技术指标。

团队以合理性及可行性为前提，进行思路创新或原理创新，提出设计方案。

①对本机具备的功能设计如下。

a. 无人潜水器和无人船结构精巧，稳定，低水阻。

b. 通过智能手机 APP 人机交互界面进行控制，既可通过屏幕上按钮控制，也可通过手机重力感应控制。

c. 能通过控制界面灵活地控制无人潜水器进行水下观测，控制无人船的运动，并进行远程监控。

d. 无人船可以根据目标深度自动收放无人潜水器。

e. 系统可进行 GPS 自主定位导航，姿态调整，无人潜水器自动规划路径。

f. 利用太阳能补充能源。

②对于整个系统的运作方式设计如下。

a. 工作方式。通过一个带有深度传感器、九轴惯性传感单元等元器件的无人潜水器下潜到要求深度，通过航位推算来定位到工作地点，用摄像头把水下图像信息回传给水面无人船，无人船再远距离传输到岸基上的控制系统，并通过回传的图像信息及状态参数作为反馈，远程操控无人船及无人潜水器来观测目标。

b. 下水方式。无人潜水器顶部有对接装置，无人船底有对接装置，对接装置采用卡位连接，与无人潜水器对接时，无人潜水器顶部对接装置卡在无人船底部钩槽内。将无人潜水器和无人船一起推入水中，下水时，无人潜水器相对无人船向前移动，便可离开对接槽，自由移动。

c. 回收方式。无人潜水器收到回收指令，自动驶回，竖直推进器配合放线绞盘调整姿态，无人潜水器顶部对接装置达到一定高度，正好退回无人船底部槽内。无人潜水器与无人船一同驶回。

水面机器人和水下机器人通过脐带缆连接，脐带缆内含供电续航的电源双绞线和传输控制信号和数据信号的信号线。水面机器人与水下机器人之间设有对接停靠装置，通过对接停靠装置可以将水下机器人与水面机器人对接稳固由水面机器人带动进行水面移动；当进行水下观测时，水下机器人可以自动与水面机器人分离，通过放线系统来控制水下机器人的下水深度，通过编码器能自动控制脐带缆的释放压力传感器定深等方式，结合水下压力传感器提高水下定位的准确性。

d. 无人潜水器结构。如图 6–9 所示，无人潜水器包括主舱、推进器和重心调节块，主舱为密封舱；无人潜水器两侧有两个水平放置的推进器进行前进后退及转向的运动；主舱内安装有航行器控制用的电子设备；主舱内安装有电源控制设备；主舱中部安装云台摄像头，云台可进行俯仰、旋转；主舱中装有 LED 灯进行照明；无人潜水器尾部有调节重心的重物；无人潜水器重心处有一个竖直放置的推进器进行潜浮运动。

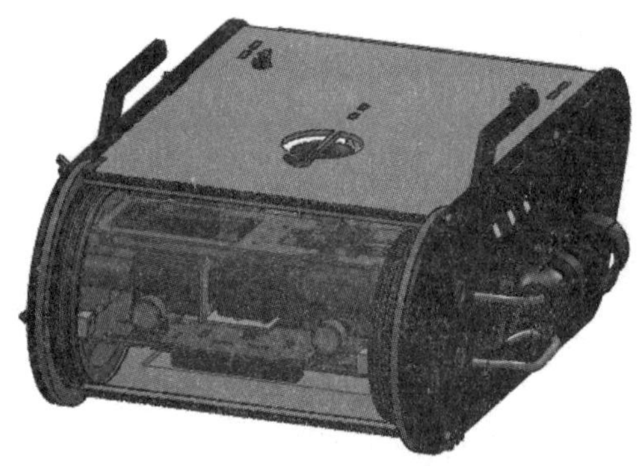

图6–9　无人潜水器三维模型

e. 无人船结构。如图 6–10 所示，无人船包括船体、推进器、放线绞盘、GPS 天线和太阳能电池板；船体采用双体船结构；船尾两侧，水线以下布置两个推进器控制前进后退和拐弯运动；船甲板上安装太阳能电池板；船舱内安装光伏电压控制器，控制太阳能输入电压；船舱内安装航行器控制用的电子设备、无线通信设备以及视频图像传输设备；船舱内安装放线绞盘和放缆舵机，通过船头滑轮，释放脐带缆连接无人潜水器；船尾安装 GPS 天线。

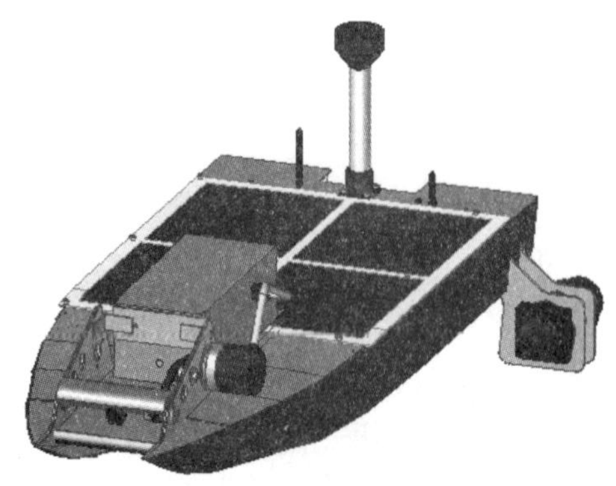

图6–10　无人船三维模型

③软件总体要求。

a. 可靠性原则。系统设计能有效地避免单点失败，在设备的选择和关键设备的互联时，应提供充分的冗余备份，一方面最大限度地减少故障的可能性，另一方面要保证系统能在最短时间内修复。

b. 可管理性原则。整个系统的设备应易于管理，易于维护，操作简单，易学，易用，便于进行系统配置，在设备、安全性、数据流量、性能等方面得到很好的监视和控制，并可以进行远程管理和故障诊断。

c. 可扩展性原则。水下无人机器人系统应具有高扩展性，能够方便集成不同的设备，并预留接口以适应未来拓展需要。

d. 出错处理需求。系统具有一定的容错能力，能检测到用户的错误操作并给出错误提示。

e. 接口良好性原则。水下无人机器人系统要求能够提供比较良好的接口，便于系统的维护与修改，同时可比较方便地进行业务流程的修改，以及其他功能的增加。

f. 安全性原则。系统要求具有较高的安全级别。系统应能提供多种安全手段防止系统外部成员的非法侵入以及操作人员的越级操作，保护本系统建设者的合法利益，所有应用项目和软件都应具有完整的安全方案。

g. 规范性原则。系统设计所采用的技术和设备应符合国际标准、国家标准和业界标准，具备为系统的扩展升级以及与其他系统的互联的良好基础。

h. 界面设计原则。系统界面设计遵循简易性原则，让用户便于使用、便于了解，并减少用户发生错误选择的可能性，界面结构保持清晰且一致。

④后台系统模块设计。

a. 用户管理。用户管理界面显示信息的表格包含的栏位信息变化为：人员编号，登录账户，真实姓名，所属角色，手机号，备注，账号状态，操作。其中操作栏位包含编辑用户和删除用户两个功能按钮。左上角依然是增加和刷新按钮，点选功能按钮后会弹出新的小窗口提供用户操作。

b. 基础信息设置。进入此页面后用户可以更改各系统模式设置以及其他基础信息，完成后可以点选保存。

c. 远程控制。在控制主界面，用户可以进行各类遥控操作，有主要的触屏按钮，以及指南针、导航仪等，能看到自身位置。

d. 拍摄录像。用户可以打开拍摄录像模式，调节拍摄品质要求，调节参数及拍摄模式。

e. 数据保存上传。用户数据可以自动保存一段时间，根据需要可以主动上传至网盘。

（2）技术指标。

①水平航行速度：本设计无人潜水器工作在浅水水域，设计航行速度为 2~3 节，即大约 1~1.5m/s。本设计样机无人船与 ROV 保持相近航速。

②工作深度：水下机器人主要工作范围为 0~40m，最大下潜深度可达 50m。

③搭载载荷：水下机器人为观察级，最低承载能力为 2kg；水面机器人，要保证拖拽住水下机器人，所以最低承载能力为 10kg。

④推进器推力：无人潜水器前进后退 0.5~2kgf，上浮下潜 0.5~1kgf；无人船前进后退

0.5~2kgf。

⑤云台范围：旋转角度 ±70°，俯仰角度 ±70°。

⑥整体尺寸：本设计无人潜水器采用扁平流线型，长×宽×高为461mm×425mm×211mm。

⑦最大续航能力：24h，并支持自动返航补给。

⑧重量：无人潜水器空气中重量为6.5kg，水中重量为0，通过调节配重物将ROV调节为零浮力。

（3）机械结构设计。

①整体平衡方案设计。

无人潜水器需要有足够的稳心高度，即中心高度和浮心高度相差不超过3cm，并处于中心位置以防止无人潜水器倾斜。重心则处于浮心以下，受到水流扰动偏离平衡位置后，重心总是升高，重力与浮力形成复原的力矩，保证无人潜水器的稳定。

横向重心位置通过改变重块固定位置来调节，纵向重心位置通过调节后方载重模块的重量来改变。利用三维制图软件将每一部分零件的材料输入然后利用软件计算出无人潜水器的重心以及浮心位置。

无人船应考虑航行时候的稳定性，采用双体船结构，有两个分开的片体组成，使水线面的横向惯性矩大大增加，所以复原力矩大，稳定性好，稳性储备比单体船大2~4倍。双体船单位排水量甲板面积比单体船大50%，大大增加了甲板面积，可以有效地增加上层建筑层次，以及太阳能电池板的面积，而不用担心稳性不够，易于操纵。通过调节电池的位置调节重心。

②观测和照明系统方案设计。

本产品通过摄像头，获取水下图像信息，当水下光照度不够时可打开照明灯，为摄像机提供一定的光强度。通过智能手机APP人机交互界面进行控制云台调节摄像头俯仰及旋转，使ROV在水下能看到周围的图像。在水下浑浊的环境中观测时，则在底部加装声呐设备，使用声呐成像。

LED灯节能、寿命长、色彩丰富饱满、启动时间短等使得LED灯在水下摄像中得到普遍使用。随着水深的增加，太阳光逐渐减弱，到达一定深度后太阳光减弱到不足以识别水下物体，必须增加光亮度。通过按键打开及关闭LED灯，并且通过按键四级调节LED灯的亮度。

③动力系统解决方案设计。

ROV和无人船均使用1kgf推力级螺旋桨推进器。ROV选择3个自由度，在水平方向上，于重心两侧布置两个推进器实现前进后退、拐弯和自身旋转运动，重心位置上竖直放置一个推进器控制上潜下浮运动。无人船船尾两侧，水线以下布置两个推进器控制前进后退和拐弯运动。

支持双电源供电。主电源布置在无人船上，备用电源布置在ROV主舱。采用能量比高、重量轻、使用寿命长、可快速充电的锂电池组。为了得到更多的电量，可以把两个或

者更多个电池并联起来。在尺寸允许的范围内，使用尺寸更大的电池。本作品选择容量为 20.4Ah/3s 的 16850 锂电池组进行供电，数量根据需要的续航要求和空间综合决定。

无人船上面安装有太阳能电池板，可以利用太阳能对电池进行充电，通过光伏控制器控制电流。在尽量降低系统功耗的同时，利用可再生能源，可以提高水下机器人的续航能力。

（4）控制系统设计。

①系统通信方案设计。

无人船设计有视频采集及实施传输功能，视频信号以流的形式通过 HTTP 进行传输，为了实现视频信号由无人船到上位机方向的单向传输，以通过设置无线网桥的形式作为初步解决方案。

如图 6–11 所示，通过在路由器以及无人船上设置无线 CPE，实现点对点的远距离无线传输，达到远距离无线覆盖的效果，使 raspberry Pi 和上位机处于同一网段下。选用 5GHz AC867 无线 CPE TL-CPE500，使用 5GHz 频段，有着更好的防干扰性能，减少了视频传输的卡顿，避免数据丢包，最长理论传输距离为 5km，满足无人船工作环境的需要。

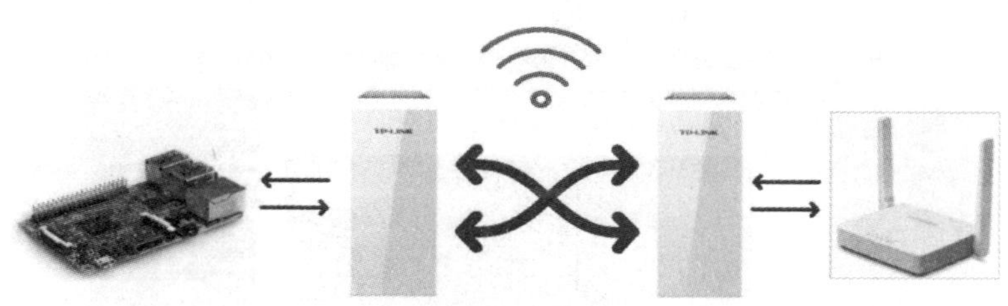

图6–11　网桥连接方式

②抗电子干扰方案设计。

无人潜水器需要进行实时的姿态检测，并通过无线通信将数据经由无人船上传至上位机进行监测。采用先进的数字滤波技术，能有效降低测量噪声，提高测量精度。本作品无线通信采用 E31-TTL-50 433M 通信模块，利用窄带传输，具有传输功率密度集中、传输距离远、抗干扰性强的特点。视频线采用双绞方式。电路板设计中，合理布置元器件，促进通风散热，避免信号线与动力线、数据线与脉冲线接近。采用光电隔离技术，并且在隔离器件上加 RC 电路滤波。电路设计中利用电源去耦措施，可以保证电源线上干扰尖峰不能使逻辑器件的输出状态发生变化，增强了数字系统的稳定性和抗干扰能力。

（5）水下自动避障方案设计。

机器人在检测水下障碍物时，先采用摄像头拍摄水下环境以获取相应的视频信号，用 LM1881 视频分离芯片分离该视频信号，再通过 AD 转换将视频信号转换成数字信号，最后采取边缘检测图像处理算法识别障碍物。

①硬件设计。

当下主流的模拟摄像头有 CCD 和 CMOS，两者都是利用感光二极管进行光电转换，将图像转换为数字数据。本作品采用 CMOS 传感器，CMOS 传感器的优点是电源消耗量比 CCD 低而且成本比 CCD 低很多。CMOS 传感器中，每个像素都会连接一个放大器及

A/D 转换电路，用类似内存电路的方式将数据输出。

②下位机图像采集及处理。

为了对水下可能存在的障碍物进行识别以及避障，本作品将通过 AD 采样获取到的数字信号进行算法分析处理，采用边缘检测方法来实现障碍物的寻找。边缘检测算法分为行边缘算法和列边缘算法。

任何边缘检测法都需要经过噪声处理才能在原始数据上算出很好的结果，所以第一步要对原始数据进行噪声处理。将数据与高斯平滑模板作卷积，得到的图像虽然与原始图像相比有些轻微的模糊，但对于要进行边缘检测算法运算的图像数据，这点损失是微不足道的。

（6）定位及姿态调整方案设计。

本作品中无人船采用 GPS 定位，无人潜水器和无人船均采用 JY-901 系列模块集成高精度的陀螺仪、加速度计、地磁场传感器，结合惯性传感器，采用高性能的微处理器和先进的动力学解算与卡尔曼动态滤波算法，能够快速求解出模块当前的实时运动姿态，姿态解算界面如图 6–12 所示。自动航行时，无人船实时调整姿态，主要保证偏航角值。采用 511OEM 压力变送器作为水深传感器，编码器测量脐带缆释放量，实时反馈下潜深度。

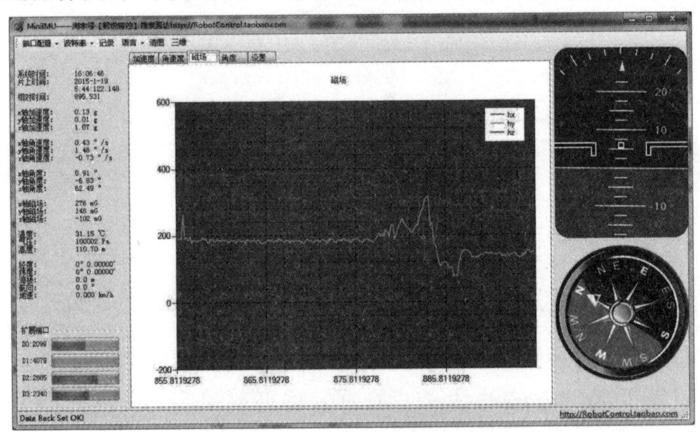

图6–12　姿态解算界面

无人潜水器回收时，竖直推进器和放线绞盘配合。在上升过程中，单片机结合传感器数据进行控制，调节无人潜水器的偏航角。

（7）防水密封方案设计。

ROV 的水密耐压主舱可以用来装置摄像机、控制电路板、电池组及传感器等，提供一个耐压防水的环境使它们免遭水下环境的腐蚀与压力的破坏。水面机器人舱内安装控制电路板、光伏电压控制器、电池组及数据发射器等，也需要一个密封防水的环境进行保护。

水下机器人主舱采用密封圈密封，使用既可保证密封可靠又能使封头易拆卸的 O 形密封圈。推进器电机采用油封，转轴与端盖的结合面添加密封零件。水下接口采用螺纹密封防水接头。水面机器人密封防水要求较低，在船沿增加凹槽，使用橡胶圈，通过螺纹固定。本产品船体采用木质骨架和外壳构筑，表面涂上环氧树脂进行防水固化。环氧树脂具有黏结力强、机械强度高、耐腐蚀性良好、耐水性好的优点。

6.2.2.4　产品样机实现

（1）控制方案设计。

产品根据工作需要，需要组合系统能够有不同的配合。在不同的条件下，通过切换控制方式来完成工作。因此本作品由上位机输出控制信号，无人船接收控制信号，调节前进转向，GPS 自主定位航行，控制释放脐带缆的长度，编码器测量放缆长度，主电源、WiFi 天线和图传发射器安装在船上，船上光伏控制器控制太阳能电池板充电；同步模式下，无人潜水器控制信号由无人船主控板发出，无人潜水器会自主与无人船联动，潜浮运动与放缆舵机同步；非同步模式下，无人潜水器独立运动；LED 灯光亮度、云台的俯仰和旋转单独控制。

（2）上位机系统设计。

本产品上位机由安卓手机控制，人机交互系统既可以通过手指点击界面上的按钮控制机器人，也可以通过手机姿态（重力感应）控制。上位机软件是基于 Socket 网络协议，利用 Android Studio 编写的。整个通信流程主要包括下位机通信模块、数据转换模块、数据传输模块和上位机通信模块，进行全双工通信。

无人潜水器操纵界面如图 6–13 所示，其各个控制按钮可以分别控制机器人在水下前后移动和上浮下潜等运动、灯光亮度以及摄像头角度的调整。通过 WiFi 远距离传输数据，可以在界面上实时监控显示机器人的状态，比如机器人的位置、姿态、电池电量等；显示自身传感器的信息，比如实时显示三轴加速度和角度，显示磁力计等传感器的读数等；可以将监控信息以 txt 或者 excel 格式保存，监控信息包含了采样时刻的时间戳；可以接收机器人上传的视频信息，并显示出水下机器人拍摄视频。点击左上角“船”按钮，可以跳转到无人船操作界面，同样的操作按钮，可以控制无人船前后左右运动，因无人船基本处于同一水平面运动，故未设计上下按钮。

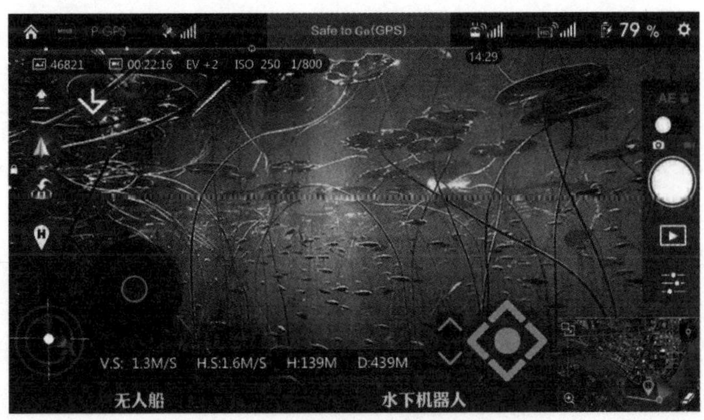

图6–13　无人潜水器操纵界面

（3）下位机系统设计。

①控制系统：使用 STM32L1 芯片作为主控芯片，在不需要进行数据采集和处理的时候，可以关闭所有外设时钟（将要唤醒 Cortx 内核的时钟除外），并开启内部 HSI(可设置

为 1MHz) 来进入睡眠模式，在低功耗睡眠模式下功耗仅为 6.1A，虽然功耗比低功耗 430 芯片略高，但是性能比之高出不少，所以选用该芯片。

②供电系统：定制 55Wsunpower 柔性太阳能电池板，再通过太阳能电池控制器对电池组进行充电，电池组输出电压通过 DC-DC 转换器转换成系统所需的 12V 和 5V 电源，对各个模块进行供电。

③动力系统：使用无刷电机配合传动装置构成推进器，单片机输出 PWM 波来控制电子调速器，然后驱动无刷电机。

④摄像系统：使用两个小型金属舵机制成摄像头云台，控制摄像头位置，信号端只要输入一个 50Hz 的方波信号，然后控制信号周期的高电平脉冲持续的时间就可以控制速度和正反转及停转。一个高电平脉冲持续的时间对应一个速度。高电平为 1 ~1.5 ms 时，舵机正转（1 ms 时正转速度最快，越接近 1.5 ms 越慢，1.5 ms 时舵机停转），高电平为 1.5~2 ms 时舵机反转（1.5 ms 时舵机停转，越接近 2 ms 反转的速度越快，2 ms 时以最快的速度反转）。

⑤无线电收发模块：与主控电路板连接并与上位机通信；水深传感器输出 4~20 mA 的电流信号，通过精密电阻转换成电压信号后，由主控芯片集成的 A/D 转换器实现信号的数字化和采集；GPS 导航模块和九轴惯性传感器通过串口与主控电路板通信；LED 灯由主控电路板通过 LED 恒流驱动芯片来控制亮度。

（4）软件界面设计。

遥控操作控制设备的人机交互系统既可以通过手指点击界面上的按钮控制机器人，也可以通过手机姿态（重力感应）控制。水下机器人操纵界面，其各个控制按钮可以分别控制机器人在水下前后移动和上浮下潜等运动、灯光亮度以及摄像头角度的调整。通过 WiFi 远距离传输数据，可以在界面上实时监控显示机器人的状态，比如机器人的位置、姿态、电池电量等，进行方向指南、GPS 定位导航等；显示自身传感器的信息，比如实时显示三轴加速度和角度、显示磁力计等传感器的读数等；可以将监控信息以 txt 或者 excel 格式保存，联网上传网盘，监控信息包含了采样时刻的时间戳；可以接收机器人上传的视频信息，并显示出水下机器人拍摄视频，进行拍照录像。点击下方“无人船”按钮，可以跳转到水面机器人操作界面，切换回水下机器人操作界面的方式相同。

注册账号登录，可以进入用户个人界面，用户个人界面如图 6–14 所示，可以本地储存航行记录，包括航行时间、总里程、航行次数、最长里程、最大深度、最大航速等，以及用户的行程记录图、经过的地区。图中，显示了用户的航行总时间 3h11min，航行总里程 19714m，累计航行次数 40，左下角显示的是用户当前坐标为杭州市，行程 772m，8min。通过左右拉动可以切换信息界面。点击右上角的“同步按钮”，可以将数据信息上传至云端存储。

数据观测页面，可以检测水下无人机器人系统所搭载的传感器所采集的数据。数据以图表、数据的形式显示，可以选择图表的横纵坐标，选择图表类型。用户可以选择自己想要检测的参数，通过按钮控制显示、隐藏。检测数据可以进行保存、转发的操作。

图6-14　用户个人界面

6.3　浙江省大学生科技创新活动计划

6.3.1　浙江省大学生科技创新活动计划实施办法

为深入实施科教兴省和人才强省战略，加快培养我省高校大学生的实践能力和创新创业能力，造就一大批经济社会发展急需的紧缺人才和拔尖创新人才，为“创业富民、创新强省”总战略的实施提供人才支撑，省教育厅、省科技厅、团省委与省财政厅决定在全省高等学校联合实施浙江省大学生科技创新活动计划（新苗人才计划）。

一、建设目标

以大学生科技创新项目、大学生科技成果推广项目、大学生创新创业孵化项目为载体，不断加大对大学生创新创业的扶持力度。积极倡导和鼓励大学生进行自主性学习和创新性研究，开展多种形式的创新创业实践，努力增强大学生的创新意识和创新精神，切实提高大学生的创新创业能力和实践动手能力，为大学生创新创业提供良好的环境，培育和发现优秀的创新创业项目和人才。

二、管理机构

为加强管理，省级有关部门成立实施办公室、项目专家委员会，学校成立相应管理机构。

（一）实施办公室

省教育厅、省科技厅、团省委、省财政厅等四家主办单位联合成立浙江省大学生科技创新活动计划（新苗人才计划）实施办公室（简称“实施办公室”）。省教育厅、省科技厅负责协调与指导工作，省财政厅负责项目经费管理，团省委负责具体组织和日常管理工作。

（二）项目专家委员会

大学生科技创新项目、大学生科技成果推广项目、大学生创新创业孵化项目分别成立项目专家委员会，成员由有关高校、院所、行业、企业的代表组成，负责具体项目的评审、中期检查和验收等。

（三）学校管理机构

各高校成立相应的管理机构，制定大学生科技创新活动计划（新苗人才计划）项目实施细则及切实可行的管理办法和配套政策，负责本单位项目的指导工作，为项目的开展提供包括人才、技术、法律、资金、设备和实验场地等综合资源支持。

三、资金使用原则

（一）项目导向原则

以项目为载体，引导大学生积极开展多种形式的创新创业活动，提高大学生创新创业能力。

（二）以学生为本原则

科技创新资金的支持对象为在校大学生，积极鼓励大学生申请科技创新资金开展创新创业活动。

（三）鼓励创新原则

为鼓励大学生大胆进行创新创业活动，允许创新创业活动失败，重在考核创新创业实践过程。

四、申报条件及对象

（一）申报条件

（1）项目申报人必须是浙江省高校全日制在校大学生，项目必须在本省的行政区域内实施。项目可采取个人或团队形式申报，团队每组人数不超过 5 人。鼓励专业交叉融合。

（2）项目实施周期原则上不超过一年（大学生创新创业孵化项目期限一般为两年）。项目完成时间必须在项目申报人毕业离校前。

（3）申报项目必须包含实质性的科技成果，或者具有一定应用价值和商业潜力的创新创业创意。项目无知识产权归属纠纷。

（二）申报对象

（1）大学生科技创新项目。申报对象为在校本专科生及其团队。旨在培育一批大学生创新研究成果。

（2）大学生科技成果推广项目。申报对象为在校本专科生、研究生及其团队。旨在培育一批具有一定应用价值和商业潜力的科技成果推广项目。

（3）大学生创新创业孵化项目。申报对象为在校研究生及其团队。旨在搭建大学生创新创业实践的指导、服务、交流平台，为研究生创业提供良好的场地环境、创业指导和培训等相关服务，培育和发现优质的科技经济项目和高素质的创新人才。

五、项目申报与管理

（一）项目申报与审批

1. 学生申报，学校初审

（1）采取限额申报，申报指标由浙江省大学生科技创新计划（新苗人才计划）实施办公室确定。

（2）每个项目均应有指导老师，团队指导老师由 1 ~ 3 人组成，指导老师须有中级以上职称。学校应将指导学生科研列为教师考核的一项内容，计算相应的工作量。

（3）各高校负责组织有关专家对本单位大学生科技创新活动计划（新苗人才计划）项目进行初审。

2. 学校上报，项目专家委员会评审，实施办公室审定

申报单位须提交项目申报书及相关辅助证明材料。申报资料经学校有关部门签署意见后报送实施办公室。实施办公室组织项目专家委员会进行评审，并确定年度立项项目。

（二）项目立项与管理

1. 项目下达

实施办公室将当年度立项项目下达给承担学校，由省教育厅、省科技厅、团省委和省财政厅联合发文公布。

2. 项目实施与管理

项目申报人为主要负责人，项目负责人原则上不得更换，对研究项目负全责，组织协调项目组全体成员认真执行实施办公室和学校的管理条例，按期保质保量完成项目研究的各项任务。

3. 项目检查

各高校定期组织专家和管理人员对项目进行中期或阶段性检查，对取得的阶段性成果和存在问题要高度重视，及时提出整改意见和措施，并不定期向实施办公室汇报项目的进展情况。实施办公室将组织项目专家进行抽查。

（三）项目结题与验收

（1）项目组在项目结束后，需及时向学校相关管理部门提出验收申请，填写验收申请报告，并提交成果报告、相关技术资料等辅助材料。

（2）根据项目研究期限，学校成立项目结题验收工作小组，对申请验收的项目参照项目申报书及验收申请报告，组织专家对项目实施情况、取得成效和存在问题等进行检查验收，撰写项目验收报告提交实施办公室。

（3）实施办公室组织项目专家委员会进行抽查，抽查结果分为优秀、合格和不合格，并作为下一期计划安排的重要依据。对无正当理由自行中断的项目，实施办公室将取消该

项目计划，追回已拨项目专项经费。对项目管理不力的单位，实施办公室将酌情减少该单位下一期申报指标。

（四）推广与奖励

经验收通过后的大学生科技创新成果由实施办公室颁发证书。成果作为学生评优、推荐就业的重要依据。实施办公室适时组织成果展或成果交流会。

六、项目经费管理

（1）大学生科技创新活动计划（新苗人才计划）的每个项目的资助额度一般为5000元左右，对重点项目给予重点支持。项目经费实行国库集中支付，省财政厅根据实施办公室资助项目立项情况，将项目预算下达到相关高等学校。学校要合理确定每个项目的经费，并给予项目不低于1∶1的配套经费支持，由承担项目的学生使用，教师不得使用学生科研经费，学校不得提取管理费。

（2）各高等学校要加强对大学生科技创新资金的管理，专款专用，专账核算。实施办公室对资助经费使用情况进行监督。如发现项目负责人弄虚作假，一经查实，中止项目资助，由省财政厅追回资助经费，取消其今后申请本计划的资格，情节严重者给予通报批评，并按《财政违法行为处罚处分条例》进行查处。

6.3.2 浙江省大学生科技创新活动计划实例

6.3.2.1 实例一 基于物联网的楼宇火灾智能报警与应急疏散系统设计

（1）项目背景、目的及意义。

①项目背景。

物联网，英文名称Internet of Things，简称IoT。物联网作为通信行业新兴应用，在大数据和人工智能的驱使下，市场规模将进一步扩大，随着技术进步、政府支持和日趋完善的行业标准，中国的物联网产业将延续良好的发展势头，为经济持续稳定增长提供新的动力。移动互联向万物互联扩展的浪潮，将使我国创造出相比于互联网更大的市场空间和产业机遇。在国家政策的大力支持下，我国物联网产业未来市场前景广阔。根据我国物联网“十三五”发展规划及现状，物联网作为支柱型产业进入第三次信息产业浪潮，被列为国家重点发展的战略性新兴产业之一。

在该背景下，本项目拟设计一套基于蓝牙Mesh的一体化楼宇疏散。该系统采用蓝牙（BlueTooth）5.0 MESH组网技术，实现区域内多个门锁的互联。通过门锁连接各种传感器，最终实现传感器实时采集数据，与安防监控、应急疏散等多个网络互联。同时具有断电亦可轻松验证身份打开门锁的功能。门锁与楼宇智能设备融为一体，扮演数据交互的重要角色。与物联网对于随地（Anywhere）、随时（Anytime）、任何人（Anyone）、任何事（Anything）的理想紧密结合。响应国家对于物联网的扶持，紧跟时代的浪潮。

②研究现状。

目前虽然有消防疏散理论的提出以及一些智能系统的产生，但是并没有一个成熟的消防疏散系统用蓝牙 Mesh 技术来实现过。而蓝牙 Mesh 技术，它最初的动机是创建一个可靠的军用网络。之后，这项技术被用于工业用途，当然，它也可以被广泛地应用于智能楼宇和住宅中。

和其他技术相比，蓝牙 Mesh 网络将低功耗蓝牙提供设备间多对多传输，并特别提高构建大范围网络覆盖的通信能力，适用于楼宇自动化、无线传感器网络等需要让数以万计个设备在可靠、安全的环境下传输的物联网解决方案。蓝牙 Mesh 在技术上还有很多优势，例如穿墙方面，由于蓝牙 Mesh 的 managed flooding，可以传递式地绕墙，传输得很远。理论上可以寻址 3.2 万个节点，最多有 127 跳。此外，蓝牙 Mesh 技术拥有更高的安全性，每个数据包都必须经过加密和验证，能够保护当前的网络，避免各层中可能遇到的各种威胁或问题。

③意义。

近年来随着国民经济的迅速发展，各类建筑尤其是公共建筑趋向于楼层高、面积大、功能多样化方向发展，建筑从设计、施工到验收，日常管理和维护环节都备受关注，但是消防应急疏散问题总是得不到各相关方面应有的重视。每当火灾来临，人们往往希望能够进行第一时间的逃离和疏散，将人员伤亡减少到最小。各种中小学也会时不时举行消防演练活动以确保人们在火灾来临之际，做出最快的反应。

然而即便如此，身处灾难中的人们不一定能做出最科学、最快速的判断，而基于蓝牙 Mesh 的楼宇疏散系统通过门锁连接各种传感器，使得传感器实时采集数据，与安防监控、应急疏散等多个网络互联，从而实现灾难来临时疏散指示灯亮起、指示疏散路径、楼宇各处门窗打开或关闭、应急设备弹出等效果，智能应急，科学动态引导人员快速撤离至安全区域。

此系统应用范围极为广泛，可以在学校、住宅区、商业办公大楼等地使用，帮助人们在火灾发生时在最短的时间内合理逃生。

④实施必要性。

在各种灾害中，火灾是最经常、最普遍地威胁公众安全和社会发展的主要灾害之一。人类使用火的历史与同火灾做斗争的历史是相伴相生的，在遇到火灾时人们需要安全、尽快逃生。但是当火灾发生时，人们需要面对浓烟和烈火，很容易会遇到人流相互拥挤冲撞、道路不明、误入火场等情况，直接威胁到生命。

而现有的无线火灾报警系统虽然具有控制距离远、数据可监控等优点，但无法解决火灾发生时人们因恐慌、不熟悉地形、看不清紧急疏散指示灯等原因导致的疏散路线不清楚、无法规避起火点、甚至在陌生复杂场所内有误入火场的问题。基于以上情况，在火灾发生时，人们需要得到更加迅速、准确、清晰的帮助。该系统在现有无线火灾报警系统的基础上，通过门锁、路灯、声控设备及监控设备的联动，在遭受火灾时，为人们指示更加合适的逃生路线。使人们得到更加科学快速的帮助，生命安全得到更加可靠的保护。

通过后期的外设拓展，该系统还能够结合大数据、云计算等智能网络平台，实现消防、交通、医疗和环境的智能联动，更好地融入智慧城市。

（2）项目研究方案。

①项目主要内容。

该项目拟开发出一种基于蓝牙 Mesh 的楼宇火灾疏散系统，通过各个传感器接收信息，将采集到的数据发送给装有无线通信设备的门锁，在本地节点对信息进行简单的处理后，通过门锁发送给服务器，在此之前先搭建好云端服务器，建立数据库。服务器在接收到门锁传来的数据之后对数据进行处理，控制安防监控系统、应急疏散系统。

②计划目标。

实现的主要技术指标：

a. 蓝牙（BlueTooth）5.0 MESH 组网技术，最大可支持单区域内 65000 个节点同时接入。

b. 无线信道是传统 2.4G 通信设备的数倍，配合高速高带宽，为数据传输铺平道路。

c. 各类传感器：湿度 ±5%RH，温度：±1℃。

d. 门锁采用五号电池供电。

e. 支持离线特征识别数据库，断网亦可验证身份。

f. 节点设置数字签名。

③思路方法。

a. 编写门锁节点通信协议。

b. 设计门锁的结构，安装无线通信设备。

c. 采用 MD5 签名校验与椭圆曲线加密，设计加密协议。

d. 搭建云端服务器，建立数据库。

e. 将各个传感器接收到的讯息发送给门锁，通过门锁发送给服务器。

f. 服务器处理数据，控制安防监控系统、应急疏散系统。

（3）项目研究条件及创新之处。

①实施基础。

该项目以杭电—美国微芯科技创新孵化器实验室为依托。

实验硬件条件：杭电—美国微芯创新孵化器实验室拥有示波器、电源、信号发生器、PC 机等常规电路设计仪器设备，并拥有多种不同单片机类型的单片机开发板，满足本项目的硬件研发条件。

实验软件条件：杭电—美国微芯创新孵化器实验室拥有 MDK、MPLAB、Altium Designer 等电路设计软件，为本项目开发提供了充分的软件开发环境。

实验室内有优秀成员发表过参考专利论文若干，例如《基于无线自组网协议的家控制系统》《基于用户行为分析的智能家居节能系统》等。

②实施优势。

经调查，现在大多数楼宇火灾疏散系统安装成本较高，安装较为困难，一旦安装完成就很难对其进行修改或者扩展，且信道中传输数据较为单一，可靠性较低，存在很多弊端。而本方案完全通过蓝牙 Mesh 进行自动组网，安装便捷，构架灵活，成本较低，且有良好的兼容性和扩展性，支持不同种类、不同数量节点的接入，为以后与交通、医疗等方面的联动提供了可能。

本方案实现的楼宇火灾疏散系统，不同类型的数据均可通过门锁节点进行传输，与安防、疏散、照明、感知等设备直接互联，形成了一种网状结构，数据的传输有多种路径，保障了信息传递及处理的高效性。在传统方案下如果系统的某一台控制设备受损，则只与其相连的设备将不再能够正常工作，可能会因此造成人员伤亡，而本方案每一个设备都有多条信道相连，在单一设备受损的情况仍能通过别的设备对其传输数据，让相应设备正常工作，体现了本系统的可靠性。

③实施风险。

该项目的风险就是可能带来新的安全威胁。楼宇火灾疏散系统中涉及大量设备、管理信息、环境信息和人员信息等，一旦受到黑客攻击或病毒的感染，现有的信息存储和安全体制会瞬间崩溃。基于蓝牙 Mesh 网络，可控制对象包括照明、门锁等。试想若由一次攻击关闭了你所在大楼的灯光和电梯，由于这样的安全漏洞，企业员工将需要回家工作，而根据公司的规模不同，这可能导致数千到数百万元的损失。曾经谷歌澳大利亚办公室被成功攻破，这给智能楼宇行业敲响了警钟。所以在后期我们会把重点放在安全性，数据加密等方面。

④项目创新点。

如图 6–15 所示，传统方案的楼宇疏散系统的无线门锁大部分需要布设 AP 节点进行有线 / 无线转换，安装成本较高，且信道中传输数据较为单一，不再符合“万物互联”的新概念。

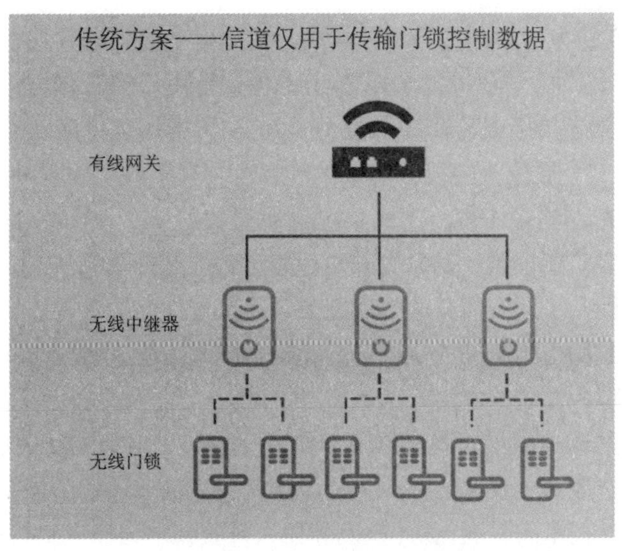

图6–15　楼宇疏散系统传统解决方案

如图 6–16 所示，我们期望实现的楼宇疏散系统，完全通过蓝牙 Mesh 进行自动组网，安装便捷，构架灵活，更重要的是，不同类型的数据均可通过门锁节点进行传输，实现大数据融合，为楼宇“启智”。

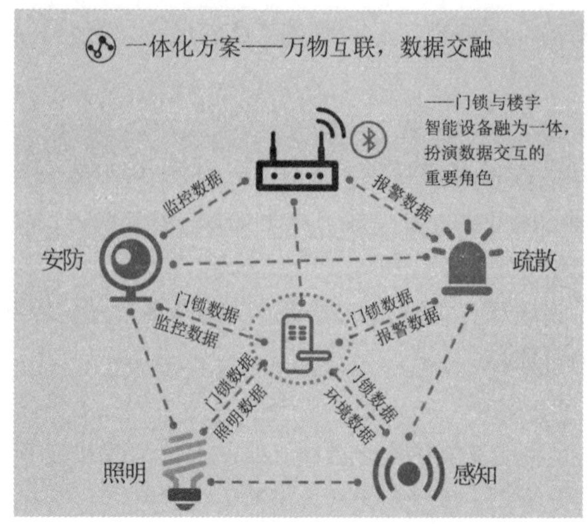

图6-16　楼宇疏散系统一体化解决方案

概括一下有三点：

a. 通过门锁建立门联网，可以远程授权电子设备，以及相应的管理应用。

b. 省去烦杂的有线铺设与安装过程，装配方便快捷。

c. 良好的兼容性与扩展性，支持不同种类、不同数量节点的接入。

6.3.2.2　实例二 基于深度学习的智能物流机器人

（1）项目背景、目的及意义。

①项目背景。

随着 GPU 计算能力的不断提升和深度学习的高速发展，端到端自动驾驶的研究接连取得突破，2006 年纽约大学研究的 DAVE 小车在仅使用摄像头作为传感器的情况下用卷积神经网络模型学到了灵活躲避障碍的能力，2016 年英伟达将深度学习应用于无人驾驶汽车，也只使用了 3 个摄像头的视觉信号，最后在仿真实验中发现 90% 的情况下模型可以自动驾驶，在实车路测中发现，不同路况自动驾驶的概率为 98%；由这一系列的研究可以看出深度学习在车辆控制、避障等方面都能达到很好的效果。又由于该研究领域的开放性，我们能获取到几乎所有研究的实现细节，这也促使我们想为这个领域添砖加瓦。与前面的工作不同，我们主要研究的是机器人（也可理解为模型车辆）在人群活动较强区域内的路径规划与避障，面向的应用方向是末端物流机器人。

如今快递产业的高速发展，各类物流产业层出不穷，然而物流速度却始终无法提升，达到了一个瓶颈，造成这一现象的一重大原因就是物流输运过程中仍有较大一部分是人力分拣运输。随着科学技术的发展，物体检测和无人驾驶技术为输运工具提供了良好的契机，具有良好的市场前景。同时物联网以及人工智能行业如火如荼的发展也为自主驾驶运输工具拓宽了道路。模块化的设计也为集成多功能复杂电子系统的实现提供了契机。经前期市场调研以及问卷调查显示，目前市场上很难看见满足物流末端配送的产品。考虑到物流末端配送需要输运工具自主驾驶以及身份验证签收，对于复杂环境下需要路径的自主规划，而目前市场上的分拣机器人也只限于能够将不同的包裹分拣到所对应的货架，不能够实现直接的配送，基于这样的市场背景研制出一个具有完全自主路径规划无人驾驶功能，并可以进行身份验证的送货机器人，可以很好地解决物流末端配送这一短板。

②目的。

从目前的末端物流现状，社区单位的管理造成包裹投递困难。很多快件投递的最终地址包括居民小区、单位大院、写字楼、学校等地方。而很多社区、单位出于安全和管理的要求，禁止快递员进入，这就给快件包裹的交付造成一定的困难。末端投递业务激增和成本上升，使得电商和快递公司需要创新的服务方式。据国家邮政局数据，目前我国快递规模世界第一。消费者对快递服务质量要求越来越高，也产生了更多个性化和多样化的物流需求。而失败的投递会降低消费者对快递和电商的好感和黏性，这一状况亟待改变。针对以上问题，此类末端物流机器人的出现可有效地解决社区单位的包裹投递和提升成功投递的比例，由此提高快递服务的质量。

从物流公司的角度来看，末端物流机器人的发明还可减少体力劳动分配，将比较困难的投递工作交予机器人来完成，使得快递员得到较为智能的工作体验，同时提高物流质量，让消费者得到更为舒适的消费体验。迎合市场需求，解决国内物流产业受困于“最后一公里”的末端配送的难题，使物流网点的管理得到优化，提供服务质量，满足物流市场规模不断增大的需求。

③意义。

物流市场成熟发展需要良好的末端物流配送支持。随着国内物流市场发展的日益成熟，对物流服务质量、物流时效性等提出了更高的要求，而解决末端配送难题是提升物流服务质量和物流时效的关键所在。国内物流业一直受困“最后一公里”等末端配送难题，不少物流企业虽然网络健全，但是末端网点投入不足，管理混乱，消费者投诉增多，服务质量堪忧，无法满足物流市场规模不断增大对末端物流配送的现实需求。

末端物流配送自身蕴含着巨大的商业价值。末端物流配送对企业来讲不仅是一个难题，同样是一个巨大的商机。在大数据时代，末端物流配送背后积累的数据有着巨大的商业价值。由于末端物流配送数据直接来自于消费者，使得这些数据成为企业在消费者群体细分、产品细分、渠道细分等方面的重要指标，对于前端市场预测、客户满意度提高和供应链管理优化十分重要

（2）项目研究方案。

①主要内容。

软件中的路径规划方面，算法会根据起始点和终点的位置把路径分解为一系列指令（如直走，左拐，直走，右拐，直走，直走），然后会把指令依次传递给控制机器人运动的深度神经网络模型。

软件中的机器人运动控制方面，主要采用计算机视觉与深度学习算法，具体而言，算法模型由卷积神经网络、循环神经网络和深度神经网络组成，在接收到图像信号，输出对车的控制信号；训练上使用端到端的训练方法，即直接学习图像视觉信息到控制信号的映

射。神经网络结构如图 6–17 所示，Command c 为操作命令，Measurements m 为机器人的状态信息，Action a 为对机器人的控制信号。

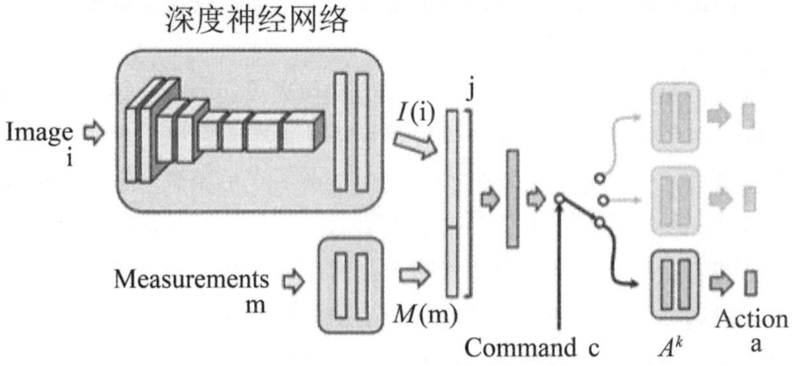

图6–17　神经网络结构图

数据方面，深度学习算法需要大量且优质的数据做支撑，数据的质量和数量从根本上决定了算法性能的上界，我们需要收集大量的行驶数据来训练出一个性能优秀的模型。我们计划在搭建好机器人的硬件部分后，先用遥控器遥控机器人在不同地点、不同光照条件下进行一定范围的活动，然后记录下所有数据；完成数据的收集后，需要通过算法或者人工筛选出不合格或质量差的数据。

硬件方面，我们计划使用包含 GPU 的嵌入式主机 Nvidia TX2 用来运行核心代码和深度学习模型，三个摄像头用来捕捉外界信息；另外，整套设备运载 ROS2.0 系统，方便以后对机器人增加更加多样化的功能。

②项目计划目标。

本项目围绕多领域机器人需求，开展机器人关键技术研究和自动驾驶小车决策，符合国家新一代人工智能的发展规划。通过本项目的研究，将解决基于自主路径规划、自主决策、动态环境下的机器人自主学习和智能决策、构建集成环境感知、目标识别、智能交互等能力的机器人服务平台。

a. 收集一套不同地点、不同光照、不同地形的多样化机器人运动数据集。

b. 实现用于人群活动较强区域的深度学习算法，达到智能避障的运行效果。

c. 实现机器人的路径规划算法。

d. 通过以任务（物流）为中心的测试，保证机器人的可靠性。

e. 通过成果总结和后期推广，寻求企业合作，最终实现设计产品的市场化。

（3）项目研究条件及创新之处。

①实施基础。

该项目以杭电媒体智能实验室为依托。杭电媒体智能实验室成立于 2014 年，拥有一个年轻且颇有活力的科研团队，实验室的研究方向为计算机视觉与机器学习等人工智能相关前沿领域。团队成员曾主持或参与国家自然科学基金、国家科技支撑计划、国家自然科学基金重大研究计划、青年 973 项目等多项科研项目，并发表包括 TNNLS，TIP，TMM，

TC 等领域顶级期刊以及 ICCV 等顶级国际会议在内的学术论文近 100 篇、授权和受理发明专利 20 余项。团队成员长期担任多个国际 SCI 期刊审稿专家、担任知名国际会议 PC member，并与多名国内外知名学者、出色研究小组保持学术交流与合作。

实验室硬件条件：拥有大量 NVIDIA GeForce GTX 1080, 1080 Ti, TITAN X, K40 显卡以及高性能服务器，满足本项目的研发条件。

参与的成员也在深度学习领域有较长时间的学习和应用经验，曾有过图像识别、目标检测相关项目的研究经历，硬件方面，参与成员也有丰富的基础，曾获得全国大学生“恩智浦”杯智能汽车总决赛全国一等奖。

②实施优势。

相较于目前市场上通过人力实现的末端物流配送更加安全、更加高效。智能物流网络可带来显著的物流效率以及提升一流的用户体验。可以运用现有平台和数据资源，可以打造一个完美的物资流转平台，促使公益的透明化。

相较于市场上基于各类复杂传感器的物流机器人，在不输实际效果的情况下，我们基于视觉的方案成本大大降低，有一定的价格优势。

③实施风险。

项目申报团队在服务机器人感知与环境建模、基于在线云服务的机器人理解与决策、云端、融合的机器人智能交互、大数据及云服务技术研究与平台构建、服务机器人示范应用等方面本团队了解不是非常深入，需要极具专注的学习和实验才能完美实现预期效果。

（4）项目的市场前景分析。

①末端物流配送未来趋势。

末端物流配送的智慧化。末端物流配送的智慧化主要是指末端物流设施的智慧化。随着人工物流投递成本不断增加，企业的末端物流成本越来越高，而以智慧快递箱为代表的智慧末端物流设施，不仅可以大大解决末端物流配送的成本，还可以减少人工投递等待带来的交通拥堵等问题。但智慧末端物流设施只有成为公共设施，才能更大发挥其在居民社区中的作用。因此，需要采取合理机制，让智慧末端物流设施成为由政府投资的公共设施，以供企业和公众使用。

末端物流配送的便捷化。一是末端物流配送模式的便捷化，包括配送时间安排灵活、配送信息沟通方便、配送效率高效等；二是末端物流配送设施使用的便捷化，末端物流配送相关设施应当提高人性化体验，便于所有人使用，易于操作，从而提高用户满意度，增强用户黏性。

末端物流配送的广泛化。末端物流配送是连接社区最活跃用户的精准接口，谁掌握了末端物流，谁就掌握了目标社区的消费动向。企业可以根据自身规模实力和发展的需要，通过自建末端物流配送系统或者与其他机构和企业合作，构建广泛的末端物流配送体系。末端物流配送体系网络的广泛存在，可以最大程度整合最贴近消费者的零散社会资源，扩大客户群，从而产生巨大的商业价值。而该末端物流机器人可完美地融合未来趋势的三个大方向，促使着物流产业的蓬勃发展。

②项目的社会效益分析。

物流末端配送作为面向终端消费者的物流环节，消费者的体验需求及其满足程度成为实现物流末端配送效益的重要衡量标准。物流末端配送的数量和质量要求不断提高，其消费体验影响物流末端配送的市场需求。此项目的成功将满足多样化、个性化以及品质化的市场需求，结合大数据时代应运而生的物流末端配送机器人，从物流末端配送的消费体验需求出发阐释提升路径，更好地适应大数据时代的市场竞争的要求，满足消费者的物流末端配送体验需求，从而提升大数据时代物流末端配送的价值创造力。

6.4 全国大学生电子设计竞赛

6.4.1 全国大学生电子设计竞赛概况

全国大学生电子设计竞赛（National Undergraduate Electronics Design Contest）是教育部和工业和信息化部共同发起的大学生学科竞赛之一，是面向大学生的群众性科技活动，目的在于推动高等学校促进信息与电子类学科课程体系和课程内容的改革。竞赛的特点是与高等学校相关专业的课程体系和课程内容改革密切结合，以推动其课程教学、教学改革和实验室建设工作。

（1）指导思想与目的。

全国大学生电子设计竞赛是教育部倡导的大学生学科竞赛之一，是面向大学生的群众性科技活动，目的在于推动高等学校促进信息与电子类学科课程体系和课程内容的改革，有助于高等学校实施素质教育，培养大学生的实践创新意识与基本能力、团队协作的人文精神和理论联系实际的学风；有助于学生工程实践素质的培养、提高学生针对实际问题进行电子设计制作的能力；有助于吸引、鼓励广大青年学生踊跃参加课外科技活动，为优秀人才的脱颖而出创造条件。

（2）竞赛特点与特色。

全国大学生电子设计竞赛的特点是与高等学校相关专业的课程体系和课程内容改革密切结合，以推动其课程教学、教学改革和实验室建设工作。竞赛的特色是与理论联系实际学风建设紧密结合，竞赛内容既有理论设计，又有实际制作，以全面检验和加强参赛学生的理论基础和实践创新能力。

（3）组织运行模式。

全国大学生电子设计竞赛的组织运行模式为“政府主办、专家主导、学生主体、社会参与”十六字方针，以充分调动各方面的参与积极性。

（4）组织领导。

全国大学生电子设计竞赛由教育部高等教育司和信息产业部人事司共同主办，负责领导全国范围内的竞赛工作。各地竞赛事宜由地方教委（厅、局）统一领导。为保证竞赛顺

利开展，组建全国及各赛区竞赛组织委员会和专家组。

（5）组织委员会。

①全国竞赛组织委员会由教育部、信息产业部、部分参赛省市教育主管部门负责人或有关学校专家组成，组委会成员由教育部高等教育司以文函形式任命，每届全国竞赛组织委员会和赛区组委会任期四年。

全国竞赛组委会设立秘书处，设秘书长一人，常务副秘书长一人，副秘书长若干人，主持全国大学生电子设计竞赛的日常工作。

②各赛区竞赛组委会由省（自治区）、直辖市教委（厅、局）、高校代表及电子类专家、企事业代表组成，负责本赛区的竞赛组织领导工作。

③原则上以省（自治区）、直辖市独立组成一个赛区。若参赛学校少于 3 所或参赛队少于 20 个队时，可与邻近省市联合组成一个赛区。

（6）专家组。

①全国只组建一个全国专家组，主要由来自高等学校电子及其相关专业的专家组成，全国专家组由责任专家、专家和专家库成员三个人员层面构成，全国竞赛的命题和评审工作以责任专家为主体。

②各赛区成立赛区专家组，由赛区内高校电子及其相关专业的专家组成，负责本赛区的竞赛征题、评审工作。

（7）参赛单位。

以高等学校为基本参赛单位，参赛学校应成立电子竞赛工作领导小组，负责本校学生的参赛事宜，包括组队、报名、赛前准备、赛期管理和赛后总结等。

（8）参赛队和参赛学生。

每支参赛队由三名学生组成，具有正式学籍的全日制在校本、专科生均有资格报名参赛。

（9）辅导教师。

对于赛前辅导教师的辛勤工作，应按照教育部高等教育司下发的《关于鼓励教师积极参与指导大学生科技竞赛活动的通知》（教高司函 [2003]165 号）精神，承认并计算其工作量。

（10）竞赛时间和竞赛周期。

全国大学生电子设计竞赛从 1997 年开始每两年举办一届，竞赛时间定于竞赛举办年度的 9 月份，赛期四天。全国大学生电子设计竞赛每逢单数年的 9 月份举办，赛期四天三夜（具体日期届时通知）。在双数的非竞赛年份，根据实际需要由全国竞赛组委会和有关赛区组织开展全国的专题性竞赛，同时积极鼓励各赛区和学校根据自身条件适时组织开展赛区和学校一级的大学生电子设计竞赛。

（11）竞赛方式。

竞赛采用全国统一命题、分赛区组织的方式，竞赛采用“半封闭、相对集中”的组织方式进行。竞赛期间学生可以查阅有关纸介或网络技术资料，队内学生可以集体商讨设计思想，确定设计方案，分工负责、团结协作，以队为基本单位独立完成竞赛任务；竞赛期间不允许任何教师或其他人员进行任何形式的指导或引导；竞赛期间参赛队员不得与队外任何人员讨论商量。参赛学校应将参赛学生相对集中在实验室内进行竞赛，便于组织人员巡查。为保证竞赛工作，竞赛所需设备、元器件等均由各参赛学校负责提供。

（12）竞赛规则。

为保证竞赛工作的顺利进行，应严格遵守全国竞赛组委会届时颁布的《全国大学生电子设计竞赛竞赛规则与赛场纪律》。竞赛期间，各赛区组织巡视人员，严格执行巡视制度。竞赛规则：

①参赛学生应是高等学校中具有正式学籍的全日制在校本科或专科学生。

②参赛学生必须按统一时间参加竞赛，按时开赛，准时交卷。各赛区组委会须按时收回学生的答卷（报告和制作实物）并及时封存，然后按规定交赛区专家组评审。

③竞赛期间，参赛学生可以使用各种图书资料和计算机，但不得与队外人员讨论，教师必须回避。

④竞赛期间，各赛区组委会要组织巡视检查，以保证竞赛活动正常进行。

⑤在竞赛中，如发现辅导教师参与、队与队之间讨论、队员与队外人员讨论、不按规定时间发题和收卷以及赛前泄题等违纪现象，将取消获奖名次，并通报批评。

（13）竞赛题目。

竞赛题目是保证竞赛工作顺利开展的关键，应由全国专家组制定命题原则，赛前发至各赛区。全国竞赛命题应在广泛开展赛区征题的基础上由全国竞赛命题专家统一进行命题。全国竞赛命题专家组以责任专家为主体，并与部分全国专家组专家和高职高专学校专家组合而成。

全国竞赛采用两套题目，即本科生组题目和高职高专学生组题目，参赛的本科生只能选本科生组题目；高职高专学生原则上选择高职高专学生组题目，但也可选择本科生组题目，并按本科生组题目的标准进行评审。只要参赛队中有本科生，该队只能选择本科生组题目，并按本科生组题目的标准进行评审。凡不符合上述选题规定的作品均视为无效，赛区不予以评审。

（14）竞赛报名。

参赛学校应在广泛开展校内培训与竞赛的基础上选拔出适当数量的优秀代表队报名参赛。每个报名的参赛队必须在报名时按照规则确定本队参赛选题的组别（本科生组或高职高专学生组），开始竞赛时不得更改。各赛区负责本赛区的报名工作，填写全国统一格式的赛区报名汇总表，并在规定的截止时间内上报全国竞赛组委会秘书处备案。

（15）评审工作与要求。

根据竞赛评奖模式，竞赛评审分赛区和全国两级评审，按本科生组和高职高专学生组的相应标准分别开展评审工作。赛区的竞赛评审工作由赛区组委会组织、赛区专家组执行，需严格按照全国专家组制定的统一评分及测试标准执行，并在全国统一评分及测试标准基础上制定赛区的评分标准及测试细则，每个测试组至少由三位赛区评审专家组成，每位评审专家的原始评分及测试记录必须保留在赛区组委会，赛区向全国组委会推荐申请全国奖代表队时，必须将报奖队的设计报告、有赛区评审组每位评审专家签字的各项详细原始测试数据及评分记录、登记表和推荐表一并上报，否则不受理评奖。各赛区评分及测试细则需要上报全国组委会秘书处备案，以备全国评审时参考。

全国竞赛评审工作原则上由一个专家组在一地完成。全国竞赛评审分为初评和复评两个阶段。全国竞赛组委会负责组成全国竞赛评审专家组，对各赛区按比例推荐上报的优秀代表队的作品，按照命题时制定的全国统一评分及测试标准，参考赛区评审原始记录进行初评。

全国一等奖候选队一律集中在一地参加复评，原则上不再另行命题，以原竞赛题目为基础，由专家组确定测试内容和方式，参加复评的代表队名单以全国竞赛组委会届时公布的有关通知为准。

（16）上报全国评审的比例。

赛区和全国对参赛规模进行统计时，一律以实际参赛队数量为准。实际参赛队是指已经正式报名并按时向赛区组委会上交参赛作品（含制作实物和设计报告）的参赛队。在赛区评审、评奖的基础上，赛区组委会应按时向全国组委会推荐本赛区的优秀代表队参加全国评审，推荐的队数分别不得超过当年本赛区本科生组和高职高专学生组实际参赛队数量的 10%，逾期未上报的不予受理。

（17）评奖工作。

①评奖工作采用“校为基础、一次竞赛、二级评奖”的方式进行，即竞赛建立在学校广泛开展课外科技活动的基础上，积极组织学生参加全国大学生电子设计竞赛活动，每次全国竞赛后，经赛区评奖（第一级评奖）后再推荐出赛区优秀参赛队参加全国评奖（第二级评奖）。

②各赛区组委会聘请专家组成赛区评委会，评选本赛区的一、二、三等奖，获奖比例一般不超过总参赛队数的三分之一。此外，对参赛成功者，赛区也可酌情颁发“成功参赛奖”或“成功参赛证书”。

③由于各赛区采用的是全国统一制定的竞赛命题和测试评分规则，赛区颁发的获奖证书、奖杯等冠名原则上为“×××× 年 ××× 杯全国大学生电子设计竞赛 ×× 赛区（本科生组或高职高专学生组）”。

④全国分组设立一、二等奖。本科生组和高职高专学生组获奖队数量分别不超过当年实际参赛队的 8%，其中一等奖和二等奖的比例原则上为 3∶7。竞赛颁发全国统一的获奖证书。全国颁发的获奖证书、奖杯等冠名为“×××× 年全国大学生电子设计竞赛（本科生组或高职高专学生组）”。

（18）异议制度。

为保证全国大学生电子设计竞赛评奖工作的公正性，对全国和赛区的评奖初步结果坚持执行异议制度，“异议期”自公布评审初步结果之日起为期 15 天，过期不再受理。异议期间，各赛区竞赛组委会和全国竞赛组委会受理参赛队有关违反竞赛章程、竞赛规则和纪律的行为等。异议须以书面形式提出，个人提出的异议，须写明本人的真实姓名、工作单位、通信地址，并有本人的亲笔签名；单位提出的异议，须写明联系人的姓名、通信地址、电话，并加盖公章。赛区竞赛组委会和全国竞赛组委会必须对提出异议的个人或单位严格保密。

全国竞赛组委会充分尊重各赛区的评审及评奖结果，赛区评审中出现的异议由各赛区组委会协调解决。

6.4.2 全国大学生电子设计竞赛实例

6.4.2.1 实例一 滚球控制系统

滚球控制系统以飞思卡尔单片机 K60 为核心，以 SONY CCD 摄像头为传感器反馈小球位置，另附有按键模块，OLED 显示屏模块。在木板背面中心处粘上万向节通过铝棒固定在木质底盘，两个舵机分别安置在木板中心下垂直的两个方向形成 XY 轴坐标，舵机臂杆上安置铜棒与木板底部相连，单片机通过摄像头信号找出小球位置来控制舵机上铜棒的上下运动控制木板倾斜实现滚球控制功能。

（1）系统方案论证。

滚球控制系统由小球、平板模块、驱动模块、图像识别模块、小球运动控制模块等组成。平板模块采用木质材料，表面光滑、不敷设其他材料；小球采用坚硬、均匀材质，直径不大于 2.5cm。

① 最小系统选型。

方案一：AT89S52

选择用 ATMEL 公司的 AT89S52 作为系统控制器的 CPU 方案。单片机 AT89S52 是低功耗高性能的八位微控制器，看门狗定时器，3 个 16 位定时 / 计数器，但是功能达不到要求，没有 FTM 功能，对电机调速有一定困难。

方案二：K60

选择用飞思卡尔 K60 单片机。K60 是飞思卡尔一款超低功耗的单片机，ARM Cortex-M4 内核，此系列单片机是基于 ARM Cortex-M4、具有超强可扩展性的微控制器，可将 CPU 超频到 200MHz，多个 PWM 输出，可以精确控制电机。

单片机是系统的核心，此系统将用于视频信号的处理，对单片机的主频有一定要求，K60 能稳定超频到 200MHz，且需要 2 路 PWM 调速功能，综合考虑我们选择方案二。

②电机选型。

方案一：步进电机

步进电机可以实现开环控制，无须反馈信号，使用时通常都是短距离频繁动作较佳。但是步进电机不适合使用在长时间同方向运转的情况，电流大，容易烧坏。且步进电机的扭矩较大，滚球系统不需要用到较大力矩。

方案二：直流推杆电机

直流推杆电机是直流电机机械改造的，有着直流电机容易控制的优点。推杆电机对于滚球系统有着机械上的优势，但是推杆电机上下运动较慢，滚球系统对于电机的速度有一定要求，因此不合适。

方案三：舵机

舵机是一种位置（角度）伺服的驱动器，适用于那些需要角度不断变化并可以保持的控制系统，且舵机电路简单无须驱动电路，控制上对于滚球系统有着很大的优势，舵机中值容易找到小球的平衡位置。

电机是系统的主要动力模块，推动力矩，灵活性，响应速度都是电机选型的关键因素，滚球系统的电机需要较强的“爆发力”，响应速度，综合考虑，我们选择使用 PDI-6225MG-300 型号舵机。

③传感器选型。

方案一：红外光电管阵列

平板使用透明的材料，平板上方安装光源，平板下面安装多个光电管，构成一个平面的光电管阵列，根据遮光，光电管接收不到光信号的原理，可以较为直观地知道小球的位置，软件上更容易控制。但是光电管接受的范围很小，木板的面积过大，需要的光电管的数量过于庞大，硬件上实现困难，且单片机管脚不够，所以本方案不可行。

方案二：大功率红外射线

在木板上两边设置 X 轴 Y 轴，放置多个大功率红外射线管，根据被挡住的两个红外管可以确定一个 XY 轴的坐标，有这个坐标就可以确定小球的位置，这个方案虽然用到比方案一少很多的单片机管脚，但是对于精度的要求还是不够，且容易受到外部的干扰，有很大的不确定性，所以本方案不可行。

方案三：摄像头图像识别

在木板上放置支架固定摄像头，利用摄像头的实时的图像进行小球位置的识别。由于小球和木板的颜色都可以自助选择，为了减少控制的难度，将木板涂成黑色，小球用白色。这样只需使用黑白摄像头就能看到小球位置。摄像头受到环境的影响比较大，需要抗干扰性较强，且小球较小需要用到高灵敏度的摄像头。CMOS 传感器具有低成本、低功耗以及高整合度的特点，CCD 传感器在灵敏度、分辨率、噪声控制上等方面都优于 CMOS 传感器，因此选择 SONY CCD 摄像头。

综合以上所有因素，选择方案三。

④滚球控制系统方案。

滚球控制系统框图如图 6-18 所示，系统主要由单片机、舵机、驱动电路、摄像头及摄像头处理电路等组成。由于平板系统采用了舵机控制，舵机指向精准，打角迅速，只需要输入特定 PWM 波就能瞬间达到预定位置，在一定程度上简化了控制。滚球控制系统的框图如图 6-18 所示，舵机控制系统处理由主控中心发出，转向控制根据图像上小球坐标与目标点坐标的偏差，根据预定的路径规划输出不同的控制指令。

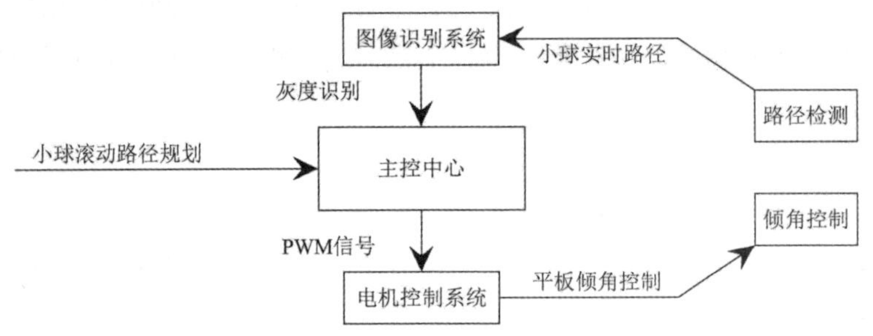

图6-18　滚球控制系统框图

（2）理论分析与计算。

滚球系统采用CCD摄像头为传感器安置在板球系统的正上方，通过图像的处理得到小球位置，两只舵机互相垂直安置在板球的下方，与底部的底盘固定，形成X轴与Y轴，舵机安装支架通过铜棒与木板相连，通过PID调节给舵机PWM信号使得舵机打脚，木板倾斜，达到控制小球的目的。

①滚球控制理论分析。

滚球控制系统由底座、平板、图像识别系统等组成。圆形区域分布如图6-19所示，小球滚动路径如图6-20所示。索尼CCD模拟摄像头只能反馈图像的灰度信息，为了能将小球与平板区分开来，将平板处理成黑色，使用白色的硬质小球通过外部ADC将灰度信息传回单片机后储存在二维数组中进行二值化处理，在传输过程中，扫描每行的跳变沿，由于图像噪点在图像上的只是以单个像素点表现，所以可以通过几行跳变沿组成的白块，从而判定为小球，通过读取其二维数组的位值，确定中心点，即可确定小球的位置坐标。

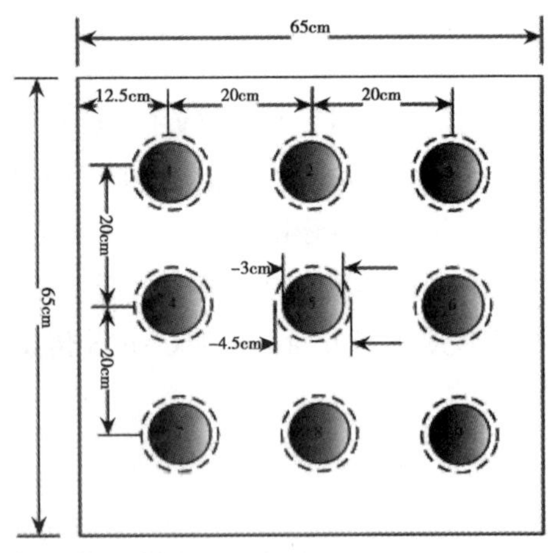

图6-19　圆形区域分布示意图

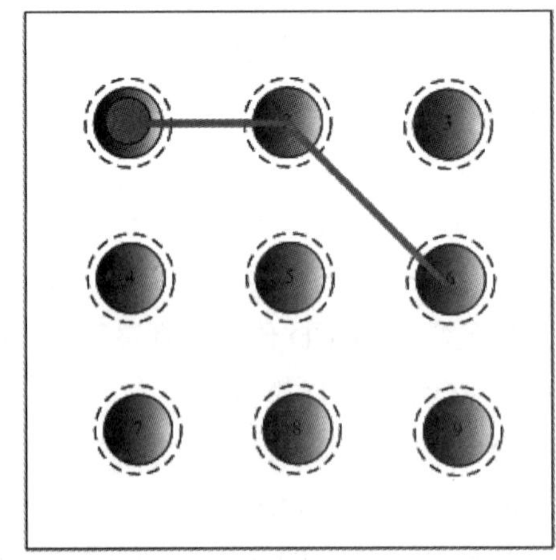

图6-20　小球滚动路径示意图

②信号发生器分析设计。

采用K60自带的PWM功能，设置PWM工作频率为1kHz，调节输出波形的占空比，从而调整加在舵机上的电压实现调节上下。原理如公式（6-1）和公式（6-2）所示。

$$f_{\text{ocnpwm}} = \frac{f_{\text{clk}}}{N \times 256} \tag{6-1}$$

其中，f_{clk} 为时钟频率，N 为分频因子，f_{ocnpwm} 为 PWM 频率。

$$U = V_{CC} \times {}^{t}\!/_{T} = A * V_{CC} \tag{6-2}$$

其中，$A=t/T$(占空比)，V_{CC} 为电源电压，U 为电机的电压。

③滚球控制系统 PID 算法与分析设计。

将偏差的比例、积分和微分通过线性组合构成控制量，用这一控制量对被控对象进行控制，这样的控制器称 PID 控制器。

因为单片机控制不是连续控制，所以采用离散 PID 形式，以下三个式子体现了整个离散化的过程。其中 k 代表采样序号，T 代表采样周期，t 代表连续时间，kT 则代表离散时间。

$$t \approx k \times T \tag{6-3}$$

$$\int_0^t e(t)\ \mathrm{d}t \approx T\sum_{j=0}^{k} e(jT) = T\sum_{j=0}^{k} e_j \tag{6-4}$$

$$u(t) = K_p\left[e(t) + \frac{1}{T_1}\int_0^t e(t)\mathrm{d}t + T_D\frac{\mathrm{d}e(t)}{\mathrm{d}t}\right] \tag{6-5}$$

将上述公式代入模拟 PID 的计算式中，可以得到离散 PID 的计算式，其中模拟 PID 的计算式如式（6–6）所示，离散 PID 的计算式如式（6–7）所示。

$$u(t) = K_p\left[e(t) + \frac{1}{T_1}\int_0^t e(t)\mathrm{d}t + T_D\frac{\mathrm{d}e(t)}{\mathrm{d}t}\right] \tag{6-6}$$

$$u_K = K_P\left[e_K + \frac{T}{T_1}\sum_{j=0}^{K} e_j + \frac{T_D}{T}(e_K - e_{K-1})\right] \tag{6-7}$$

在式（6–7）中，定义积分系数 $K_i = K_P\dfrac{T}{T_1}$，微分系数 $K_d = K_p\dfrac{T_D}{T}$，则可得到简化的离散 PID 计算式，如式（6-8）所示。

$$u_k = K_p e_k + K_i\sum_{j=0}^{k} e_j + K_d(e_k - e_{k-1}) \tag{6-8}$$

将偏差的比例（K_P）、积分（K_I）和微分（K_D）通线性组合构成控制量，对被控对象进行控制，K_P、K_I 和 K_D3 个参数的选取直接影响了控制效果在经典 PID 控制中，给定值与测量值进行比较，得出偏差 ，并依据偏差情况，给出控制作用 $u(t)$。在滚球系统中，已用 CCD 检测出小球的坐标，以及知道期望达到的坐标，它们的偏差代入公式就可以计算出需要给到舵机打脚的值，从而达到控制小球的功能。

（3）滚球控制系统电路设计。

①电源模块设计。

电源模块是整个系统正常工作的基本保证，特别是摄像头的模拟信号容易受到干扰，所以电源的波纹要小，可靠性要高。采用 LM2577 搭建了升压电路，将 7.2V 升到 12V 给摄像头供电。舵机的电源选用 TI 的 LM2941，因为考虑到舵机是系统的主要耗电源，需要快速的电流响应，所以选择了双电源供电，摄像头主板和舵机分开用 2 块电池供电，中间用地线相连，这样屏蔽了其他噪声对舵机的影响，提高了系统的稳定性。

② ADC 模块设计。

滚球控制系统 ADC 模数转换电路、2.5V 基准电路；滚球控制系统中，模拟摄像头的信号需要经过 AD 转换才能被单片机识别。

K60 单片机内置 2 个 ADC，但是用内部 ADC 会占用大部分时序，对软件编程造成一定困难，系统的稳定性也会下降。因此使用了外置的 AD，选用了 8 位 ADC—TLC5510，使用 20M 工作频率，2.5V 基准电压，2.5V 电源芯片使用的是 LT6656，输出较平稳的 2.5V 基准电压。

③视频分离模块设计。

单片机将无法识别所接收到的视频信号处在哪一场，也无法识别是在该场中的场消隐区还是视频信号区 。LM1881 视频同步信号分离芯片可从摄像头信号中提取信号的时序信息，如行同步脉冲、场同步脉冲和奇、偶场信息等，并将它们转换成 TTL 电平直接输给单片机的 I/O 口作控制信号之用。

④滚球控制系统工作流程。

滚球控制系统工作流程如图 6–21 所示，系统开始后单片机给指令让小球以最快的速度达到指定地点，然后摄像头判断是否达到定点的附近达不到则返回继续调节平板，定点成功后继续下一条指令，单片机根据摄像头信号微调平板控制小球达到预定地点。

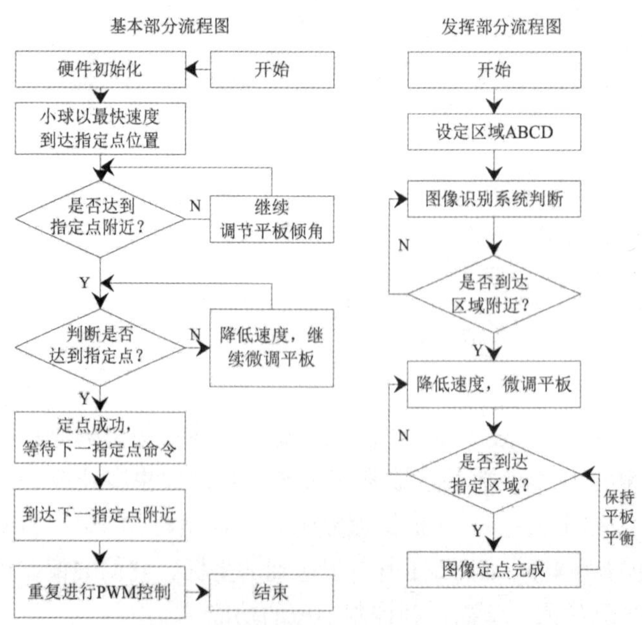

图6–21　滚球控制系统工作流程图

（4）系统指标测试。

①测试条件。

检查多次，仿真电路和硬件电路必须与系统原理图完全相同，并且检查无误，硬件电路保证无虚焊。

②测试仪器。

OLED、串口调试小助手、PID 上位机、秒表。

③测试结果及分析。

滚球控制系统的基本部分进行测试，并将数据记录在表 6–1 中。

表6–1　基本部分测试结果

测试次数	滚球运动状态					
	区域2	区域1→区域5	区域1→区域4→区域5			区域1→区域9
	停留时间	完成动作时间	1→4运行时间	4→5运行时间	完成动作时间	完成动作时间
1	8.45	5.48	6.28	8.00	14.28	5.85
2	7.55	6.43	7.29	7.94	15.23	6.55
3	8.65	5.77	7.77	7.52	15.29	5.43
平均值	8.22	5.95	7.34	7.83	14.76	5.86

数据说明：区域 2 的停留时间平均值大于要求的 5s；区域 1 到区域 5 的要求平均 5.95s 小于 15s；区域 1 到区域 4 再到区域 5 的平均时间 14.76s 低于 20s，满足要求；区域 1 到区域 9 的平均时间 5.86s 小于 30s。

对滚球控制系统的发挥部分进行测试，并将数据记录在表 6–2 中。

表6–2　发挥部分测试结果

测试次数	滚球运动状态										
	区域1→区域2→区域6→区域9				区域A→区域B→区域C→区域D				区域4→区域5→区域9		
	1→2运行时间	2→6运行时间	6→9运行时间	完成动作时间	A→B运行时间	B→C运行时间	C→D运行时间	完成动作时间	4→5运行时间	转圈运行时间	完成动作总时间
1	2.44	3.32	3.85	9.61	7.12	7.32	8.89	23.33	4.12	14.22	18.34
2	2.56	3.55	4.23	10.34	5.22	7.34	13.67	26.23	4.54	15.22	19.76
3	2.77	3.12	3.34	9.23	6.42	7.33	11.46	25.21	5.33	16.11	21.44
平均值	2.67	3.44	3.87	9.77	6.45	7.33	11.22	14.23	4.67	15.34	19.59

数据说明：区域 1 到区域 2 到区域 3 到区域 9 的平均时间为 9.77s，小于要求时间 40s；在任意指定的 ABCD 区域，依次到达的平均时间为 14.23s，小于规定时间 40s；从区域 4 出发再区域 5 点绕圈再到区域 9 平均用 19.59s。

④测试结果分析与滚球控制系统的改进。

经过观察可得出结论，小球从点到点的速度是够快的，且精准度也足够，其中最大的困难是将小球停到圆形区域，小球会在区域附件抖动，由此推断控制算法还有待改进，在区域的凹槽的设计上也可以做些修改，凹槽可以再做深一些，这样滚球在已经进入圆形区域后不容易抖出来。

（5）总结及感悟。

本次滚球控制系统的设计在机械上花了较多的时间与精力，事实证明这部分工作是很有必要的，稳固的机械才能更容易地控制，并且在图像处理上优化以前的算法，能更快识别出小球。

6.4.2.2 实例二 多旋翼自主飞行器

本作品以 R5F100LE 作为图像处理 MCU，以 STM32F429IGT6 作为姿态控制 MCU，以四旋翼飞行器为平台，MPU9150 传感器、摄像头传感器、超声波传感器为主要模块，以串级 PID 为姿态控制算法，构成了具有航拍功能的四旋翼自主飞行器。经测试表明，此作品工作稳定，可靠性高，大部分功能指标均满足题目的设计要求。

（1）方案论证与比较。

分析题目要求，本设计关键要实现飞行器的航拍、循迹飞行、定高飞行、负重飞行，所以在方案实现上主要需要如下传感器：摄像头传感器、角度传感器以及超声波高度传感器。考虑到 R5F100LE 资源有限，故把系统实现分为两部分，分别是图像的采集与处理和姿态控制，R5F100LE 实现图像的采集与处理，STM32F429IGT6 实现姿态控制。其他的方案选择如下：

方案一：采用线性 CCD 循迹。线性 CCD 采集数据量少，软件易于处理，但在飞行器循迹飞行的三维空间中，每次采集的一行的数据很难对飞行器所处位置做出明确判断，且很容易丢线，故不采用此方案。

方案二：采用 OV7620 黑白摄像头。黑白摄像头采集到的数据量小，并且可以直接对数据进行二值化，方便处理，缺点是航拍获得的图片是黑白的。综合考虑后决定采用 OV7620 黑白摄像头模块。

（2）理论设计与系统实现。

①四旋翼飞行器飞行原理。

四旋翼飞行器基本飞行动作均通过调整四个螺旋桨转速，产生不同大小上升力或产生水平方向扭矩完成。根据这个原理可以使飞行器实现垂直起降、俯仰飞行和偏航飞行等。电机默认的旋转方向如图 6–22 所示。

通过控制 4 个电机转速相等并且升力大于重力，可以实现垂直起飞，升力小于重力时可以实现垂直降落。如图 6–23 所示。

在悬停状态中，保持 2、4 号电机转速不变，增大 1 号电机转速，减小 3 号电机转速，可以使飞机获得斜向上的力，使飞机实现俯仰飞行。如图 6–24 所示。

在悬停状态中，增大 1、3 号电机转速，减小 2、4 号电机转速可以获得顺时针的扭矩力，使飞机实现偏航运动。如图 6–25 所示。

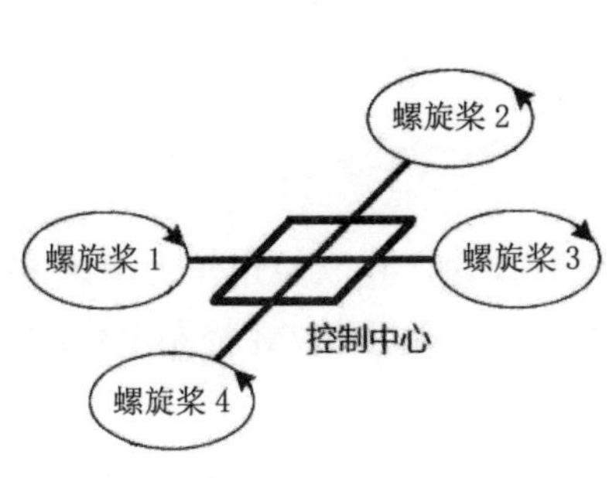

图6-22　四旋翼飞行器结构图

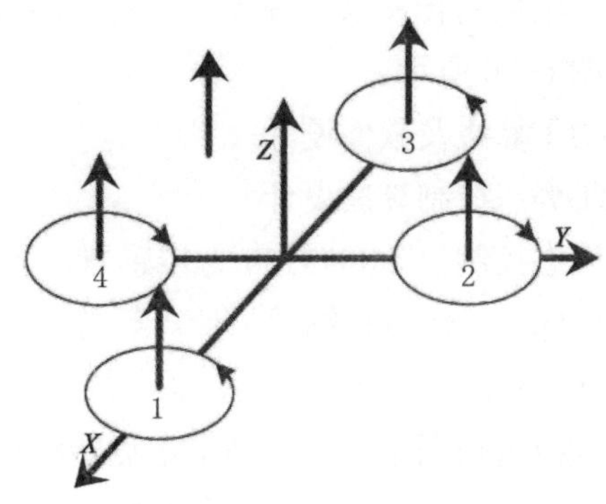

图6-23　垂直起降运动

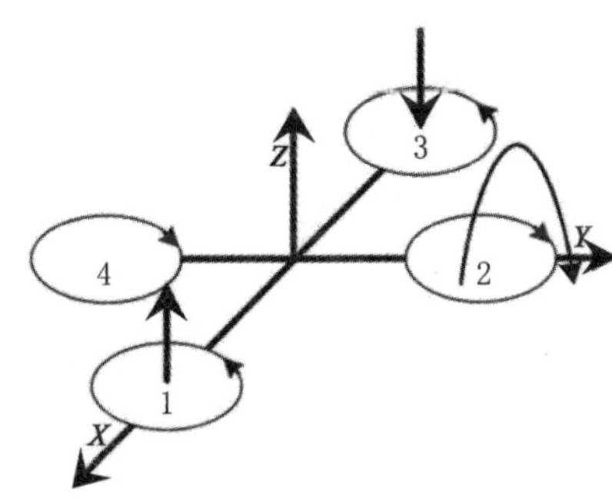

图6-24　俯仰飞行运动

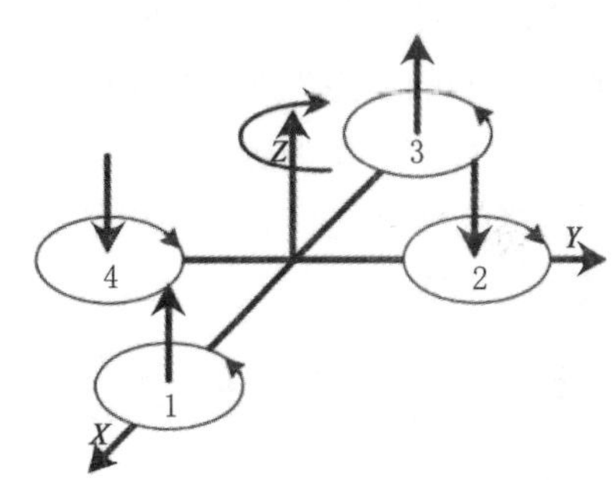

图6-25　偏航飞行运动

②系统实现框图。

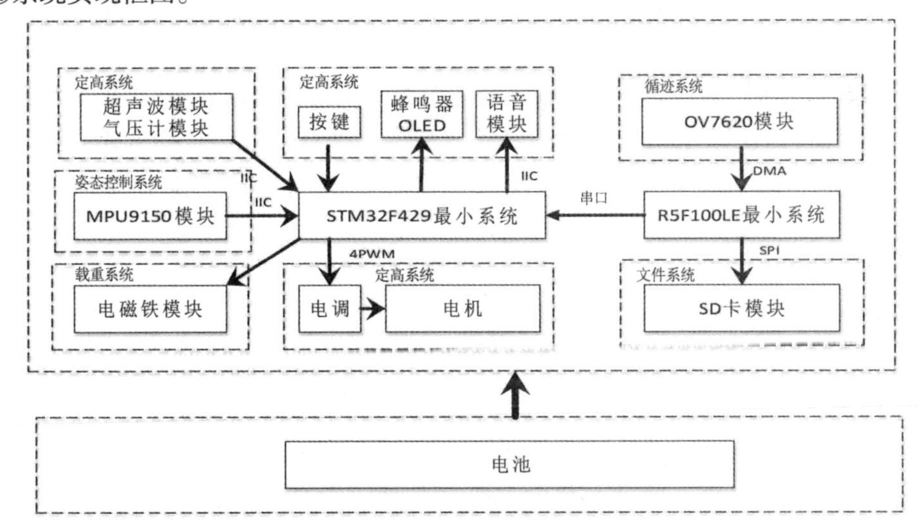

图6-26　系统实现框图

本系统以R5F100LE为图像处理的核心，采集并处理图像数据，并且将读取到的图片通过文件系统以gif的格式存储到SD卡中，以实现航拍功能。

以STM32F429IGT6为姿态控制的核心，通过MPU9150读取飞机当前的姿态角，通过超声波传感器读取当前高度，经过串级PID计算之后得到4路PWM占空比的值，控制 4 个电机的转速以实现飞行控制。同时它还负责按键，屏幕等人机交互功能。系统实现框如图 6–26 所示。

（3）算法及软件设计。

①姿态控制算法设计。

姿态控制以 MPU9150 为传感器，姿态解算后得到欧拉角，将欧拉角作为串级 PID 控制器的输入，经过控制器的计算后得到 4 路 PWM 的占空比，通过 PWM 控制电机的转速，从而达到姿态的稳定。

欧拉角是用来唯一的确定定点转动物体位置的一组独立角参量，就是构件在 3 个轴的相对转角，即进动角、章动角和自旋角。这 3 个角统称为欧拉角，在飞行器中分别对应偏航角（YAW）、俯仰角（ROLL）和横滚角（PITCH）。姿态解算即计算出飞机的欧拉角。通过读取 MPU9150 的加速度、角速度，得到四元数后即可计算出欧拉角。

四轴飞行器的姿态控制采用 PID 控制器。闭环控制中大约有 90% 都采用 PID 控制器，由于其不需要被控对象的数学模型，结构简单，有较强的灵活性和适应性，所以这里采用 PID 控制器作为四轴飞行器闭环控制器。由于串级 PID 对二次扰动有很好的抑制作用这里使用串级 PID 控制器。串级 PID 系统框图如图 6–27 所示。

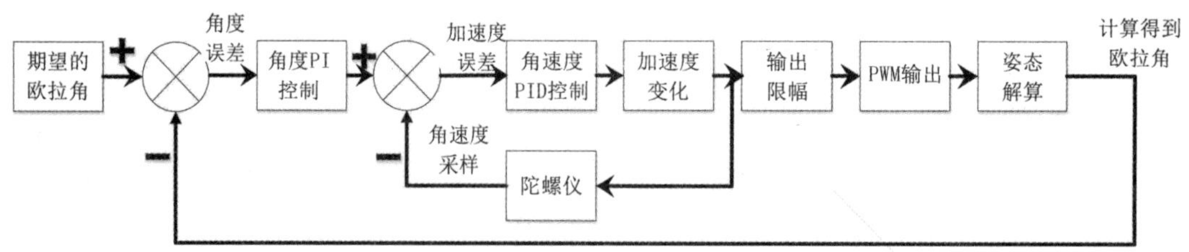

图6–27　串级PID系统框图

串级 PID 采用了二级控制器，分别称为主控制器和副控制器，这两级控制器串在一起工作，主控制器的输出作为副控制器的输入。主控制器采用 PI 的控制方式，控制对象为角度。副控制器采用 PID 的控制方式，控制对象为角速度，控制输出为 PWM 占空比，控制电机转速。

②图像处理算法设计。

a. 图像的采集及预处理。

由于单片机处理速度以及内存有限，如果采用 320 × 240 的图片来进行处理会耗费很大的内存和并且占用很多时间，所以这里采用 60 × 80 的图像来处理。OV7620 每次输出 240 × 320 的一帧灰度图像，单片机通过 DMA 的方式每隔 4 个像素读取一个像素，每 4 行数据采集一行数据，从而得到大小为 60 × 80 的灰度图像。将灰度图像二值化后进行腐蚀膨胀滤波，滤除噪点。

b. 圆心寻找算法。

圆心的提取是飞行控制的重要环节。根据圆中两条弦垂直平分线的交点是圆心这条定理可以确定圆心坐标，同时根据圆上任意一点到圆心距离相等这条定理验证这个形状是不是圆。

圆心寻找及判断算法如下：判断图像中心是否为黑点，如果是则可能是圆心，从这点开

始依次向上下左右寻找到黑色的边界线，依次记录为（x_1，y_1）、（x_2，y_2）、（x_3，y_3）、（x_4，y_4)，圆心为 $[(x_3+(x_4-x_3)/2, y_2+(y_1-y_2)/2)]$，判断这 4 点到圆心距离是否相等，是则输出圆心坐标。如果图像中心不是黑点或者图像中心不在圆内则将图像等分为 4 份，依次判断 1,2,3,4 幅图像中心是否在圆内，如果都不符合要求，则继续划分成 16 份，直到找到圆心。图像不能再分割时，认为这幅图像中没有圆，输出 (0,0)。

c. 黑线中心提取算法。

提取黑线中心算法也是循迹控制中的重要环节，这关系到飞行器飞行状况的好坏。黑线提取方法为：先判断每行的第一个点是否为白点，如果是白点则一次对白点进行计算（计数值为 a），当遇到黑点时则统计黑点的个数（计数值为 b），再次遇到白点时退出改行计数，此时黑线中心所在位置列为（$a+b$）/2。如果第一个点为黑点且不是噪声点，则对黑点进行计数，遇到白点时退出改行计数，此时黑线中心所在位置列为 b/2。最后将黑线中心的位置存入一维数组中，根据中心的位置对飞行器进行飞行控制。

③程序设计。

四旋翼飞行器软件设计的流程图如 6–28 所示。飞机模式设置之后等待一键起飞，起飞后判断飞行模式，AB 模式下如果出现倒 T 形，则为起点，开始循迹，识别的正 T 形则降落。为绕圈模式则一次循右方、前方、左方、后方直线，识别到倒 T 形后降落，超过 3s 则降落。投重物模式的与 AB 模式类似，当识别到正 T 形后降落。

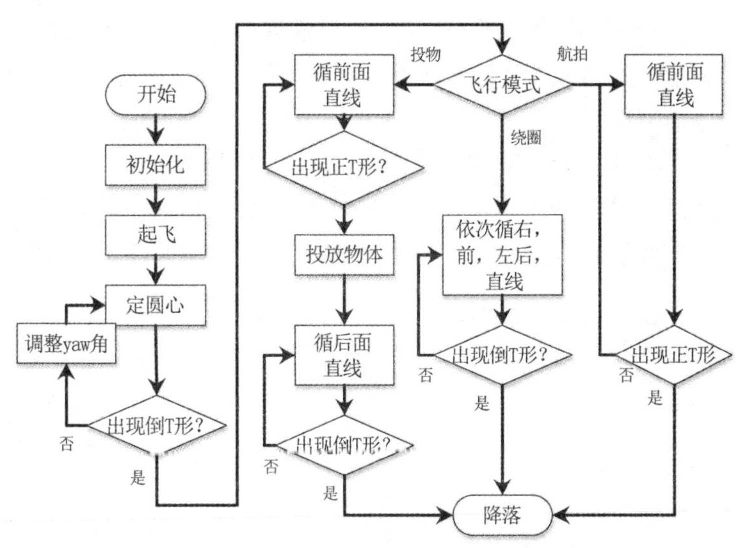

图6–28　四旋翼飞行器软件设计的流程图

（4）电路设计。

①姿态解算电路设计。

本四旋翼飞行器姿态结算传感器采用融合型九轴芯片 MPU9150，一颗芯片内部及包含了三轴数字陀螺仪、三轴惯性传感器、三轴磁场传感器，外部电路简单。其应用电路如图 6–29 所示。

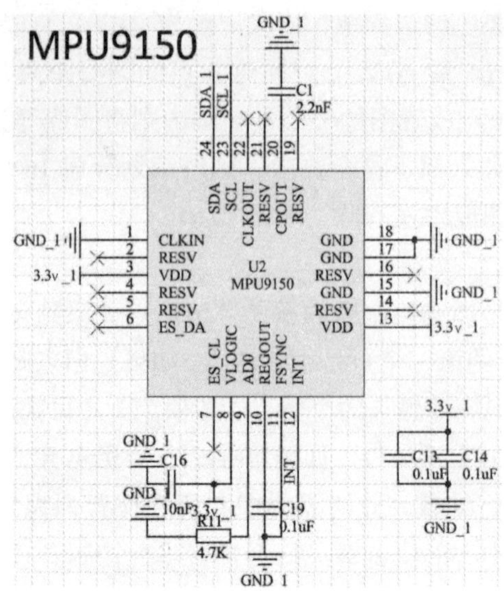

图6–29　姿态解算电路设计

②电源电路设计。

电源系统由控制系统电源、语音模块电源、姿态解算系统电源、摄像头模块电源、超声波模块电源、人机交互系统电源构成。

电源系统中所有子系统电源均来自飞行器锂电池稳压所得。各个子系统所需电源不一样，有的需要 3.3V 供电，有的需要 5V 供电。考虑到锂电池电压与电源系统所需电压压差较大，若直接通过线性稳压芯片稳压效率过低，飞机整体续航能力会减弱。故先用开关型稳压芯片将锂电池电压降压至 5.3V 左右，再通过线性 LDO 稳压至各个模块所需电压。

开关型稳压芯片选用 TI 公司的 TPS562200，其输出电流最大可达 2A，效率在 90% 以上，满足本电源系统需求。输出电压满足公式：V_{out}=0.765x[1+(R4+R5)]/R7。本电源系统要求其稳压至 5.3V，故近似取值 R7 为 56K,R5 为 3.9K,R7 为 10K。其应用电路如图 6–30 所示。

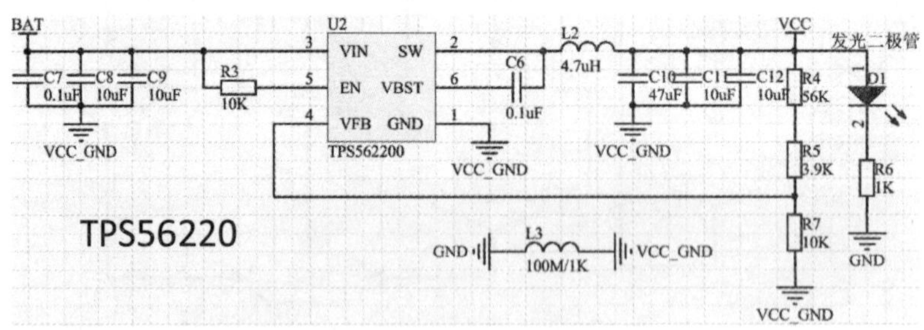

图6–30　TPS562200应用电路

（5）测试结果与分析。

①测试方案及测试条件。

a. 测试方案。

将飞行器摆放在 A 区，设置飞行模式为 AB 飞行和飞行高度后按下一键起飞键，并开始计时。降落在 B 点后记录飞行情况、飞行时间并将 SD 卡取出，在 PC 机上播放视频。

将飞行器摆放在 A 区，设置飞行模式为矩形飞行和飞行高度后按下一键起飞键，并开始计时。飞行结束后记录飞行情况、飞行时间、飞机落点距离。

设置电子示高装置的上下距离为 60cm 和 100cm。设置飞行模式为 ABA 飞行并携带 20g 重物。记录飞行情况、飞行时间、飞机落点距离和重物落点距离。

b. 测试仪器。

秒表，卡尺，电子秤，PC 机。

②测试结果。

a. 基础部分。（数据见表 6–3 和表 6–4）

表6–3　要求一记录数据

组别	1	2	3
飞行情况	高度大于 30cm	高度大于 30cm	高度大于 30cm
飞行时间	15s	18s	19s
航拍情况	黑白图像，图像小	黑白图像，图像小	黑白图像，图像小

表6–4　要求二记录数据(以飞机最远点距圆心的距离为落点距离，下同)：

组别	1	2	3
飞行情况	到第三个角	到第三个角	到第四个角
飞行时间	40s	37s	42s
飞机落点距离	45cm	30cm	40cm

b. 发挥部分。（数据见表 6-5）

表6–5　要求一记录数据

组别	1	2	3
飞行情况	无触碰，可返航	有触碰，可返航	无触碰，可返航
飞行时间	25s	28s	23s
飞机落点距离	45cm	40cm	42cm
重物落点距离	20cm	30cm	33cm

③数据分析。

在基础部分要求一完成得比较好，但是航拍数据是黑白的且图像较小。基础部分要求二完成得不太理想，主要在拐角处容易偏离轨道，导致飞行器无法继续循迹飞行。飞行器和重物落点情况不太理想，主要原因是飞行器在下降过程中不能很好地垂直降落以及重物在投放过程中不受控制。

6.5　全国大学生FPGA创新设计竞赛

6.5.1　全国大学生FPGA创新设计竞赛概况

为了加强全国高校学生在数字系统设计领域尤其是可编程逻辑器件应用领域创新设计与工程实践能力，培养大学生积极主动寻找工作任务并利用先进技术平台进行创新设计的能力，丰富和活跃校园创新创业学术氛围，推进高校与企业的人才培养合作共建，为社会培养具有创新思维、团队合作精神、解决复杂工程问题能力的优秀人才，由教育部电子信息类专业教学指导委员会及国家级实验教学示范中心联席会联合组织面向全国大学本科学生及研究生的全国大学生 FPGA 创新设计竞赛（以下简称“竞赛”）。

（1）竞赛的组织与管理。

竞赛由东南大学与南京集成电路产业服务中心联合承办，赛灵思以及上海安路科技、紫光同创、广东高云半导体、信息技术新工科产学研联盟可定制计算工作委员会等单位协办，南京依元素公司提供技术咨询服务。

竞赛设立组织委员会、秘书处和评审专家组。竞赛秘书处执行组委会的指示组织安排竞赛的宣传、网站、报名、初赛及复赛、竞赛平台发放、技术培训等管理工作。评审专家组负责竞赛命题方向、竞赛技术平台、初赛及复赛的评审、评奖等工作。

为了方便管理及交流，组委会建立竞赛官方网站（www.fpgachina.cn）和官方微信公众号（名称：大学生 FPGA 创新设计竞赛），用于发布竞赛所有信息，提供竞赛相关培训资料文档下载，开展技术研讨及咨询服务。

（2）竞赛的规模与对象。

竞赛主要面向国内电子电气类相关专业（电子、信息、电气、自动化、仪科、计算机等）本科高校的在校本科生及研究生。竞赛分本科生组及研究生组，每人只能参加一支队伍，每支参赛队由不超过 3 名在籍学生组成。

本科生可以参加研究生组竞赛，研究生不能参加本科生组竞赛；参赛队中只要有一名研究生即为研究生组。

（3）竞赛的形式与内容。

竞赛以“创意发挥、规范设计、突破自我、快乐竞赛”为原则，采用统一开发平台、开放式自主设计、统一评审评奖的形式。竞赛主题方向如下：

①本科生组。

竞赛的引导性应用方向有高速信息处理、信息安全、测量控制系统、互联网 +、智慧物联网终端、娱乐游戏等。

各参赛队在必须采用组委会指定的 FPGA 的核心板开发平台作为设计核心的前提下，由参赛队自行选择参赛项目，并可以在指定的 FPGA 开发平台之外自行设计扩展搭建其他电路构成应用系统。

组委会向参赛队提供一套指定 FPGA 开发平台，详情见竞赛官网选题指南。竞赛期间 FPGA 开发平台损坏，可通过技术支持方协调购买。

②研究生组。

竞赛的引导性应用方向有机器视觉、高端仪器仪表、智能工业制造等；各参赛队在必须采用组委会指定的 FPGA 的核心开发平台作为设计核心的前提下，由参赛队自行选择参赛项目，并可以在指定 FPGA 开发平台之外自行设计扩展搭建其他电路构成应用系统，详情见竞赛官网选题指南。

参赛队应选择有特色、有创意的项目参赛，设计方案应适宜对应 FPGA 产品的技术特点，最大限度地发挥指定 FPGA 开发平台能力，拓展思路、精心构思、仔细论证、创新设

计，完成参赛作品。

6.5.2　全国大学生FPGA创新设计竞赛实例

6.5.2.1　实例一 基于 FPGA 的智能照明系统设计

随着现代社会的发展，人们对于电器的智能化要求也越来越高，物联网成为人们关注的焦点。物联网是新一代信息技术的重要组成部分，也是“信息化”时代的重要发展阶段。顾名思义，物联网就是万物互联形成的网络。物联网的核心和基础仍然是互联网，是在互联网基础上进行延伸和扩展的网络；物联网的用户端延伸和扩展到了任何物品，可进行信息交换和通信，也就是说万物互联。物联网通过智能感知、识别技术与普适计算等通信感知技术，广泛应用于网络的融合中，也因此被称为继计算机、互联网之后世界信息产业发展的第三次浪潮。物联网是互联网的应用拓展，与其说物联网是网络，不如说物联网是业务和应用。因此，应用创新是物联网发展的核心，以用户体验为核心的创新是物联网发展的灵魂。

本作品着眼于物联网发展，是集合 RF、通信算法以及控制及技术的智能应用，以 FPGA 作为核心处理器，通过 RF 模块对灯进行组网，在 FPGA 上实现无线通信算法，对灯进行控制。

（1）系统组成。

①系统介绍。

本系统由 FPGA 模块、串口屏驱动模块、通信算法模块、BQ3905 灯控模块、人体红外检测模块等组成。系统框图如图 6–31 所示。

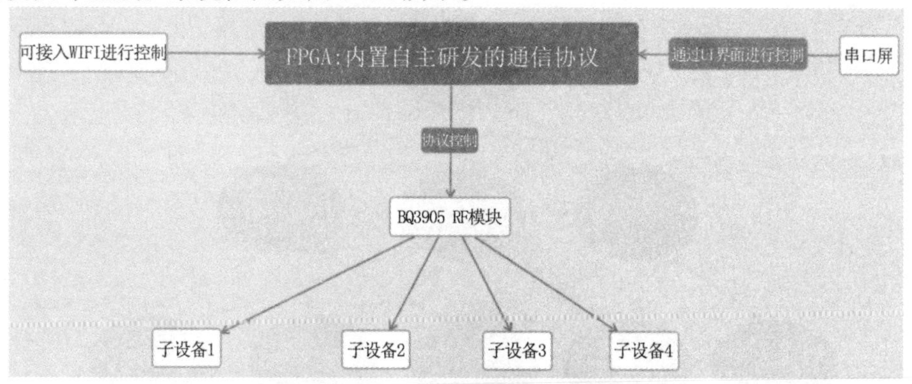

图6–31　智能照明系统框图

本系统的核心处理平台为紫光同创公司提供的 Logos 系列 FPGA 最小系统板。Logos 系列可编程逻辑器件是深圳市紫光同创电子有限公司推出的全新低功耗、低成本 FPGA 产品，它采用了完全自主产权的体系结构和主流的 40nm 工艺。Logos 系列 FPGA 包含创新的可配置逻辑模块（CLM）、专用的 18Kb 存储单元（DRM）、算术处理单元（APM）、高速串行接口模块（HSST）、多功能高性能 IO 以及丰富的片上时钟资源等模块，并集成了存储控制器（HMEMC）、模数转换模块（ADC）等硬核资源，支持多种配置模式，同时提供位流加密、器件 ID(UID）等功能以保护用户的设计安全。基于以上特点，Logos 系列 FPGA 能够广泛适用于视频、工业控制、汽车电子和消费电子等多个应用领域。

关键特性板采用的紫光同创 Logos 系列 FPGA 型号为 PGL22G-6IFBG256。

相比市面上比较流行的 MCU 主控方案，FPGA 具有更加强大的数据处理性能，在进行板上算法实现时，紫光同创 FPGA 优良的性能给我们的开发带来了极大的帮助。

FPGA 模块搭载了自主研发的通信协议，对节点进行组网控制。

②各模块介绍。

a. 串口屏驱动模块。

本设计中，UI 界面是通过串口屏来实现的，该串口屏通过 SD 卡烧录代码。

b. 通信算法模块。

自主研发的通信协议，这是本设计的核心与亮点。该无线协议搭建在 868/433MHz 频率下。为了适应不同应用场景、兼顾网络节点的稳定性和覆盖区域，该协议使用了树形 - 星形混合拓扑，继承了树形拓扑的完整父子逻辑，并在此基础上建立设备结构层级，极大地提高了信息传递的精确度，在防止信号和能量冗余方面也有显著的效果。同时，该协议的特殊结构以及自动组网的特性使得设备节点的安装、检修十分方便，亦可广泛应用于工厂设备管理中。

协议组网架构如图 6–32 所示。整个组网的结构为树形拓扑结构，而第二层 (运输层) 节点之间又构成星形拓扑结构，这不仅弥补了普通树形拓扑链路数量较少的缺点，也使得整个路由协议更加灵活。而第三层 (目标层) 采用多连接树形结构，既具有普通树状拓扑的完整父子逻辑，又不失星形拓扑的广度，在实际路由过程中能兼顾较少运算量和较精确路由规划两大方面，是控制成本与功耗的软件基础。

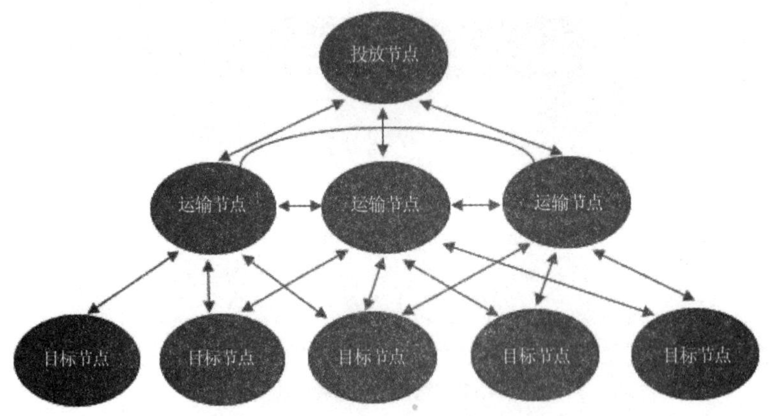

图6–32　协议组网架构图

我们的组网协议是有三层深度的层间通信协议。不同的节点按节点等级不同具有不同的功能。最底层的目标节点只具有接收、处理与上报数据的功能，是组网结构中的最末端节点；第二层的运输节点能够对信息进行转发，包括向上报、下达与同级传递三种转发方式，是组网协议中核心的信息传递层；第一层的投放节点是组网协议中等级最高的节点，其功能主要为下达建立组网消息、收集子节点信息等功能。

在我们的组网结构中，每一个设备都有自己唯一的 16 位设备 ID，其 ID 命名方式为

区 + 域 + 块，用于设备间的识别和信息的精确转发。

c. BQ3905 灯控模块。

灯控模块如图 6–33 所示。该模块由射频芯片 BQ3905 以及电源转换电路组成。

图6–33　灯控模块图

d. 人体红外检测模块。

我们在灯上加装了人体红外检测模块。当有人经过时，灯会自动打开，人远离灯时，灯会自动关闭。灯在该模块操控下打开的次数会通过射频模块返回 FPGA 进行处理，从而得到每个灯节点处的人流量粗略统计，并在串口屏 UI 界面上绘制出统计图形，实现较为粗糙但成本极低的人流量监控。

（2）系统实现。

系统实现如图 6–34 所示。用户通过串口屏 UI 界面对每盏灯进行控制。该界面具有优良的人机交互特性。美观大方，便于使用。

图6–34　系统整体实现图

① BQ3905 射频及电源模块实现。

BQ3905 是 SONIX 公司研发的一款低成本低功耗的无线收发芯片。射频模块电路如图 6–35 所示。

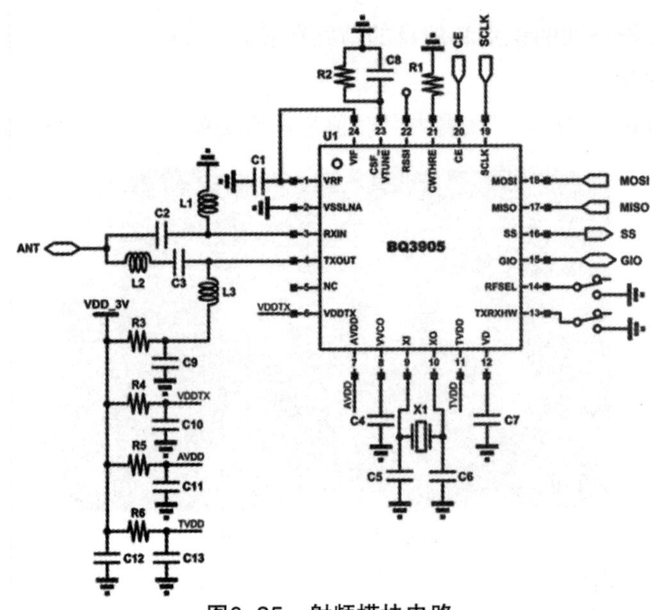

图6–35　射频模块电路

电源部分采用RC分压的方法，经过整流与稳压电路得到3.3V直流电。电源模块电路如图6–36所示。

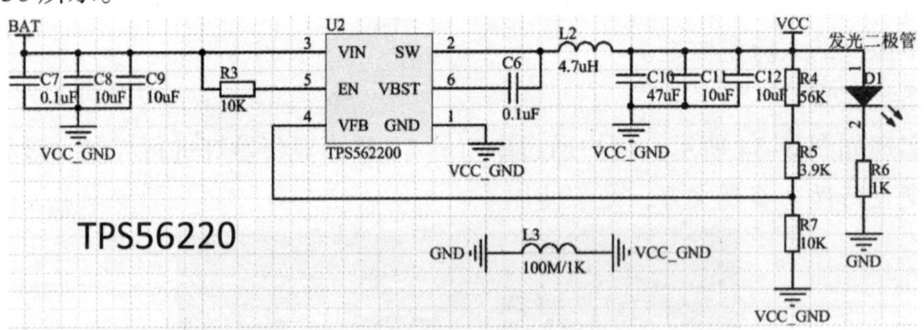

图6–36　电源模块电路

②通信算法模块实现。

通信算法模块示意图如图6–37所示。

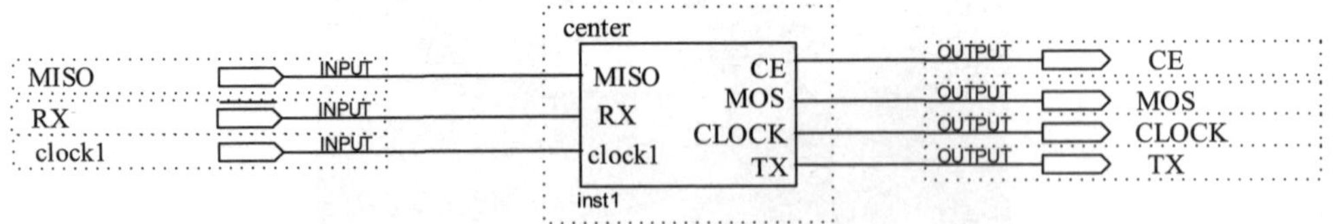

图6–37　通信算法模块电路

BQ3905将收到的信号通过四线SPI传入FPGA中，内置算法对信号进行解析以及处理，再将控制信号通过SPI传入射频模块。用户可以利用串行接口设备通过串口对每个节点进行操作。具体的内部逻辑如下所述：

a. 报文格式。我们的组网协议以报文形式传递信息，一帧报文共15个字节，其格式如下：

[0] 头序列码　　　[1] 下一跳地址高

[2] 下一跳地址低 [3] 目标地址高
[4] 目标地址低 [5] 上一跳地址高
[6] 上一跳地址低 [7] 目标地址高
[8] 目标地址低 [9] 数据描述符
[10] 数据声明符 [11] 数据位高
[12] 数据位低 [13] 校验码
[14] 尾序列码

报文经过解析后得到的数据包格式如下：

16bit	目标地址
16bit	下一跳地址
16bit	上一跳地址
16bit	源地址
8bit	数据描述符
8bit	数据声明
16bit	数据

一帧报文中，头序列与尾序列用于报文的同步；上一跳、下一跳地址用于节点间的报文传递；源地址、目标地址用于报文的送达；数据声明与描述符用于数据类型的判断；校验码用于报文的校验，检验码的形式为报文第一到十二字节的无符号加法再取反。

同时，为了限制报文转发深度，防止陷入“三角转发”的死循环，协议中还规定了同一报文的转发次数。当转发次数到达上限时，将该报文视为不可到达，即将其丢弃。

b. 组网构建。该协议中，组网的建立过程是设备间“呼叫”和“响应”的过程。三级组网协议的一个基本原则（后称“基本原则”）是，每个设备的呼叫都只能被下级设备响应，而其本身只响应来自上级设备的呼叫。遵循“基本原则”的组网建立过程如下：各节点开机时自动发送入网请求，发送一次名称为“请报告你的设备 ID”的命令，附近设备接收到该命令时，分析呼叫节点与自身的层级关系，若符合“基本原则”发送“已报告的 ID”命令，双方在各自的连接表中注册，彼此建立通信。该组网的过程完全由入网节点自动完成，灵活性很高。组网构建流程如图 6–38 所示。

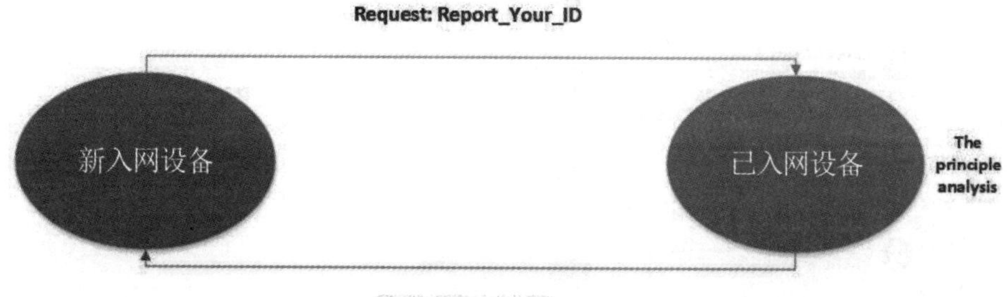

图6–38 组网构建流程图

c. 报文传递。在建立其网络连接之后，每个设备中都会存有一个网络拓扑结构记录表（后称“记录表”），其中记录了该节点与其他节点的连接情况。

网络拓扑结构记录表示意图如图 6–39 所示。

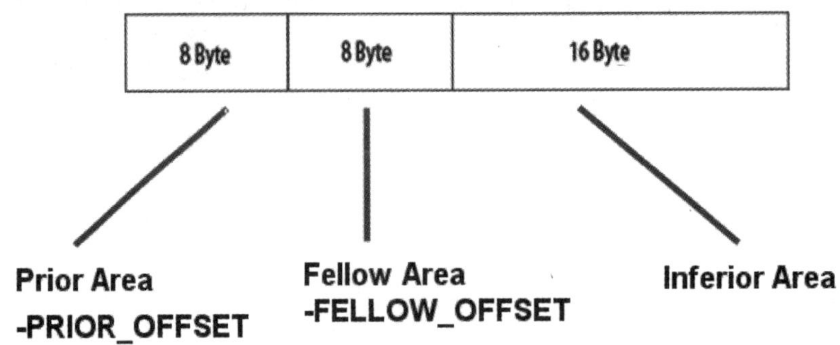

图6–39　网络拓扑结构记录表

对于组网中的任意两个节点 A 与 B，其连接情况可分为三种：

直接相连——两个节点均在对方的“记录表”中完成注册。

间接相连——两个节点未在对方“记录表”中完成注册，但能够通过报文的转发机制进行通信。

不相连——两个节点之间无法建立或不应当建立连接关系，如两个三级节点间不应建立连接关系。

两个直接或间接相连的节点，通过判断节点间的联系方式，报文传递也有不同形式。对于发送设备来说，在发送一帧数据给指定的目标节点前，发送方会先检索自己的连接表。若连接表中存在目标节点，则将目标地址直接设置为下一跳地址，不需转发；若连接表中不存在目标节点，则发送设备将目标地址存入源地址段，对连接表中设备地址进行一次排序，将下一跳地址设置为信号强度最大的地址，并置高转发位。对于接收设备来说，在接收到一帧数据时，会对转发位进行判断，若转发位为高，则视为该帧数据需要转发，以上述发送设备的方式对设备进行转发。无论接收的数据是否需要转发，接收设备都会将转发位重新置零，即，上一跳设备与下一跳设备之间对数据的处理进程都是独立的。报文传递过程示意图如图 6–40 所示。

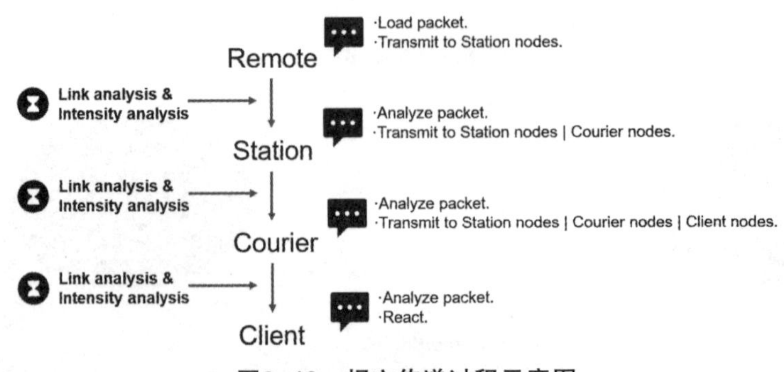

图6–40　报文传递过程示意图

d. 加密算法。相比有线通信，无线通信具有易截获、易破解的特点。因此，无线协议

中的加密算法十分重要。我们的协议采用了阶数可变的 Manchester 差分编码，是一种边沿检测型的加密算法。相比普通的加密算法，Manchester 编码能够自动携带相位信号，但缺点是运算量较大、硬件资源消耗量较大、效率最高只能达到 50%。经过我们的改进后，应用于我们的组网协议中的 Manchester 差分编码以电平跳变为相位，有跳变帧的对应编码为 1，无跳变帧的对应编码为 0。这样，只要知道了第一位数据与每两位数据的跳变信息，就能够将原信息解码出来，大大降低了硬件资源需求和运算量，并且能达到 100% 的信息传输效率。而为了弥补由于算法简化带来的安全性上的降低，在我们的无线协议中，使用了一种约定式加密阶数的方案。设备在刚入网时会以一个随机的 Manchester 差分加密阶数进行通信，该阶数会在重启或一定时间之后自动更换，以降低数据被解码的可能性，从而保障数据安全。Manchester 差分编码时序图如图 6-41 所示。

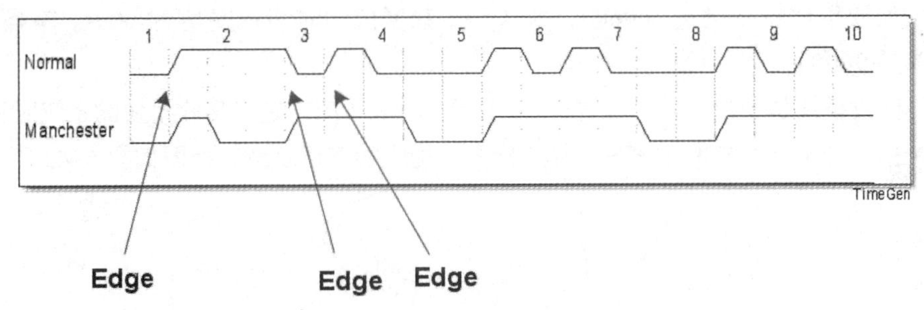

图6-41　Manchester差分编码时序图

③ UI 界面实现。

本组作品设计了三个 UI 界面，如图 6-42 所示。通过主控板的控制逻辑对用户界面的切换进行控制，简单明了。用户可以清楚地了解我们作品的功能，并且很快掌握它的使用。

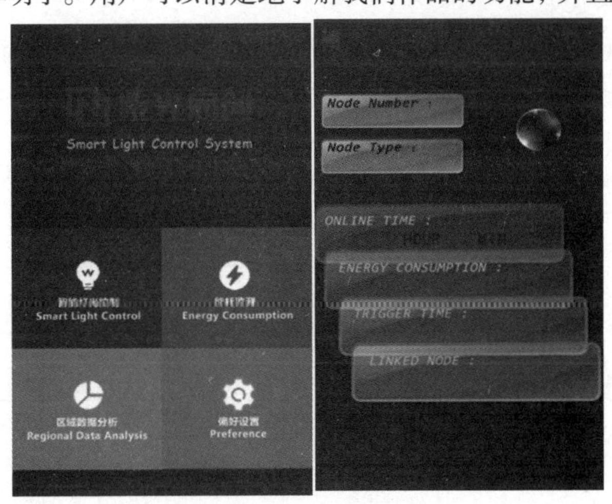

图6-42　UI界面

④串口驱动模块实现。

本系统所采用的串行通信模块是串行异步通信模块。串行异步串行是指 UART（Universal Asynchronous Receiver/Transmitter），通用异步接收 / 发送。

该协议概述如下：

消息帧从一个低位起始位开始，后面是 7 个或 8 个数据位，一个可用的奇偶位和一个或几个高位停止位。接收器发现开始位时它就知道数据准备发送，并尝试与发送器时钟频率同步。如果选择了奇偶校验，UART 就在数据位后面加上奇偶位。奇偶位可用来帮助错误校验。在接收过程中，UART 从消息帧中去掉起始位和结束位，对进来的字节进行奇偶校验，并将数据字节从串行转换成并行。

从波形上可以看出起始位是低电平，停止位和空闲位都是高电平，也就是说没有数据传输时是高电平，利用这个特点我们可以准确接收数据，当一个下降沿事件发生时，我们认为将进行一次数据传输。

常见的串口通信波特率有 2400 、9600、115200 等，发送和接收波特率必须保持一致才能正确通信。波特率是指 1 秒最大传输的数据位数，包括起始位、数据位、校验位、停止位。假如通信波特率设定为 9600，那么一个数据位的时间长度是 1/9600s。本模块采用的波特率是 9600。

串口接收模块是个参数化可配置模块，参数“CLK_FRE”定义接收模块的系统时钟频率，单位是 MHz，参数“BAUD_RATE”是波特率。接收状态机状态转换图如图 6–43 所示。

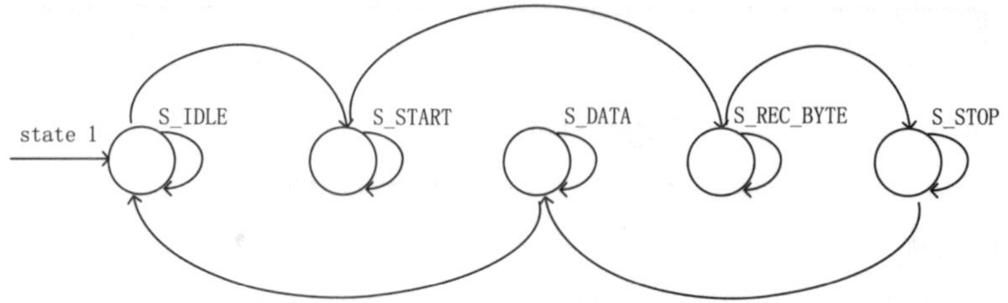

图6–43 接收状态机状态转换图

⑤ SPI 驱动模块实现。

SPI(Serial peripheral interface) 即串行外围设备接口，是由 Motorola 首先在其 MC68HCxx 系列单片机上定义的，基于高速全双工总线的通信协议。被广泛应用于 ADC、LCD 等设备与 MCU 之间。SPI 时序图如图 6–44 所示。

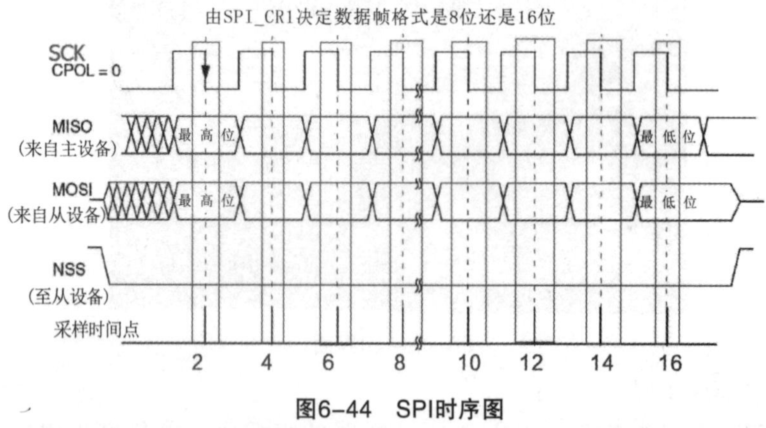

图6–44 SPI时序图

SS、SCK、MOSI 信号均由主机产生，MISO 信号由从机产生。在 nSS 为低电平的前提下，MOSI 和 MISO 信号才有效，在每个时钟周期 MOSI 和 MISO 下传输一个数据位。

（3）总结。

①主要创新点。

我们自主研发了一套通信协议，并使用FPGA搭载该协议。利用FPGA强大的数据处理能力实现了组网逻辑中转发、广播、防碰撞、纠错等关键功能。

我们的系统兼具覆盖度与精确度，在全体网络节点、部分区域内网络节点、单个网络节点之间的报文传递等场景下均有较高的效率。尤其是该组网协议支持设备节点的分区管理，这对于城市建设、工厂设备管理都有很好的支持。

我们的系统最多可支持单区域内65535个节点，尤其适合节点较多、分布较散的场景。通过自组网的特性，该协议能够将分散的设备集中成片管理，从而实现报文的定点转发，大大提高区域内信息传递的效率。

搭载我们组网协议的设备拥有低成本、低功耗等优势，是末端节点入网的良好选择。

②可拓展之处。

本系统由于没有使用WiFi模块，所以无法接入互联网。在后期开发过程中若是加入WiFi模块，然后再搭建一个手机APP，就可以通过APP控制，也更符合现在的物联网设备发展趋势，顺应潮流。

③心得体会。

在该项目的设计实现过程中，无论从专业知识还是团队合作上，小组成员都获得了极大的提升，让我们懂得了竞赛不是一个人的战斗，是靠团队的整体力量才获得成功的。在以后的生活学习中，我们也会不断地学习，用于挑战新的知识。

在项目中，我们不仅得到了自我提升，还体验了国产的FPGA与EDA软件。在使用PGL22G过程中发现国产的FPGA性能丝毫不逊与国外同级别的FPGA，PDS更是精简实用。由此可以看国产FPGA的发展趋势是非常好的。

6.5.2.2 实例二 基于FPGA的图像处理实时调节系统设计

（1）设计概述（Design Introduction）。

①设计目的。

当今社会不断发展，计算机技术与其各项理论在不断地完善，而衍生于计算机技术的数字图像处理技术也在计算机发展的大浪潮中逐渐兴起并发展。通过借助图像信息理论与通信理论，并将二者紧密联系，数字图像处理技术在处理现代生活、工程中的大信息量图像的综合性方面显示出了处理精度高、灵活性强、再现性好、适用面广、信息压缩潜力大等优势，现已成功地应用在了各个领域。在数字图像处理的领域中，数字图像的实时处理调节一直是热门的话题。在数字图像的处理过程中，用户对视频处理效果的需求会产生变化，而传统的一些方法需要用户不断地更改与调试代码，操作步骤烦琐复杂，给使用者带来了巨大的不便。

本项目以FPGA为核心技术载体，结合STM32核心板，VGA输出模块，LCD显示模块以及OV5640等技术手段，设计制作出能够对图像处理进行实时调节的控制系统。通过提取图像的各项处理参数，并将处理参数转化为多种模型在图形交互界面上显示，项目的最终作品可帮助使用者在不改变原有图像处理代码的情况下，只需简单调节处理参数便可快速预见数字图像的处理效果。同时本产品还具有通过图像的交互窗口界面对图像处理顺序进行调节的功能，操作过程简单方便，极大地优化了使用者实时处理数字图像的体验感。

②应用领域。

本作品在教育、工程建设等领域中具有极大的实用价值。在教育教学过程中，作品以更方便更快捷的方式将 FPGA 的应用效果可视化，从而改善教学者的教学体验、优化教学水平；在实际的工程项目中，作品可简化工程设计师探究图像模型参数范围的过程，从而帮助工程项目节省大量人力物力并缩短工程建设时间；在数字媒体领域中，作品给新媒体制作人在数字图像处理方向上提供了更直观高效的选择。

③适用范围。

本作品适用于对数字图像处理效果需求较大的受众群体。本作品可帮助使用者进行图像处理的实时调节，既能简化使用者的操作步骤，也能节约使用者更改代码与调试的时间，极大地优化了使用者进行数字图像实时处理的体验感。

（2）系统组成及功能说明（System Construction & Function Description）。

①系统介绍。

项目由摄像头驱动、串口数据接收、视频流图像处理，以及综合各路信号的 VGA 显示模块所构成。图像处理过程如图 6-45 所示。

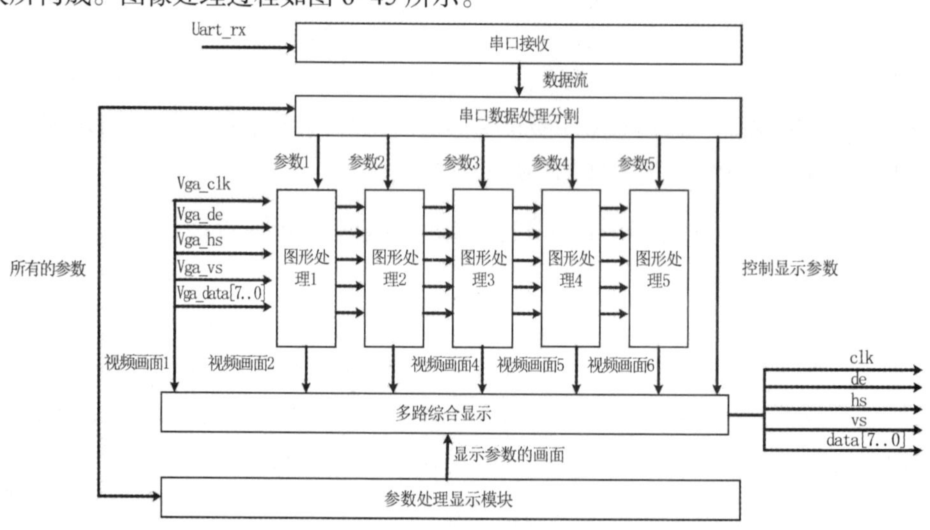

图6-45　系统图像处理过程

画面的输出主要由三部分决定。第一个是串口接收，它负责将控制端发送回来的参数数据拆解分割成能够被使用的数字参数传递给显示模块和各个图像处理模块；第二个是图像处理模块，每个图像处理模块都是独立的，根据串口返回的参数，选择不同的图像处理模式以及相应的参数。处理完毕的视频流会一边传递给下一个图像处理模块，一边传递给综合显示模块来代表本阶段的完成进度；第三个是参数显示模块，它根据当前显示的图像处理模式，节选来自串口的数据，显示对应的参数。最后由综合显示模块将多个画面组合起来合并输出。

摄像头采集及处理流程如图 6-46 所示。

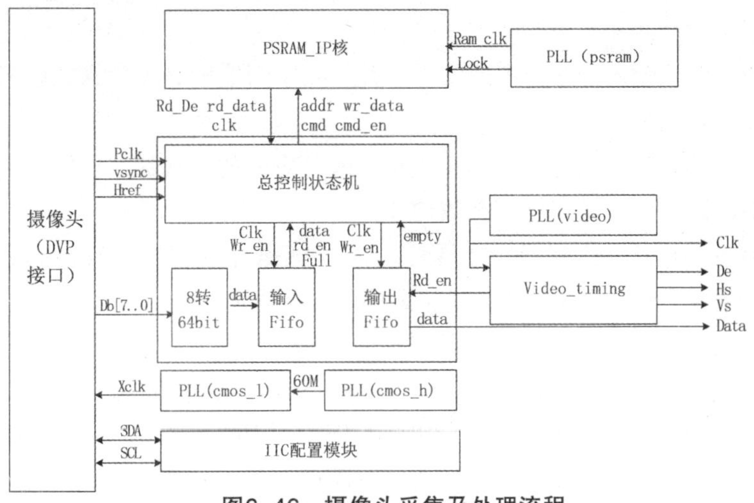

图6-46　摄像头采集及处理流程

上电时 IIC 会对摄像头进行相关数据（分辨率、曝光、帧数等）的配置。控制状态机监测输入摄像头数据信号并对 VGA 的读取信号进行处理。

PSRAM 主状态机：监测输入 fifo 的 full 信号以及输出 fifo 的 empty 信号。当输入的 fifo 填满并得到 full 信号后，立即将其填入到 psram 对应的地址中；当监测到输出的 fifo 的 empty 信号后，根据当前位置，读取 psram 相应地址的数据填入到输出的 fifo 中。

摄像头输入：等待有效 vsync 信号以及 href 信号的过程中，PSRAM 所具有的特点将提高带宽的利用率，同时将 8bit 的数据串转并为 64bit 并转移到输入的 fifo 里，直到填满后输入 fifo 返回一个 full 信号。

VGA：输出在一定的时序代码中生成 VGA 的标准时序，在合适的时间段里，VGA 给输出的 fifo 一个读取的信号，读取输出 fifo 的数据，再通过 64bit 转为 16bit。每当一行数据读取完毕以后，输出的 fifo 返回一个 empty 信号。（i、ii 与 iii 同时进行）

系统控制端原理框图如图 6-47 所示。

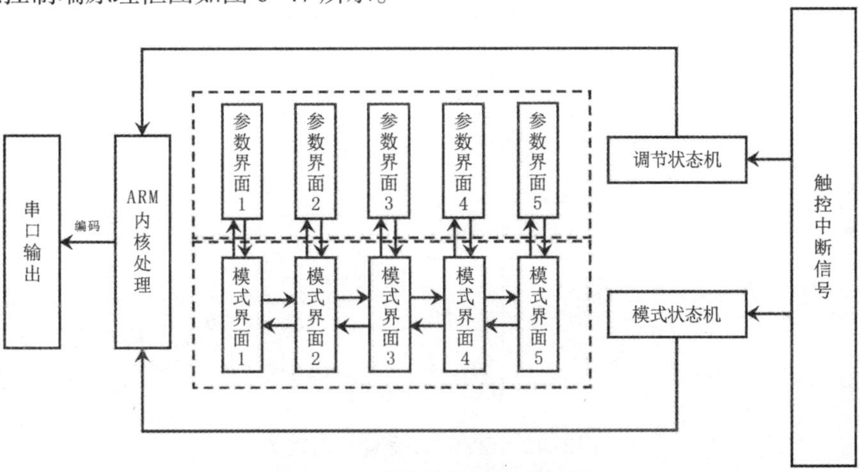

串口输出　编码　ARM 内核处理
参数界面 1　参数界面 2　参数界面 3　参数界面 4　参数界面 5
模式界面 1　模式界面 2　模式界面 3　模式界面 4　模式界面 5
调节状态机　模式状态机　触控中断信号

图6-47　系统控制端原理框图

上电时通过 IIC 对 LCD，GT9147 电容触摸屏进行相关参数配置。采用双线控制状态机监测电容屏中断信号及 LCD 屏幕显示，通过区域划分来处理中断信号，并通过蓝牙串口发送。

模式状态机：监测输入的触控中断信号，并判断中断信号 INT 发送的区域进行状态机转换，进而实现不同的模式组合。

参数状态机：等待模式状态机切换，过程中等待有效的模式状态机信号，进入不同的参数状态机，对应调节各类模式内部参数构架。

电容屏：将不同模式状态机显示在屏幕上，与 VGA 显示进行对应，同时监测不同的模式、调节输入信号，传输到 ARM 双线状态机中进行处理。

②各模块介绍。

a. 摄像头模块。如图 6–48 所示，项目使用 OV5640 摄像头模块。该模块使用感光芯片 OV5640，500 万像素，分辨率 2592 × 1944，同时采用 1.4 μ m × 1.4 μ m 像素 OmniBSI 技术，高灵敏度、低串扰、低噪音。摄像头电路原理如图 6–49 所示，模块支持自动曝光、自动白平衡、自动消除灯光条纹、自动黑电平校准和自动带通滤波器等功能，支持色饱和度调节、色调调节、Gamma 校正、锐度和镜头校准等，支持图像缩放、平移和窗口设置。

图6–48　OV5640摄像头模块

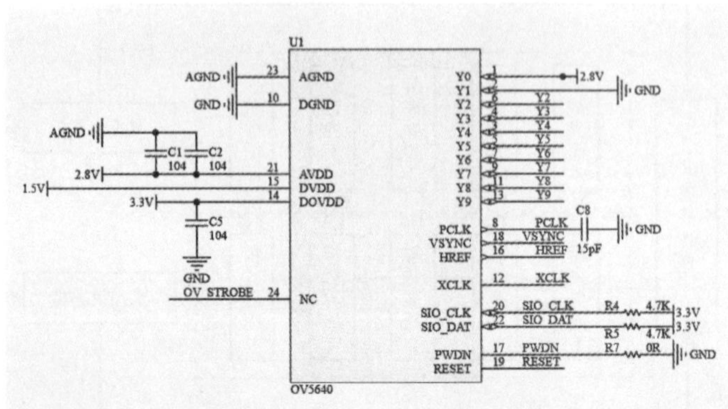

图6–49　OV5640摄像头原理图

b. 图像输出模块。如图 6–50 所示，项目使用 VGA 模块。该模块具有视频图像处理与视频采集功能，正面带有 VGA 模块 16 位真彩色（支持 65536 色）电阻网络，背面带有 SD 卡电路，此模块可接 VGA 显示器，配合摄像头，可采集图像，并于显示器上显示。

图6–50　VGA模块

c. 蓝牙模块。如图 6–51 所示，项目使用 HC-05 蓝牙模块。HC-05 蓝牙串口通信模块，是基于 Bluetooth Specification V2.0 带 EDR 蓝牙协议的数传模块。无线工作频段为 2.4GHz ISM，调制方式是 GFSK。模块最大发射功率为 4dBm，接收灵敏度 -85dBm，板载 PCB 天线，可以实现 10m 距离通信。模块自带 LED 灯，可直观判断蓝牙的连接状态。模块采用 CSR 的 BC417 芯片，支持 AT 指令，用户可根据需要更改角色（主、从模式）以及串口波特率、设备名称等参数，使用灵活。

图6–51　HC–05蓝牙模块

（3）完成情况及性能参数（Final Design & Performance Parameters）。

本作品由摄像头模块、图像采集模块、图像显示模块、FPGA 开发板共同组成，作品实物如图 6–52 所示。实现功能：不改变原有图像处理代码的情况下，只需简单调节处理参数便可快速预见数字图像的处理效果。通过图像的交互窗口界面对图像处理顺序进行调节的功能。目前，两个功能均已实现，各模块运作稳定，模块间依功能连接，显示界面如图 6–53 所示。

图6–52　作品实物

图6–53　显示界面图

①摄像头设计。

a. 该模块执行过程中，SCCB（IIC 协议）能够正确配置摄像头的分辨率、曝光、角度等相关寄存器，上电自动配置，重置键可重复配置。

b. 信号输入转化缓存无错位、冲突等问题，图像显示效果噪声小，频率稳定，色彩失真小，无明显像素点丢失。

②图像输出设计。

图像颜色显示准确，信号稳定，无偏色漏光闪烁等现象。

③蓝牙模块设计。

a. 蓝牙模块信号稳定，数据无丢失，延迟小反应快，效果良好。

b. 蓝牙模块已通过 AT 指令配对，上电能够自动匹配接收端和控制端。在规定的通信协议内，该模块可以接受第三方的控制程序的信号。

④ FPGA 主控。

a. 实现了算子大小为 3 的高斯滤波，效果明显。

b. 实现了三通道的阈值分割，可实时调节上下限以及输出效果反转现象。

c. 实现了算子大小为 3、5、7、9 大小的无差别腐蚀膨胀，可实时调节上下限以及输出效果反转。

d. 实现了单通道算子大小为 3 的 sobel 滤波，可实时调节阈值上下限、处理通道以及输出效果反转。

e. 实现了以上算法的综合处理，最多可接受 5 个图像处理算法同时工作，并且可以实时调节参数以及预览画面。

（4）总结（Con clusions）。

①主要创新点。

a. 本作品融合了多种常见 FPGA 图像处理算法。通过将多种算子（腐蚀、膨胀、sobel 等）综合处理，作品实现了图像参数的实时调节，并且能够快速预览图像处理的不同效果。

b. 作品使用 HC-05 蓝牙模块进行参数的实时调节，无线控制，节省资源，同时简化了操作。

c. 作品实现了多种图像处理功能一体化，集成度高，简化使用者的修改调试代码的操作步骤与时间。

d. 控制端采用 ARM 双线状态机的编程架构，方便模式的添加和修改，可以通过外部触控信号进行不同模式的组合匹配以达到不同的效果。

②可扩展之处。

a. 作品还可融合更多的图像处理算法，实现更多的图像处理效果的一体化。同时作品还可以增加视频的输入方式、素材与参数，展示出更多的图像显示效果。

b. 作品还需要进一步增加图像调节的精细度，使最终显示的图像效果更加细腻。

c. 由于条件限制，当前摄像头分辨率不够高，图像采集不够完善。项目可进一步改善摄像头的分辨率，优化图像显示效果。

③心得体会。

在这一次的竞赛中，我们通过 FPGA 这门技术实现了数字图像处理实时调节的控制系统。在准备比赛的过程中，我们深入地了解并学习到了很多关于 FPGA 的知识，包括它的多项性能与使用方法，借此也拓宽了我们对 FPGA 这门技术的认知，打开了我们大学研究学习的另一扇大门。

这次的设计中，我们独立地编写与调试出了摄像头驱动，完成了多种算子的综合处理，最终完成了我们的设计作品。虽然目前作品还存在图像处理精度不够高、显示效果有点不稳定的问题，但我们也会不断调试，争取做出更完善的设计作品。在学习的过程中，我们发现 FPGA 不是一门简单的技术，我们在探索中不断地跌倒，一次次地被系统的 BUG 阻挡在成功之门外，也曾因为不知道怎么解决的问题想要过放弃。但我们坚持了下来，我们在这一次次的困难和问题中，不断积累、不断进取，最终完成了我们的设计作品。

6.6　全国大学生智能互联创新大赛

6.6.1　全国大学生智能互联创新大赛概况

为贯彻“国务院办公厅关于深化高等学校创新创业教育改革的实施意见（国办发〔2015〕36 号）”的有关精神，拓展高校创新创业教育，促进校企合作，培养和发掘高端创新人才，教育部高等学校电子信息类专业教学指导委员会和中国电子学会联合主办“全国大学生智能互联创新大赛”。

“全国大学生智能互联创新大赛”面向高校电子信息类专业学生，激励智能互联技术创新，是一项非盈利、公益性的科技活动。通过参赛作品的设计与实现，提高学生的工程实践能力、团队协作能力，增强创新意识，提升 STEM（科学、技术、工程和数学）综合素质。大赛将搭建创新创业平台，联合安创空间 –ARM 加速器、硬蛋等单位，为优秀参赛作品提供全方位的孵化服务，实现全产业链贯通，为高校实验实践、创新创业教学与工业界新技术、新产业动态的衔接搭建桥梁，同时吸引优秀高新技术企业加入高校实验实践教学和创新创业教育改革，深化高校创新创业教育。

按照“全国大学生智能互联创新大赛”章程，设竞赛委员会，竞赛委员会下设竞赛组织委员会、竞赛评审专家委员会、竞赛仲裁专家组和竞赛秘书处。ARM、Xilinx、ST、ADI、Google 公司以及清华大学出版社作为协办企业在数字、模拟、SoC 及软件等方面提供技术与产品支持。目前，协办企业已经介入国内几百所高校的实验实践改革，特别是“口袋实验室”方案，已广泛应用在高校电子信息类专业的教学实践与科技创新中。

大赛评审将从创新性、技术性、作品完成度（提交代码、可以顺利编译下载到指定开发板、设计达到预定目标、完整的设计文档）和团队表现等方面考察与评审参赛作品（详见大赛官网发布的“评审规则”）。参赛作品应使用 Xilinx、ST、ADI 中一家或多家公司的产品作为硬件平台。

为鼓励创新设计，除设立分赛区与总决赛的各个竞赛组的一、二、三等奖之外，总决赛还设“ARM 杯”特等奖和企业奖；并联合安创空间 –ARM 加速器，设立学生创新创业百万基金，对以创业为方向的创新项目给予孵化加速，帮助其迈向商业化。ARM 公司还将在暑期承办大赛的优秀参赛选手夏令营交流活动。决赛中所有获二等奖以上且为大三以上的参赛选手，还可申请全国电子信息专业技术资格认证工程师（助理）证书。

（1）竞赛主题。

“全国大学生智能互联创新大赛”参赛对象以本科生为主，第三届“大赛”按智能交通、智能医疗、智能家居、智能校园四个主题（参赛学生自行选题），设四个竞赛组：

①智能交通组。

针对交通的物联化的趋势，通过各种交通工具为载体，以信息的收集、处理、发布、交换、分析、利用为主线，为交通参与者提供多样性的服务为目的，进行各种技术探讨和创新。

②智能医疗组。

针对远程医疗、电子医疗等新兴医疗系统，借助于物联网 / 云计算技术、人工智能的专家系统、嵌入式系统的智能化设备、智能可穿戴，进行相关仪器设备领域的创新，如使传统设备具备智能和互联功能，将传统仪器设备与移动应用结合等。

③智能家居组。

针对智能家居热门应用的相关课题，进行创新性产品、服务和技术探讨，推荐但不限如下创新方向，如家庭智能化，环保，健康，安全，娱乐、服务机器人等应用。

④智能校园组。

针对教育教学网络化、智能化相关应用，进行创新性产品、服务和技术探讨，包括智能教学平台，智能学习终端，智能教学辅助设备，智能教学管理、实验室管理、仪器设备管理等应用。

（2）评审组织程序。

①“大赛”的组织工作由组委会负责和协调；

②“大赛”专家委员会组织专家首先对申报作品进行初评；

③初评通过的作品将在“大赛”官网上公示，并通过“大赛”官网及邮件发送分赛区比赛通知；

④参加分赛区比赛的作品将在各分赛区比赛，由分赛区专家组对作品进行评审，最终评出分赛区一、二、三等奖，获得分赛区一等奖的作品推荐进入总决赛。

⑤参加总决赛的作品将在总决赛赛区进行决赛及交流，由专家组和企业代表共同对作品进行评审，最终评出一、二、三等奖。原则上，进入总决赛的作品只要符合比赛要求，都能获得总决赛奖励。

⑥选手必须携带参赛作品到现场进行作品演示（不得仅使用视频）及答辩。原则上，答辩时需要赛组所有学生到场。赛场只提供基本的演示条件，选手必须自备特殊条件保障。

6.6.2　全国大学生智能互联创新大赛实例——基于MQTT协议的无线光照强度采集系统设计

MQTT 是“Message Queuing Telemetry Transport”的简称，其中文名称为“遥信消息队列传输”。MQTT 是一个基于 TCP 的发布订阅协议，其设计的初始目的是为了极有限的内存设备和网络带宽很低的网络不可靠的通信。在“万物互联”的浪潮下，许多低成本、低性能的终端设备也被要求接入物联通信网络中，而 MQTT 由于其极低的资源需求、丰富的应用场景接口和较高的可靠性，已然成为物联网通信的首选协议之一。

（1）系统介绍。

本节实现了一个无线光照强度采集系统。系统能够采集环境光照、将光照数据通过 MQTT 协议上传至服务器，并在手机 APP 上实现数据可视化。系统分为单片机终端、服务端、客户端三部分：单片机终端为 Microchip 公司的 ATMega4808 物联网开发套件，负责光照数据的采集、WiFi 连接以及光照信息上传；服务端为自主搭建的服务器，负责处理下位机上传的光照数据，并和上位机进行通信；客户端为用于光照数据可视化的手机 APP，能够实时接收服务端下发的光照数据，并与用户进行交互。

一个物联网系统通常由上位机、服务端、下位机三个部分组成，三个部分在系统中负责不同的功能，但又互相联系，成为有机的统一体。在设计一个物联网系统时，要对这三部分单独进行设计，最后通过通信协议将各部分联系起来。

①下位机。

物联网系统的下位机通常为一个微控制系统，负责数据采集、逻辑控制等直接与环境交互、数据量较小的工作。在本系统中，微控制系统的核心为 ATMega4808 芯片，通过 A/D 转换接口对环境光照数据进行采集；此外，为了与服务端建立数据通信链路，微控制系统通常还需要一个有线或无线的通用数据收发模块，在本系统中，数据收发模块为Microchip公司的ATWINC1510 WiFi通信模块。下位机系统组成如图6-54所示。

图6-54 下位机系统组成

②服务端。

物联网系统的服务端是系统的数据处理核心单元，负责数据汇总、处理、命令下达等。服务端可以是处理功能较强的处理器，可以是一台PC，也可以是大型服务器。在设计服务端系统时，要预先估算服务端硬件的处理能力和系统的数据量，根据数据量大小选择合适的服务端硬件载体，以免出现性能不足或性能严重过剩的情况。

在确定服务端硬件载体之后，要确定服务端的功能。本系统中传输的数据主要为光照数据，服务端需要将下位机上报的光照数据处理为上位机能够使用的格式。此外，为了实现数据流的“中继”功能，服务端必须为数据的上下行提供相应的接口。在本系统中，对于下位机，服务端要提供与微控制器及数据传输模块连接的接口；对于上位机，服务端要提供与手机APP连接的接口。

③上位机。

物联网系统中的上位机通常是系统与用户交互的平台，起着数据可视化、下发控制命令等作用。由于上位机直接与用户交互，其开发要求不仅包括性能与可靠性等非功能性要求，还有界面设计、操作简便性等功能性要求。可以说，一个上位机应用的美观程度和可操作性是提升整个系统的用户体验的关键性因素之一。

本系统的上位机是一个Android APP。手机APP端的开发分为两个部分，第一部分为MQTT客户端的搭建，第二部分是图形用户界面(GUI)的搭建以及页面与页面之间的逻辑关系构建及通信的建立。进行APP开发可选的平台和集成开发环境（IDE）非常丰富，本系统上位机开发用到的开发工具是由Google公司开发的Android Studio。

④通信协议。

通信协议是物联网系统各部分之间进行数据交互的纽带，通信协议的选择对于系统中信息交互的效率有重要的影响。物联网系统的数据交互分为有线和无线两种方式：有线方式的通信适合数据吞吐量较大、信息传输可靠性要求较高的场合，其缺陷也非常明显——架设与维护成本较高、通信距离受限等；与其相对应的无线通信方式则由于架设方便、组网灵活、成本低等优势，在物联网系统中越来越收到青睐，而无线通信方式的可靠性和效率，正是由通信协议保证的。

目前用于物联网设备的无线通信方式主要有：WiFi、蓝牙、ZigBee、Sub-G等。各种无线通信方式都有各自的协议栈，由于其不同的特性而被用于不同领域。此处主要介绍基于WiFi通信方式的无线通信协议。

本系统主要采用 MQTT 协议进行数据交互。MQTT（Message Queuing Telemetry Transport，消息队列遥测传输协议），是一种基于发布 / 订阅（publish/subscribe）模式的“轻量级”通信协议，该协议构建于 TCP/IP 协议上，由 IBM 在 1999 年发布。MQTT 最大优点在于，可以以极少的代码和有限的带宽，为连接远程设备提供实时可靠的消息服务。作为一种低开销、低带宽占用的即时通信协议，使其在物联网、小型设备、移动应用等方面有较广泛的应用。MQTT 协议的结构如图 6–55 所示。

图6–55　MQTT协议结构

MQTT 协议的核心是“订阅”（Subscribe）和“发布”（Publish）。简单来说，终端设备在连接到 MQTT 服务器（MQTT Broker）后，只需要向服务器订阅某一个主题（Topic），MQTT 服务器就会自动将该主题的消息通过 TCP 协议实时转发给订阅的客户端。想象一下微信的公众号系统，用户订阅了某个微信公众号之后，如果该公众号有任何新的推送，立刻就会转达到用户处。MQTT 的工作方式也是如此，图 6–56 展示了基于 MQTT 协议的物联网系统的架构。

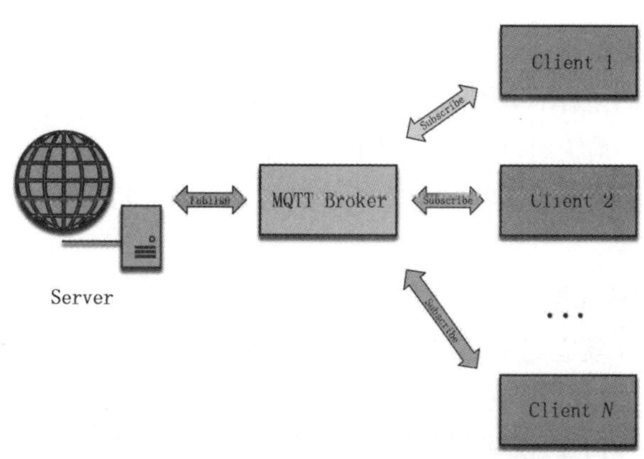

图6–56　基于MQTT协议的物联网系统架构

MQTT 协议以数据包为单位进行数据传递。在 MQTT 协议中，一个数据包由固定头（Fixed header）、可变头（Variable header）和消息体（payload）三部分构成。

（2）系统设计。

①硬件设计。

下位机系统基于 Microchip 公司的 AC164160 物联网开发套件进行开发，如图 6–57 所示。系统的主控单元为 ATmega4808 微控制器。ATmega4808 是一款八位的微处理器，具有 20MHz 的主频、48KB 的 Flash 存储器、6KB 的 SRAM 以及 256B 的 EEPROM 存储单元；片上搭载的 ATWINC1510 是一款高度集成的 WiFi 模块，具有内部时钟源、内部电源管理电路和板载天线，并对外提供 UART 和 SPI 接口，用户只需通过 UART 或 SPI 协议对模块进行简单配置，就能实现入网。此外，片上还搭载了光照传感器、温度传感器以及安全芯片、调试电路，几乎包含了物联网系统开发需要的所有基础模块。

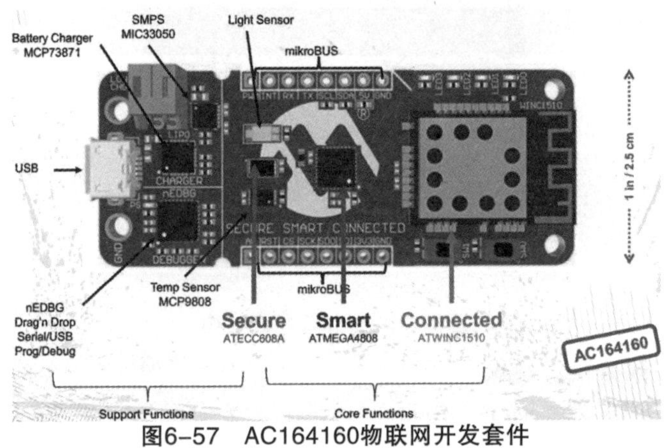

图6–57　AC164160物联网开发套件

其中，片上搭载的光照传感器是一个光敏电阻，其阻值会随着周围光照强度的变化而改变。利用 A/D 转换接口读取光敏电阻两端的电位，进行一定的换算，就能够得到当前的环境光照强度。

②软件设计。

本系统的软件主要由驱动程序、网络协议栈和应用程序三个部分组成。其中，驱动程序直接控制片上设备的工作，网络协议栈封装了 TCP 和 MQTT 协议相关的函数，应用程序是用户操作的接口。系统启动要经过以下三个步骤：

a. 完成片上硬件初始化。包括初始化系统时钟、配置中断向量、初始化 A/D 转换接口、初始化 SPI 通信接口等。

b. 搜索并连接到 WiFi 网络。

c. 通过 TCP Socket 建立与 MQTT 服务器的连接。

在最终建立了与 MQTT 服务器的连接后，系统就成功接入了服务端，可以开始数据交互了。为了通过 MQTT 协议实现数据上下行，下位机首先要订阅主题，本系统订阅的主题为“/sensors/## 学号 /illumination”，其中“## 学号”为开发者的学号。完成订阅之后，下位机就可以向服务器上传数据了。系统在主循环中通过 A/D 转换采集光敏电阻引脚的电压值，转换为光照强度数据，并上报给服务器。

MQTT 协议是基于 TCP/IP 协议栈的，本系统通过 TCP 套接字（Socket）实现下位机与服务器的 TCP 通信。Socket 是支持 TCP/IP 协议的网络通信基本操作单元，包含了进行网络通信所必需的五种信息，即：连接所使用的协议、本地主机 IP 地址、本地远程协议端口、远程主机 IP 地址以及远程连接进程协议端口。通信模型如图 6-58 所示。

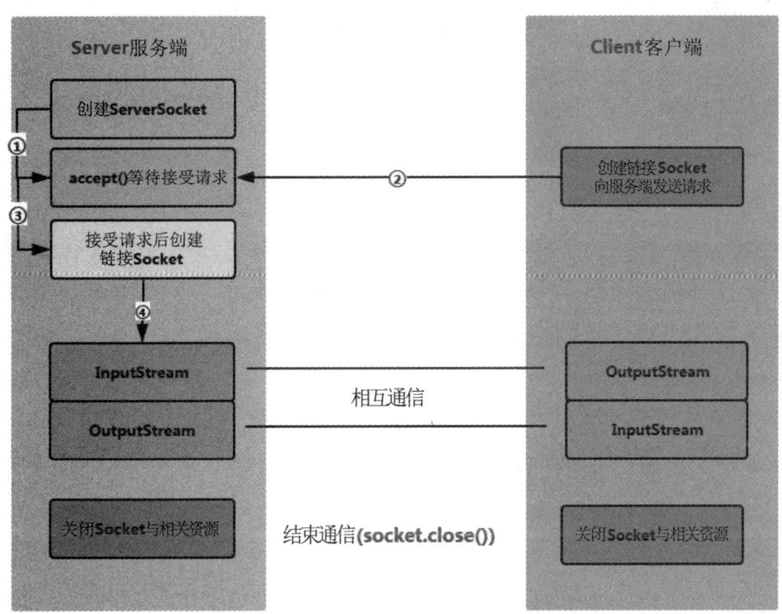

图6-58　Socket通信模型

可以看出，作为 Socket 通信中的客户端，下位机需要创建一个 Socket 并向服务端发送请求。本系统使用标准 TCP Socket 库函数中的 socket()、bind()、connect()、send()、recv() 等函数实现这一过程。

第7章　杭电—美国微芯科技创新孵化器青春记

毕业季，我们都将离开这所学校，去寻找自己新的方向，有的踏入社会，有的去追求更高的知识殿堂。

然而，即使现在，我们仍然不会忘记当初我们选择孵化器的初衷和在这里的日子。遇到一群志同道合的朋友，一起学习，一起互怼，一起交流，一起通宵达旦，那是我们最快乐的时光。即使岁月流逝，我们依然还记得泡在实验室里面的日子。那个时候最纯真，最快乐。

晓

刚到校园，与你相遇，我想这是我这一生最美好的事情。

是你教会了我那么多在大学里学不到的知识，

是你让我在这四年里结识了那么多志同道合的小伙伴，

是你在我最困难的时候无条件地帮助我，

是你让我清楚地知道原来在大学里也有无数需要努力和奋斗的时候。

是你，孵化了我。

序

一步步走到现在，你的优秀一直感染着我，也造就了现在的我们。在临别之际，我们只能把我们最真挚的祝福送给你。祝愿孵化器变得越来越好。

初遇

走过大门，像穿过一条起始状态线，过去的时间终结于此，曾经纷繁的状态缩聚成了一个简单的函数;未来在不远处若隐若现，迈下的每一步都像一个简单又复杂的冲激信号，翻转叠加，卷积成它应有的样子。每一处都很新鲜，新鲜得像加了三块冰的柠檬水。就算某个转角突然出现一群白绵羊，也不必感到惊奇。月牙湖畔，会有白鹅引吭高歌吗？伴随着波光吐纳，守护着湖心的一角。有猫，穿过锦绣的花坛，穿过池边的小径，穿过斑驳的光晕，穿过二教的红墙白瓦，穿过 254，穿过……

不知道为什么一只猫会走进一间充满各种元器件和项目计划书的实验室。想来猫不会喜欢并不悦耳的敲代码时键盘的声音，也不会喜欢焊枪发出的松香独有的气味。猫不喜欢，但是我早已喜欢上了这里的一切。这里已经承载了太多太多，我可以感受到一种交汇，一种我和它融为一体的强烈信号，无可救药，又如饥似渴——仅仅是因为这里是孵化器。

孵化器，一个响亮而又青春的名字。时光回到那个大一的午后，当好友拿着一张简单的招新宣传单递给我时，宣传单上简单的几个大字——“大学生科技创新孵化器”立即吸引了我的目光。不同于其他宣传单上的各式社团，孵化器给我的印象是独特的，没有花哨的图文，简简单单的几句话便勾勒出实验室的大体情况。我在好奇，孵化器究竟是一个怎样的地方。

一切的想象在参观实验室后都得到了解答。犹记得参观的那日，王哥一本正经坐在桌前，认真地写着代码，我们围在王哥旁瞅着屏幕上一行行飘过的字符，仿佛发现了新世界。而一位看起来一脸严肃的大二学长，给我们介绍着实验室的荣誉与成就，也不厌其烦地回答着我的问题。处在实验室的感受是温暖包容的，不同于其他房间的聒噪与吵闹，更多的是安静与忙碌。而从学长学姐的介绍中我更能感受到的是一种温暖与包容，一份肯定与鼓励。我拿起报名表，做出了自己的决定。

进入孵化器的考核是残酷的，想来我是以怎样忐忑的心情通过了一轮面试，又是怎样攻克千难万险，通过了二三四轮考核。道阻且崎，而成功者自有千方百计，失败者却有千难万难。面对复杂的 C 语言和单片机，我不算一个成功者，我没有千方百计去攻克每一个我达不到的高峰；但我也不甘心做一个失败者，在每一条通往高峰的路上都有我的脚印——不只有我的脚印，也有前人已经铺好的路。而我想做的，是循着学长们的步伐，走得更远一点。而在每一次我想放弃的关头，学长们都会给我许多的指导与鼓励，支持着我克服一个又一个困难。

在成功加入孵化器的第一天晚上，围坐在圆桌前，像每一届新成员都会经历的那样，我们聆听学长的教导，聆听着他们的故事，听着他们话语里的那份自信与满足，心中更加有了归属感。前人栽树，后人乘凉，一届届成员之间的薪火相传，就像种下一株株桃李，给它们以朝露曦，星月晖，等到成才的那一天，而灼灼其华了。这才明白，孵化器孵化的，不仅仅是想法和产品，更是在孵化每一个有志于力而不随以殆的人了……

这样想着，不知不觉，躺在实验室桌边的猫消失在了门口，手中板子上的灯仍然在孜孜不倦地闪烁着，电脑屏幕上显示着没有调试好的代码；书放在桌边，一本是《信号与系统》，一本是《嵌入式原理》。环顾四周，大家以差不多的姿势学着不同的知识，望向窗外，又是一个满目流金的盛夏艳阳天。

艳阳天，又是李子成熟的季节。花开花谢，年复一年。每一年的李子都不会相同。

但是薪火相传的精神，是不会为春夏秋冬而改变的。

新的李子，已经种下。

成长

七月流火，八月未央。

盛夏时节，二教前的彩虹，正辉映着彩虹。

一个暑假的相处，让大家开始熟络起来。二教小楼的那一角，开始有种家一样的感觉。从大一的互不认识，到大二的打成一片，大家慢慢建立起友谊。

相处久了，我们突然发现，我们都有各自的闪光点。我们开始一同上课，一同吃饭，一同回寝，一起出游，一起聊起那些说不完的话题。

我们之间有为人热情，人帅个高的步哥；有思维活跃，人很随和的王总；有执着果断，富有主见的廖神；有为技术而生，代码大神的小叶；有带头大哥，人生赢家的金大哥；有调理清晰，做事认真的尚岗；有好脾气，温柔乐观的黑博；还有可爱中带着那么一点逗逼本质的陆学妹……

太多的机缘巧合，让性格不同的我们学会了如何互帮互助，最终成为一个有力的集体。

进入大二，大家变得更加忙碌，一周五天满满的课表会让人有些喘不过气来。而课余留下的那点时间，变得弥足珍贵，就像潜伏在水里的特种队员，终于有了可以上岸换气的机会。但是我们没有选择将时间用于休闲娱乐，而更多的选择将时间投在实验室中。

忘记了有多少个待在实验室的周末，也忘记有曾多少次深夜晚归，只知道二教 254 的灯，从白天亮到黑夜，有时还会再亮到白天。

新的一年，二教小楼的 254——孵化器实验室，依旧热闹。只是大家的节奏更快了，少了一份高谈阔论，多了一份噼啪的键盘敲击与饭点相约就餐的声响。这亦是一种生活，虽然单调，但也充实。

复变函数、概率论、模拟电路、电磁场，每一门课都充满挑战。书上那些难懂的符号和公式，让人昏昏欲睡。什么一望而知，根本望不到，怎么知呀。作为一个电子人，总有一个想要崩溃的大二学年。

但回想起大一走过的那段严酷考核的日子，这些困难又怎会使我们放弃，一次看不懂就看两次，一个小时弄不懂，就弄两小时。 大一的我们，也许还不知道如何去找寻学习的伙伴，但现在，我们坐在这里，翻阅着手上的课本与往届学长们留下的资料，看着周边小伙伴忙碌的身影，便知道自己前行的方向。

电子设计竞赛、数学建模、挑战杯、互联网 +……大二虽然忙碌，但也自由。

选择与大家并肩奋斗，让人满足，和队友一起参加比赛，是大学四年里珍贵的经历。电子设计竞赛从准备到实战，付出了太多心血，在比赛那三天里，轮流休息、通宵调试，是队友间合作的默契。“挑战杯”从准备到决赛历时一年，日复一日地雕琢产品、文本上交前通宵达旦码字校稿、答辩前意气风发做好准备。大大小小比赛获奖时的感言，我们独有的回忆。

一年之前，看着学长们激情澎湃地演讲，耐心细致地授课，做项目时努力，执着的身影，心生崇拜。这一年里，我们学着学长们的样子去尝试不同身份，以学长学姐的身份培养新一届的学子，以孵化器大家庭一员的身份建设着这个大家庭。一年过去，当我们从小萌新逐渐变成顶梁柱，蓦然回首，那些光辉的形象包含着多少个日夜的通宵。

责任，创新，执着，和家一般的感觉，

这一年我收获了太多。

暮春三月，江南草长，又是个春天，254 迎来了新一批成员，看到学弟学妹们的勤奋和热情，想起当年那个懵懂的我。

这一年，我们在成长。

收获

有耕耘就会有收获，有泥土就会有绿荫，有狂风就会有巨浪。熬过了浸透汗水与拼搏的大二，这个秋天，迎来的又是不一样的感觉。

能力的提升不仅仅是脑海中知识的堆叠，更是专业技能的提升与思维观念的转变。无数次磨炼与实践，成就了我们对细节的渴求。无数次的失败与经验，支撑着我们对困难的坚持。这时的我们不会为某个指针的使用而苦恼，不会为某块不工作的电路板而低落，不会在深夜坐在天顶吹风，熬过一个又一个炎热的夜晚。当被焊笔烫过的手指结了茧，当被敲击无数次的键盘褪了色，我们终于意识到了破茧的滋味。

厚积薄发不是没有道理。有时候优秀的人仅仅比其他人多走了一两步。幸运的是，我们愿意为一个目标而不断迈步。两年来我们的稳扎稳打，将这些不起眼的一两步积累起来，最终汇聚成一个巨大的飞跃。我们并不是一开始就是优秀的人，但破茧成蝶后，前方迎来的又是可人的风景。

大三这一年，是丰收的一年。国家级大创，实用新型专利，学术期刊论文……一项项成果开始给予我们最好的奖赏。张文星等同学申报的“智能婴儿床”项目功能丰富，设计合理，成为国家级大学生创新创业项目；牛伟博、沈博等同学研发的“智能电子积木”设计新颖，寓教于乐，成功申请到国家专利;廖伟、叶应龙、张宇生、王方等同学所著的“室内空气检测净化系统设计”论文成功在《物联网技术》2016 年第 12 期上刊登；张宇生、叶应龙、廖伟同学在全国电子设计竞赛中取得了国家一等奖的好成绩……这一年是属于我们的荣耀时刻。

而当我们孵化器实验室团队的名字出现在人民大会堂的全国大学生“小平科技创新团队”的授予仪式上时，一届又一届的孵化器人的付出得到了最大的肯定。这一殊荣，来之不易，成为全国仅仅五十个的顶尖创新团队，我们仅仅用了不到 7 年时间。我们有理由相信这是一个奇迹。

十年磨一剑，我们从小树苗成长成了一棵大树，最终成了一片小树林。在这一步步的成长中，实验室的老师们给我们不断提供指导意见，并搭建起整个平台，带领我们一步步获得这些成就，真的非常感谢他们！实验室的小伙伴，互帮互助，发挥所长，一个个拼搏的身影汇集到孵化器这个大家庭，最终留下一生难忘的回忆！

仰望星空，脚踏实地，面对非凡的成就，我们也知道未来的路依然很长，我们不敢懈怠，更不敢停止前进，我们只会更加努力。时间飞逝，我们也将面临未来的苦难与不久的分离，但我们相信，一届又一届的孵化器人将秉承我们的自信与荣耀，延续这份光荣与奇迹！

远行

走过了校园最后一个暑假。

当拖着旅行箱再次进入校园时，秋招与考研报名的开始预示着不久将到来的毕业季。

我们开始珍惜每一分每一秒在杭电的时间，也开始慎重地选择未来的去处。这或许是一个难以抉择的时间点，我们真正该为这四年做个总结了。这四年来的光荣与成就会成为简历上最浓墨重彩的一笔。而四年来的成长与经历也将使我们展现最完美的笑颜。

来年初夏，西湖水暖。收拾了最后一箱杂物，把剩下的书本、写过的试卷处理好，我们即将离开生活了四年的杭电，作为这个社会的新成员，开始了新的生活。

回忆起这四年，从对电子一无所知到喜欢上调电路的感觉，孵化器影响了我们太多。如果没有实验室，缺少动手学习平台的我们，不知道学什么，只能做一个成绩好的学霸。实验室带给我们的，是挑战、是一起闲扯的小伙伴、是调试电路的乐趣、是一种不一样的生活。

孵化器不仅是学习的平台，也是交友的平台，在这里遇到了可以称得上兄弟的朋友。像张文星学姐这样每天逛实验室的，玩的相当高兴，还有廖大神和龙哥这两位简直就是天生的技术宅，干活厉害得不行，还有金晨这样的实验室狂魔……

很喜欢在实验室的感觉，跟小伙伴们调调电路，学习新的东西，远比玩游戏和出去玩更能带给我欢乐。养成习惯之后，下课后总不自觉地往实验室的方向走去，在实验室既轻松又愉快。

四年时光很快，我怀念在这里度过的每一天。

每次迷茫困苦的时候有学长给我建议，总是很温暖。

每次和小伙伴调试电路，调到关门前一刻一起冲进寝室总是很开心。

每次二教的猫走进孵化器，总是赚取我们的目光，希望猫主子能好好撒娇，好好听课。

每年二教楼下的李子结果时，我们会去摘取，味道青涩又酸甜。

每年都在盼望着的游泳馆终于动工了，新来的学弟学妹们也许会享受到一个不一样的夏季。

终究迎来了我们的毕业典礼。

缘

天下没有不散的宴席，杭电四载，感谢一路上陪伴我们的朋友、老师与同学。青春四载不散场，期待未来与你们在更广阔的天空相遇。

岁月如梭，韶光易逝，四年像小奏鸣曲的大学生活还是奏响了最后的乐章。往事一幕幕浮上心头，嘴角挂着一丝丝浅笑。记得那时刚踏入校园稚嫩的我们迷失在二教走廊时的茫然脸，记得当初第一次被面试时的忐忑与紧张，记得当初听学长们讲课时的懵懂与激动，记得当初被告知进入实验室时的欣喜若狂，记得当初的很多很多。如今的我们可以熟记那个教室里发生在每一个角落的场景，但却到我们说再见的时候。

突然眼泪模糊了眼眶。我们终究还是逃不了别离，终究还是逃不了这一声“再见，珍重”。

一声再见，送给自己朝夕相处了四年的伙伴们，送给提供平台让自己变得成熟的孵化器。感谢在自己最需要学习的时光遇到你们。再见，曾经懵懂无知的自己。当初的小伙伴已不是来时的模样。

一声珍重，祝愿小伙伴们可以在将来实现自己曾经的梦想，祝愿实验室可以发展得越来越好。希望你们都会越来越好。祝愿，即将闯入社会的自己。记忆中的你们还是那么美好，记忆中的春天还是那么绚烂。

岁月荏苒，青春行走在时间的河岸，渐行渐远。记忆的长河畔，是一长串欢笑与悲伤的贝壳。未来的天空里，回忆和思念是一团飘逸动人的彩霞。

一起走过四年也是缘，相逢即是缘。佛说，前世的五百次回眸才换来今生的一次相遇。佛曰：万事皆有缘。因为缘，我们遇见，我们成长。我相信，未来的我们回忆现在，也会微微一笑。

当时年少春衫薄。

在杭电的四年，我们在一个名叫孵化器的地方相遇。那个地方，见证了我们的成长，见证了我们的友谊。我们能够在这个地方遇到最美的彼此，很开心也很幸运。

青春四载不散场，永远期待未来与你的相遇。

参考文献

[1] 王泰鹏，吉雅太，董倩倩，等 . 大学生课外科技创新活动指南 [M]. 北京：北京理工大学版社，2012.

[2] 魏所康 . 培养模式论——学生创新精神培养与人才培养模式改革 [M]. 南京：东南大学版社，2004.

[3] 刘书瀚，白玲 . 校企合作应用型人才培养模式理论与实践 [M]. 天津：南开大学版社，2014.

[4] 罗伟明，张文恺，王斌艳 . 大学生科技创新教育导论 [M]. 上海：上海交通大学出版社 .2014.

[5] 候建平，陈少平，陈锟，等 . 大学生学科竞赛模式的改革与实践 [J]. 实验技术与管理，2017，34(11).

[6] 谢健 . 高校复合应用型人才培养模式研究 [M]. 北京：经济科学出版社，2018.

[7] 张英华，凌陪全，李炳荣，等 .“校企结合”大学生就业与创业教育模式研究 [M]. 北京：经济科学出版社，2009.

[8] 李志，陈培峰，陈仙歌，等 . 大学生综合素质与实践能力研究 [M]. 重庆：重庆大学出版社，2008.

[9] 郝彦爽，鲁亿方，韩守梅 . 非电类专业的电子技术实验教学改革 [J]. 实验技术与管理，2018，35(1).

[10] 甘霖 . 高校实践育人研究 [M]. 北京：人民出版社，2015.

[11] 姜有，马秀叶，王振刚，等 . 大学生科技创新实践 [M]. 北京：中国矿业大学出版社，2010.

[12] 贾棋，王祎，许真珍，等 . 以大学生科技竞赛为牵引的创新实验班建设 [J]. 实验室技术与管理，2015，32(4).

[13] 施晓秋，徐赢颖 . 工程教育认证与产教融合共同驱动的人才培养体系建设 [J]. 高等工程教育研究，2019(2).

[14] 戴鑫，周智皎，毛家兵，等 . 大学生科技竞赛理论研究与实践应用 [M]. 湖北：华中科技大学出版社，2017.

[15] 胡光永 . 校企共育国际化软件外包人才研究与实践 [M]. 南京：东南大学版社，2017.

[16] 赵聪慧 . 新工科背景下产教融合育人模式研究 [D]. 西安：西安电子科技大学，2019.

[17] 王保宇 . 新建本科高校产教融合发展的问题与对策研究 [D]. 武汉：华中师范大学，2019.